Bruno Manser
Stimmen aus dem Regenwald

2. Auflage: 11.–13. Tausend 1993

Lektorat: Caecilia Ebeling
Umschlagbilder (Penanjunge, Schlankaffe, Selbstporträt) und Illustrationen
aus Bruno Mansers Urwaldtagebuch
Satz: Zytglogge Verlag Bonn und Bern
Druck: Allgäuer Zeitungsverlag GmbH Kempten
ISBN 3-7296-0473-2
(Erstauflage: ISBN 3-7296-0386-8)

Zytglogge Verlag Bern, Eigerweg 16, CH-3073 Gümligen
Zytglogge Verlag Bonn, Plittersdorfer Str. 212, D-53173 Bonn
Zytglogge Verlag Wien, Strozzigasse 14-16, A-1080 Wien

BRUNO MANSER

STIMMEN AUS DEM
REGENWALD
ZEUGNISSE EINES BEDROHTEN VOLKES

GESAMMELT UND ILLUSTRIERT
VON BRUNO MANSER
MIT EINEM NACHWORT DES AUTORS
ZUR 2. AUFLAGE

ZYTGLOGGE

Im Gedenken an Philippe

Heilung

Es hat keinen Wert, die Welt zu retten und unsere gesamte Familie der Arten, wenn wir nicht lernen können, einander zu lieben und zu respektieren.

Anja Licht, Oktober 1990

Die schwedische Menschenrechtlerin hat mit Straßentheater und Fastenstreiks in Japan, dem Hauptimporteur von Tropenholz, auf die Situation der Penan aufmerksam gemacht. Wegen einer friedfertigen Kundgebung mit internationalen Aktivisten in Sarawak wurde sie 1991 zu 80 Tagen Gefängnis verurteilt.

Dies ist ein Buch für Kinder und alle, die noch an sie glauben.

Jeder von uns hat eine innere Stimme. Bist du ein Mädchen, hast du in dir das Bild einer Prinzessin. Bist du ein Junge, hast du in dir das Bild eines Prinzen. Diese Aufzeichnungen sollen uns Mut machen, unserer inneren Stimme gegen alle äußeren Widerstände Folge zu leisten.
B.M.

Brief aus Sarawak

Du hast mich gebeten, einige Worte zu diesem Buch zu schreiben, und so will ich es tun. Mein Herz bewahrt, was ich nicht auf das Papier bringe. Deine Art, gute Dinge mit Deinen Freunden zu teilen, hat mich oft überwältigt.

«Haben die Engel an die falsche Tür geklopft?» spaßten wir oft miteinander, wenn wir uns äußerst hilflos und unfähig fühlten, das Beste für diesen Kampf zu tun. Nach einem schwierigen, mühsamen Tag waren wir erschöpft und begannen kindische Spiele, wie einst in einem Hotelbett Trampolin zu springen, um mit dem Kopf die drei Meter hohe Decke zu berühren. Wer hätte gedacht, daß Leute, die in eine so ernste Sache verwickelt sind, noch Zeit finden, menschlich zu sein? Ich realisiere, daß wir nicht anders sind als alle anderen, auch sind wir nicht als begabte Kreuzritter für das Schicksal der Menschheit geboren. Aber daß jeder von uns wie Du sensibel für seine innere Stimme und für seine Umwelt sein sollte, mutig, sich selbst zu sein und mit Freuden zu tun, was sein Herz als das Beste fühlt – dafür bist Du Beispiel.

Du hast das Leben der Penan geteilt, um von ihnen zu lernen, doch Du sahst eine Kultur, die zerbröckelt. Du sahst die Ungerechtigkeiten und wolltest etwas gegen die mißliche Lage des Volkes tun. Du wurdest so gepackt, daß Dich Deine Teilnahme bis zu einem Grad der Besessenheit trieb, wo Du oft Dich selbst, Deine Zeit, Energie und Gesundheit vernachläßigst. Obwohl Du Dich oft entmutigt fühltest, hast Du die Hoffnung nie aufgegeben.

Dieses Buch ist längst überfällig, und ich bin wie alle gespannt, es zu lesen. Meine Hoffnung ist, daß es die Wirklichkeit der Situation spiegelt, Mitgefühl für diesen Kampf weckt und die Menschen dieser Erde zum Handeln ermutigt. Kein anderer kann die Angst und das Bangen des Waldvolkes in seiner mißlichen Lage des Umbruchs besser verstehen und der Welt aus der richtigen Sicht mitteilen, als Du, der sowohl in der ‹zivilisierten› wie in einer ‹Stammes›-Kultur gelebt hast.

Dieses Buch handelt vom Kampf eines Volksstammes, der aus seiner Vergangenheit auf schmerzhafte Weise in die Gegenwart der modernen Welt gerissen wird. Es ist ein Ruf um Verständnis und ein Ruf um Hilfe. Es ist auch ein Buch über den persönlichen Kampf des einzelnen auf der Suche nach Wahrheit.

Anderson Mutang Urud, Oktober 91
(Anderson Mutang Urud wurde am 5. Februar 1992 verhaftet.)

Einstimmung

Setz dich auf einen Wolkenkratzer in New York und blicke über die Weite des Betondschungels.

Unten auf den Straßen bewegen sich auf drei Spuren gelbgebänderte Autoschlangen. Stell dir vor, eine große Glasglocke mit einem Durchmesser von vielen Kilometern spanne sich über den Himmel. Alle Luft in dieser Glasglocke gehört den Bewohnern von New York. Du kannst dir dasselbe über Bangkok, Tokio, London, Bonn, Bern, Basel oder der ganzen Schweiz vorstellen. Wie lange würden wir überleben?

Wir verbrauchen nicht nur die Luft, die uns geographisch zustünde, sondern auch die anderer Gegenden. Darum sind unsere Kamine so hoch. Und darum münden die Auspuffe unserer Autos nicht in der Fahrerkabine.

Was, wenn die Müllabfuhr-Männer einmal zwei Monate streiken? Was, wenn unsere Spüleinrichtungen für eine Woche versiegen? Zum Glück streiken die Müllabfuhr-Männer nicht, und zum Glück waschen uns die Flüsse noch halbwegs rein. Doch wie steht es mit den Meeren? Das braucht uns Bergler wohl nicht zu kümmern! Wir sind keine Fische. Hast du schon einmal versucht, ein Fisch zu sein?

Wenn Kinder fragen: «Ja, aber warum?» werden Erwachsene oft verlegen.

Unser Reichtum und Wohlstand – sind sie echt? Sind sie rechtmäßig erworben? Durch Nutzung eigener Quellen und durch unseren Schweiß? Oder vor allem auf Kosten anderer? Wohin steuert die Entwicklung unserer Menschheit? Wissenschaft muß sich selbst in Frage stellen, sonst ist sie unglaubwürdig.

Die heutige Welt ist eine Welt der Gegensätze. Eines der größten Erlebnisse meines Paten war es, um 1920 in einem der ersten Trams von Aesch nach Basel gefahren zu werden, um da im Kino einen Film zu sehen.

Heute fliegst du im Jet viele tausend Meter über der australischen Wüste, über Sibirien, dem Himalaya, Honolulu oder den Rocky-Mountains und verdrückst gemütlich Erdnüßchen. Du läßt dich von einem Video berieseln, anstatt dir die Nase am Fenster plattzudrücken und die Wolkenbilder und die Verrücktheit der Situation zu bestaunen. Und dabei verbrauchst du ganz persönlich 1 Liter Brennstoff pro Flugminute. Jetzt kannst du ausrechnen, für wieviele Fässer du allein auf deiner Reise verantwortlich bist. Von den weltweit 6000 Verkehrsflugzeugen sind stets 2000 in der Luft, mit einem Treibstoffverbrauch von 4000 l pro Sekunde! Das sind schon 240'000 l oder 1200 Fässer jede Minute. Tag und Nacht. Immer.

Zählen wir weiter den täglichen globalenTreibstoffverbrauch von allen Militär-
fahrzeugen, Autos, Maschinen und Heizungen zusammen, werden es wohl
Billionen sein. Piloten berichten von einer mit bloßem Auge erkennbaren Ver-
schlimmerung der Pollution. Mutter Erde, bekommt sie langsam Atembe-
schwerden?

Wenn Ozon-Alarm herrscht, dürfen Kinder nicht mehr im Freien spielen. Doch
wir fahren weiter Auto. Wir lassen Kinder für unsere Fehler bezahlen. Denn wir
sind eine zivilisierte Gesellschaft. Die Magie der Technik hat uns alle gepackt,
sie verleiht uns Macht über die Materie. Ein Knopfdruck genügt, und die Mu-
sik spielt, so laut wir es wünschen. Ein Druck aufs Gaspedal, schon kitzelt's
unter dem Hintern, und wir brausen davon. Wir fühlen uns stark. Doch haben
wir Grund, uns zu brüsten? Weiß ich, wie der Motor meines Vehikels, wie der
Walkman an meiner Seite, wie mein Telefon, TV und Computer funktionieren?
Sind es meine eigene Stärke und Energie, mein eigenes Wissen, die ich wie
selbstverständlich anwende, mit denen ich prahle?

Wir haben gelernt, die Materie zu beherrschen, bevor wir gelernt haben, uns
selbst zu beherrschen – und die Umwelt geht dabei zugrunde.

Ist die Zerstörung unserer Außenwelt ein Spiegel für den Zustand unserer eigenen Innenwelt, unserer Seele?

Man redet vom Hunger in der Dritten Welt, während einige von uns die Kalo-
rientabelle hüten. In Brasilien wurde Urwald gerodet, um aus gepflanztem Zuk-
kerrohr anstatt Nahrung für den Menschen Treibstoff für Autos zu produzieren.
Das Land mit 12 Millionen unterernährten Kindern verbuchte 1988 einen Han-
delsüberschuß von 19 Milliarden US$, wobei auch Nahrungsmittel zu uns ex-
portiert werden.

Als die Berliner Mauer brach, kauften Bewohner des Westens in kurzer Zeit die
Ladengestelle des Ostens leer. So werden wir erzogen: geschäftstüchtig. Pro-
fitorientiert. Je mehr Konsum, desto besser.

Prüfen wir uns selbst. All die Dinge, die wir in unserem Heim angesammelt
haben, wieviel von diesem Besitz brauchen wir wirklich? Sind unsere Kinder
mit durch Alkali-Batterien betriebenen, ferngesteuerten Autos und Mini-Com-
putern glücklicher geworden als jene, die noch im Wald Hütten bauen? Sind
wir reich im Haben oder reich im Sein?

Wie echt ist unser Reichtum?

In Peru, wo arme Stadtkinder hungernd um Restaurants lungern, um Essensre-
ste von den Tellern übersättigter Touristen zu ergattern, bis sie vom Kellner wie
streunende Hunde verscheucht werden, war die Inflation 1990 7649% (nach
Angaben der Peruanischen Botschaft, Instituto Nacional de Estadistica). Für

Schweizer Verhältnisse würde das bedeuten, daß ein Franken bis in 12 Monaten ungefähr 76mal weniger wert wäre und daß dann 1 kg Brot (Preis zur Zeit sFr 4.10) dreihundertdreizehn Franken kosten würde!

Um 19.30 Uhr schalten wir den Fernseher ein, denn die Nachrichten darf man nicht verpassen, vor allem nicht jetzt im Golfkrieg ... im jugoslawischen Bürgerkrieg ... Diese Spannung! Wieviele Köpfe schlagen die sich ein? Oder finden sich politische Lösungen? Was aber trage ich persönlich dazu bei? Unmöglich? Warum gucke ich denn? Robert aus Australien hat gehandelt. Er flog mit einigen Freunden nach Bagdad, um in der Wüste zwischen den beiden Armeen ein Friedenscamp aufzustellen.

Auch ohne Tageszeitung komme ich nicht aus, denn die Zeitung von heute ist so wesentlich, daß sie morgen im Altpapier oder im Mistkübel landet. Wie wesentlich ist sie also? Ein Baum wurde geopfert, damit mein Informationsdrang gestillt werden kann. Was mache ich mit dieser Erkenntnis? Wir wollen schließlich wissen, was in der weiten Welt so läuft! Kenne ich aber die Namen meiner Nächsten? Ist nicht vielleicht mein Nachbar krank und einsam und hätte Hilfe nötig, die ich ihm geben könnte?

Vor ein paar Tagen fand ich einen Mann auf der Straße liegen. Ich schmiß mein Velo hin, half ihm auf die Beine und reichte ihm den davongeflogenen Hut. Leichter Schlaganfall? Verstört griff sich der gut 70jährige langsam an seine nassen Knie. Ich tastete mit und erschrak – so weich –, bis ich merkte, daß das Weiche ein Urinsack sein mußte. Der alte Mann war mit dem Tram zu weit gefahren – die automatisch schließenden Türen sind nicht jedermanns Sache – und war dann gestürzt. Ich griff ihm unter die Arme und begleitete ihn nach Hause. Allein lebt er mitten in der Stadt in einer kleinen Wohnung. Der Verwalter der großen Wohnanlage empfahl mir, das Spital anzurufen: «Wir haben schon genug Scherereien – nicht das noch ...»

Ich stehe in der Telefonkabine eines kleinen Schweizer Städtchens. Nach Gesprächen in die USA und Japan rufe ich nach Sarawak an, ostmalaysischer Staat auf der Insel Borneo. Auch hier ist die Verbindung in kurzer Zeit hergestellt.

Sarawak? Wo ist denn das? Malaysia? Indonesien? Amazonas? Das ist etwa wie Rumänien und Bulgarien – die verwechseln wir auch oft.

Während ich von dieser Telefonzelle im Postbüro von Delémont auf die Insel Borneo am südchinesischen Meer anrufe, bin ich rings umgeben von Wänden aus Meranti, einem Holz aus Borneo!

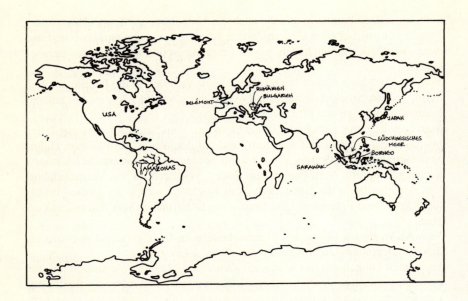

Tropenholz! Vor 20 Jahren war es bei uns kaum bekannt – heute findet man die Billigware sogar in Häusern ländlicher Gegend. Wie sieht es bei dir zu Hause aus? Wir sind gebildet und viel gereist und wissen viel. Doch die Tür, die ich jeden Tag öffne, der Stuhl, auf dem ich sitze, aus welchem Material sind sie gefertigt? Ist es Kunststoff? Buchenholz? Von diesen glattrindigen grauen Bäumen, die in ihrem Leben nur wenige Male Frucht tragen? Deren dreikantige Eckern Finken und anderen Vögeln und Nagern, und zur Not sogar uns, Nahrung spenden? Wo's so lustig raschelt, wenn wir mit unseren Füßen durchs trockene Laub laufen! Und der Tisch vor mir? Ist er aus hellem Ahornholz? Ahorn, dessen handförmige Blätter sich im Herbst so schön golden und flammend rot färben? Dessen geflügelte Samen wir uns als Kinder auf die Nase klebten? Oder ist unser Tisch aus Kirschbaum? Die Bäume, die im Frühling, wenn die Kreuzkröten Hochzeit halten, in weißem Blütenschnee stehen!

Und der Fensterrahmen in meinem Zimmer? Ist er aus Lärche, deren purpurrote Blütenzäpfchen so herb und harzig schmecken? Die vor dem Winter ihr gelbgewordenes Nadelkleid abwirft?

Wo stand der Nußbaum auf der Wiese, aus dem der Nachbar dann den Küchentisch gefertigt hat?

Was weißt du vom Palisander im Parkettboden des Schulhauses und am Griff deiner Fonduegabel? Was vom Meranti an deinen Türen?

Gehen wir doch einmal in unserer nächsten Umgebung auf Entdeckungsreise! Fragen wir uns bei allen Gegenständen, mit denen wir uns umgeben und mit denen wir täglich zu tun haben, wo ihr Ursprung ist und wie sie zu uns gelangt sind.

Von der Unterhose zurück ins Kaufhaus, zum Verteiler, in die Fabrik, zur Näherin, zu den Strickmaschinen und Webstühlen, in die Färberei bis auf die Baumwollfelder zu den Pflückern.

Vom Schuh zurück zum Leder in der Gerberei. Vom Steak auf unserem Teller bis hin in den Schlachthof und zum Rind auf der Weide. Vom Ei zum Huhn. Vom Gemüse in den Garten. Von der Schuhsohle und den Autoreifen bis zu den Kautschukzapfern. Vom Papier zum Baum. Von der Pille ins Versuchslabor. Von der Flasche in die Glasfabrik. Vom Kochtopf zurück bis in die Verhüttungswerke und Erzminen. Vom Benzin zur Ölraffinerie. Vom Strom zur Turbine.

Vom AKW zurück bis zu den Minenarbeitern im Uranwerk und vorwärts zu den Mülldeponien. Und fragen wir bei allem: Ist es gut so?

Von vielen Dingen um uns haben wir kaum eine Ahnung. Wir sind in unserer modernen Industrie-Gesellschaft spezialisiert worden und haben die Beziehung zum Ganzen verloren und zu allem, worum sich andere Unbekannte kümmern. Wie aber können wir aus der Beziehungslosigkeit und Entfremdung heraus in Respekt und Achtung leben?

Produkte, die unserer eigenen Wirtschaft und unseren Ressourcen entsprungen sind, können wir einfach zurückverfolgen. Da haben wir die freie Wahl, umwelt-, tier- und menschenfreundliche Produkte vorzuziehen; da diese arbeitsaufwendiger und eher im Kleinhandel und Familienbetrieb zu finden sind als im Supermarkt, müssen wir dafür tiefer in die Tasche greifen.

Der verstrickte Welthandel aber entzieht sich weitgehend unserer Kontrolle. Darum sollten wir auf Importe und Exporte aller Produkte verzichten, die direkt am Ort produziert werden können. Deren Handel ist schon wegen des umweltbelastenden Energieverschleißes durch den Transport nicht gerechtfertigt. Er bedroht auch die einheimischen Kleinproduzenten. Wieso ist eine Banane aus Zentralamerika billiger als ein hier bei uns am Baum gewachsener Apfel? Wieso war Meranti bis jetzt billiger als vor unserer Tür gewachsenes Buchenholz? Ressourcen und Geld fließen dabei immer von der Dritten Welt in die Taschen unserer im Ausland investierenden Firmen und von uns selbst. Viele Produkte der Dritten Welt beruhen auf kargen Umweltgesetzen und kurzsichtiger Ausbeutung der Ressourcen, auf Landenteignung und Bevormundung Eingeborener, die dann nicht mehr als unabhängige Selbstversorger leben können, sondern als Arbeitskräfte in Großprojekten für den Weltmarkt produzieren müssen.

War die Meinung der Betroffenen je gefragt? Was legal ist, muß noch lange nicht menschlich sein.

Die Politik von uns reichen Industrienationen ist rührend. Wir wollen den Völkern der Dritten Welt helfen, aus Elend und Krankheit zu Wohlstand und Bildung aufzusteigen, und stoßen sie noch mehr in die Armut. Von Beseitigung von Armut zu sprechen, wo man diese vergrößert, ist wie ein Faustschlag ins Gesicht der Betroffenen. Wirkliche Armut findet sich selten bei noch in Tradition und Kargheit lebender Landbevölkerung, sondern vor allem bei Vertriebenen und Entwurzelten, die oft in den Randzonen der Großstädte stranden.

Wir unterstützen die Entwicklungsländer mit der nötigen Technik für Plantagen-, Staudamm- und Straßenbauprojekte, damit sie ihre Ressourcen rationell für uns ausbeuten können. Woher nehmen wir das Recht, die Schätze anderer Kontinente zu nutzen? Zuvor ökonomisch unabhängige Länder produzieren nun für den Weltmarkt. Wer bestimmt die Handelspreise? Sind unsere dargebotenen wirtschaftlichen Systeme stabil und gesund? Oder haben internationale Banken die Hilfsbedürftigen zu ihren treuen Schuldnern gemacht und sich mit Entwicklungsprojekten vor allem selbst geholfen? Wer sind am Ende die Nutznießer? 70 Milliarden Fluchtgelder aus der Dritten Welt sollen 1987 auf Schweizer Bankkonten gelagert haben: Die Weltbank, die Entwicklungsländern Kredite gewährt, verbuchte 1988 1 Billion US$ Nettogewinn.* Von ihr finanzierte Projekte wurden unter dem Slogan «Die Weltbank macht die Welt krank» kritisiert. Wegen des Baus von Kraftwerken wurden ganze Bevölkerungsgruppen zur Umsiedlung gezwungen. (So in Indonesien, Kedung-Ombo-Damm, 1985, 20'000 Menschen / in Zaire, Ruzizi-Damm, 15'000 / in Indien, Sardar Saroval, 90'000 / in einem weiteren indischen Projekt sollen 1,5 Millionen Menschen betroffen sein.)

Der Batang-Ai-Damm in Sarawak verlangte die Umsiedlung von 2800 Menschen, deren Land mit 26 Dörfern unter Wasser gesetzt wurde. Ohne Land für Reisanbau verwandelten sich die unabhängigen Bauern in lohnabhängige Arbeiter. Bei der Planung des Bakun-Damms in Sarawak waren GTZ-Bonn und Motor Columbus, Schweiz, mitbeteiligt. Dank dem Widerstand der ansässigen Bevölkerung (5000) gegen die Zwangsumsiedlung wurde das 6 Milliarden US$-Projekt vorläufig abgeblasen, das 2400 Megawatt produziert, 700 km² Land überschwemmt und den Strom über ein 650 km langes Unterseekabel nach West-Malaysia exportiert hätte.

* Folgende Angaben aus: Sherman, «The World Bank, a look inside»

14

Um Tropenwälder zu schützen, haben sich 1985 finanzschwere Unternehmen wie die Weltbank zusammengetan und beschlossen, Kredite von 8 Milliarden US$ zur Verfügung zu stellen. Der «Tropical Forest Action Plan» (TFAP) gleicht eher einem «Tropical Forest Destruction Plan».

In Wirklichkeit bewirken diese Gelder bis heute gerade das Gegenteil von dem, was sie vorgeben: Die letzten unberührten Wälder wurden für die Nutzung erschlossen und geschädigt. Allein für Kamerun wurde ein Kredit von 167 Millionen US$ gewährt, um 140'000 km² Primärwald zu nutzen. 50'000 Pygmäen werden betroffen sein. Ist deren Meinung gefragt?

Von einem Waldprojekt in Indien sind von 1222 Millionen US$ nur 32 Millionen für ‹Ecosystem Conservation› bestimmt. Selbstkritisch machte ein Sprecher der Weltbank auf Mißstände aufmerksam: «In the end, what we are dealing with is people, not statistics ...» (Am Ende haben wir es mit Menschen zu tun, nicht mit Statistiken ...). In der Zwischenzeit hat die Weltbank angekündigt, die Erschließung von Primärwäldern nicht mehr finanziell zu unterstützen.

Vertreter von Eingeborenenvölkern von rings der Erde klagen alljährlich bei der UNO über Verletzung der Menschenrechte und Mißbrauch ihrer Länder für Projekte, die ihr Leben stören. Und die Sprecher repräsentieren nur eine Minderheit aller betroffenen Stämme. Ob nordamerikanische Indianer oder australische Aboriginals, ob Ureinwohner Amazoniens, Asiens, Afrikas, die Klagen sind immer ähnlich: Staudämme, Goldschürfer, Erdöl, Holzfäller, Plantagen, Landraub durch Auswärtige, in der Regel mit dem Segen der eigenen Regierung und unserer Unterstützung als Importländer.

In der Schweiz gegen den Willen der ansässigen Bevölkerung einen Waffenplatz oder ein Atommüllager zu bauen und die, die sich widersetzen, des Landes zu enteignen, auch das zeugt von Mangel an Respekt.

Unsere heutige Wirtschaft ähnelt einem Krebsgeschwür; beide mißachten das Naturgesetz des Gleichgewichts und sind als Teile des Ganzen auf stetiges Wachstum und Machtübernahme bedacht. Sobald sie ihren lebensspendenden Organismus beherrschen, werden sie ihn und damit auch sich selbst zugrunde richten. Es ist der Wahn des Menschen als ein Teil der Natur, sich über diese hinwegsetzen zu wollen. Erkennen wir unseren Platz! Und den von Politik, Wirtschaft und Wissenschaft im Dienste des Ganzen.

Ein Umschwung ist bitter nötig. Wenn Groß-Systeme zusammenbrechen und in Versorgungskrisen geraten, erkennen wir den Wert der kleinen Kreisläufe, die auf Selbstversorgung aufgebaut sind; in ihrer Bescheidenheit geben diese nicht nur Raum für Beziehung und Liebe, sondern sind ökonomisch auch stabil, da sich in ihnen Nehmen und Geben die Waage halten.

Alle Völker dieser Erde liefern uns aus ihrer Tradition Modelle, die, gepaart mit sinnvoll angewandter Wissenschaft und Technik, den Schlüssel zum Überleben enthalten.

Unsere Menschheit sitzt gleichsam in einem Boot, das auf gefährliche Stromschnellen zutreibt. Wir selbst als Passagiere feiern Partys, streiten miteinander, und jeder von uns sucht seinen eigenen Vorteil. Ich-verstrickt sind wir taub für die Stimmen unserer Umwelt. Bis wir plötzlich aufhorchen und das Tosen des Wasserfalls vor uns wahrnehmen. Da hilft kein langes Händeringen oder Gerangel ums Steuerruder; jeder gibt von seinem Platz aus sein Bestes entsprechend seinen Fähigkeiten, packt ein Ruder oder hält sich still, um das Boot sicher an den Strudeln vorbeizuführen in gutes Fahrwasser, d.h. hin zur Achtung vor dem Menschen und allen Erscheinungsformen des Lebens. Weg von den Strudeln der Kontrolle und Macht über andere, hin zur Macht und Kontrolle über uns selbst. Weg von der Ausnutzung anderer, hin zur Nutzung unserer eigenen Kräfte. Dies bedeutet gleichzeitig Selbst-Entfaltung und Selbst-Beschränkung. Das Gute geschieht nicht, indem wir uns treiben lassen, es entsteht durch Taten und persönliche Opfer und durch das Wählen von Steuermännern und Steuerfrauen, die mutig unserem Boot die gute Richtung geben.

Schwindende Wälder

Hast du Lust auf eine Reise in unsere Vergangenheit?

So flieg über die Landschaft von Europa oder Amerika und versetze dich in Gedanken um ein paar tausend Jahre zurück: Wiesen und Äcker verschwinden; die Walddecke schließt sich bis auf blinkende Seen und Flüsse, die sich durch Geröllfelder schlängeln. Feuchtgebiete wie Auen, Schilffelder und Moore betten sich in die Laubmischwälder der Niederungen, in denen unsere Vorfahren als einsame Jäger und Sammler den Wildschweinen nachstellten. Das farbenfrohe Dach des Waldes weicht im Norden und im Gebirge dem Dunkel der Nadelbäume. Alpweiden verschwinden, während die Waldgrenze steigt. Tannen, Fichten, Lärchen und Arven klimmen aufwärts. Erlen, Legföhren, Alpenrosen und Zwergweiden bereiten als Pionierpflanzen den Nährboden für nachfolgenden Wald bis hinauf zum nackten Fels.

Heute ist der größte Teil Europas gerodet, und vom einstigen Urwald, wo an mächtigen Eichen und Hagebuchen sich armdicke Lianen als Waldreben emporrankten, ist noch eine Art Buschlandschaft übriggeblieben. Bevor der weiße Mann nach Amerika kam, soll ein Hörnchen noch in der Lage gewesen sein, von der Ost- zur Westküste von Baum zu Baum zu springen, ohne je den Boden zu berühren ...

Global sind heute schätzungsweise noch 5% der ursprünglichen Wälder vorhanden; der Mensch hat somit 95% zur Holzgewinnung benutzt oder durch Rodung in landwirtschaftliche Flächen umgewandelt.

Eines der größten bis vor kurzem noch intakten Urwaldgebiete befindet sich in Südostasien, auf der Insel Borneo.

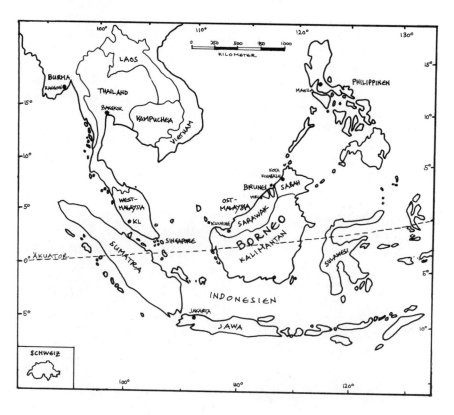

Borneo und Sarawak

Borneo besitzt vielleicht den ältesten Wald der Erde, der ursprünglich bis auf wenige Felsen und Wasserläufe die ganze Insel bedeckte. Die Mangroven an der Küste gehen im Flachland in Sumpfwälder über und werden im Landesinnern von den Dipterocarp-Bergwäldern abgelöst. In höheren Lagen wandeln sich diese in bemooste Nebelwälder mit Riesenfarnen und einem Heer von Epiphyten-Orchideen. Im Nordosten der Insel erhebt sich der Granitklotz Kinabalu aus einem Garten von Riesenrhododendren. Rote Erde, sandige Tonerden wiegen auf Borneo vor, mit einigen Kalksteininseln, die im Gebiet des Mulu phantastische Höhlenlabyrinthe bergen.

Da die Insel nicht von den Eiszeiten berührt wurde, konnte sich über Millionen von Jahren in den verschiedenen Biotopen die höchste Artenvielfalt entwikkeln: Auf einem Hektar Regenwald stehen mehr Baumarten als in ganz Europa. Von den 20'000 Blütenpflanzen Borneos soll ein Drittel ausschließlich auf der Insel vorkommen. Borneo kennt 475 Vogelarten, und von den 180 dort lebenden Säugetierarten sind 39 beschränkt geographisch verbreitet. Der Orang Utan ist wohl der bekannteste Vertreter; er ist in Sarawak beinahe ausgerottet.

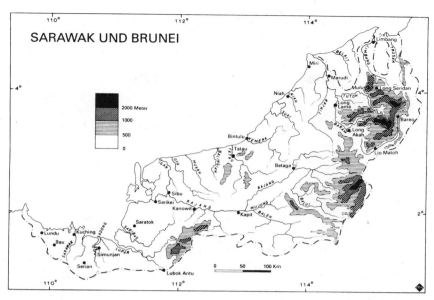

SARAWAK UND BRUNEI

Martin Steinmann

Der Regenwald trägt seinen Namen zu Recht, mit jährlichen Niederschlags-mengen bis über 5 m (fünfmal mehr als in der Schweiz!). Das Land ist reich an Öl, Gasvorkommen und Holz.

Die Insel gliedert sich im Norden in die beiden ostmalaysischen Bundesstaaten Sarawak und Sabah und das kleine Ölscheichtum Brunei, mit der zweitreich-sten Bevölkerung der Welt, während Indonesisch Kalimantan den Süden bedeckt.

Sarawak ist der größte der 13 Bundesstaaten Malaysias und nimmt mehr als ein Drittel der Fläche des Landes ein.

Fläche:	124'449 km², 7 Landesteile, 25 Distrikte (vgl. Schweiz: 41'293 km²)
Hauptstadt:	Kuching
Bevölkerung:	1,6 Millionen (1990; Totalbevölkerung in Malaysia: 16,92 Millionen) Bevölkerungswachstum pro Jahr: ca. 2,7%
Amtssprache:	Bahasa Malaysia (seit 1985 an Stelle von englisch)
Währung:	Ringgit oder Malaysische Dollar M$.

19

Kurs 1991:	100 Ringgit oder Malaysische Dollar = 63 sFranken = 35 USDollar
Religion:	Vorwiegend Christentum neben Animismus, Islam, Buddhismus
Geologie:	Vortertiäres Gestein im Westen (metallurgische Bodenschätze wie Gold, Antimon); tertiäres Gestein im Osten (Erdöl-, Gasvorkommen).
Klima:	Von 2 Monsunwinden bestimmt. 50% der Niederschläge fallen in Wintermonaten. Trockenzeit im Juni. Durchschnittstagestemperatur 25,5 °C und relative Luftfeuchtigkeit >80%
Export:	Erdöl, Gas, Holz, Pfeffer, Kautschuk, Palmöl.

Geschichte:

39'000 v. Chr.	Menschliche Knochenfunde in Niah
3000 v. Chr.	Töpferei in Niah
7. Jhdt.	Chinesischer Handel in Sarawak
12./13. Jhdt.	Eisenindustrie
15. Jhdt.	Islam erobert Küstengebiete; malaiische Immigranten von Sumatra. Sarawak wird Teil des Sultanats von Brunei.
1518	Portugiesische Seefahrer erreichen Nordborneo.
1830	Goldminen, Kongsi-Kämpfe, Chinesen flüchten aus Holl. Borneo nach Sarawak.
1836	Rebellion der Iban. James Brooke, Offizier der British Ost-Indien-Company, schlägt sie im Namen des Sultans nieder.
1841	James Brooke wird «Rajah» von Sarawak; seine Familie verwaltet das Königreich rund 100 Jahre.
1900	Weitere chinesische Immigranten
1941–1945	Japanische Invasion
1946	Anthony Brooke, der letzte «Rajah» von Sarawak, wird zum Rücktritt gezwungen. Machtübernahme durch die Britische Krone. Sarawak und Sabah werden englische Kolonien.
1957	Westmalaysia wird unabhängig.
1963	Westmalaysia, Singapur, Sarawak und Sabah schließen sich als Föderation zusammen.
1965	Singapur tritt aus dem Staatenbund aus und wird selbständig.

Die Bevölkerung Sarawaks

	1980		1988	
Ureinwohner	648'000	(49,5%)	782'000	(49,1%)
Chinesen	385'000	(29,5%)	463'000	(29,1%)
Malayen	258'000	(19,7%)	330'000	(20,7%)
Andere	17'000	(1,3%)	18'000	(1,1%)
Total	1'308'000	(100%)	1'593'000	(100%)

Quelle: Sarawak Annual Bulletin

Neben den eingewanderten Chinesen und Malayen leben 26 verschiedene Ureinwohnerstämme, die unter dem Namen Dayak zusammengefaßt werden. Von ihnen sind die Iban die am stärksten vertretene Volksgruppe Sarawaks (30,3%); deren Ursprung ist Indonesisch Borneo.

Andere Volksstämme sind die Bidayuh, Bukitan, Bisayah, Dusun, Kedayan, Kelabit, Kayan, Kenyáh (inkl. Sibup und Sipeng), Kajang (inkl. Sekapan, Kejaman, Lahanan, Punan, Tanjong und Kanowit), Lugat, Lisum, Murut, Penan, Sian, Tagal, Tabun und Ukit. Außer den nomadischen Penan, Ukit, Bukitan und Sian sind sämtliche anderen Dayakgruppen traditionell seßhaft.

Ureinwohner Sarawaks 1980

Iban	396'000	
Bidayuh	108'000	
Melanau	75'000	(keine Dayak)
Kenyáh	16'000	
Kayan	13'800	
Kedayan	11'000	
Murut	9'700	
Punan	5'700	
Bisayáh	3'900	
Kelabit	3'800	
Andere	4'700	(inkl. Penan)
Total	647'600	

Quelle: Population Census 1980, mit abgerundeten Zahlen.

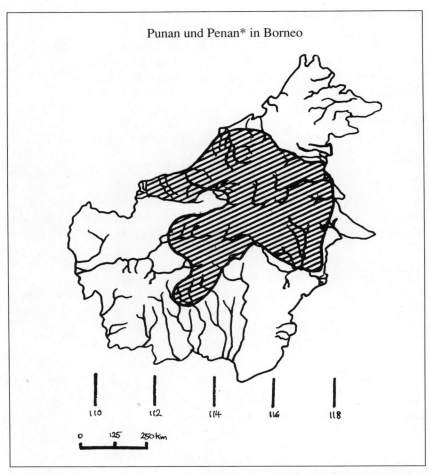

Punan und Penan* in Borneo

Quelle: Die Wildbeutergruppen Borneos

* Punan und Penan

Die Punan sind vor allem in Indonesisch Borneo (Kalimantan) beheimatet, während die Penan in Sarawak heimisch sind. Die beiden Volksstämme haben eine ähnliche Lebensweise und werden oft verwechselt und in der Statistik vermischt; sie unterscheiden sich aber klar durch ihre verschiedene Sprache.

22

Penan in verschiedenen Gebieten Sarawaks

Baram	5600
Limbang	200
Belaga	1500
Niah/Suai	1000
Bintulu	1000
Total	9300

Quelle: Jabatan Pembangunan Negeri, 1987

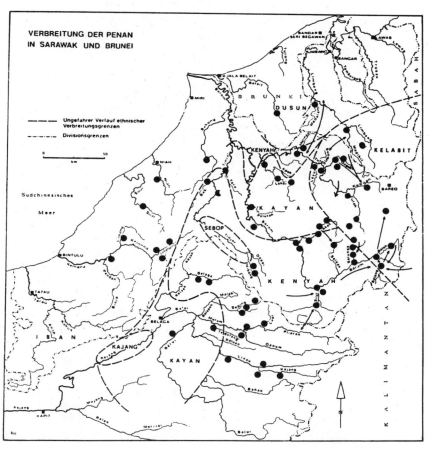

Quelle: Borneo

23

Urbevölkerung Dayak

Die Tradition der in Selbstversorgung lebenden Dayakvölker Borneos ist Wanderfeldbau. Dabei wird ein Fleck Dschungel gerodet und gebrannt. Die Asche liefert auf den kargen Böden Dünger für die folgende Reissaat und deren Zwischenfrüchte. Nach zwei Vegetationsperioden wird das ausgelaugte Gebiet sich selbst überlassen, liefert dann noch Wildgemüse wie Farnsprossen und wächst in wenigen Jahren zum dichten Lianenverhau und schwer durchdringlichen Sekundärwald heran. Nach 10–30 Jahren wird dasselbe Stück Land wieder gerodet und in ein Reisfeld verwandelt.

Hauptlieferant von Eiweiß in der Nahrung sind Wild und Fisch, bei Mangel auch Heuschrecken, Kegelschnecken und Maden. Hausschweine und Büffel werden meist nur für festliche Anlässe, Hennen werden bei Besuch geschlachtet. Unter dem Dach eines großen Langhauses schließen sich 40–80 Familien zur Dorfgemeinschaft zusammen. Jenes wird meist an einem Flußufer gebaut, umgeben von Fruchtbäumen wie Durian und Rambutan.

In der Vergangenheit waren die meisten Stämme wegen Kopfjägerei verfeindet. Der animistische Glaube – Tanz und Gesang, Betelnüsse und Reiswein – wurde in den letzten Jahrzehnten weitgehend durch das Christentum ersetzt.

Heute lebt noch ein gutes Drittel (220'000) der Dayak-Bevölkerung Sarawaks als unabhängige Bauern. Die andern wurden in Plantagenprojekte (Ölpalme, Pfeffer, Kakao, Kautschuk) integriert, arbeiten in der Holzfällerei oder sind in Städte abgewandert.

Die Kultur der Dayak ist in Jahrtausenden gewachsen und hat den einzelnen Stämmen mit je eigener Sprache und Brauchtum das Leben in Unabhängigkeit ermöglicht. Die Siedlungen sind wie Inseln in den Urwald gebettet und stehen in lebendiger Beziehung zueinander. In Sarawak gibt es kaum Bevölkerungsdruck, der zur Übernutzung drängen würde. Dayak-Völker sind untrennbar mit dem Boden verbunden, auf dem ihre Nahrung und ihre Kultur gewachsen sind. Auf seinem Land empfindet sich der Eingeborene viel mehr als Gast und Verwalter denn als dessen Besitzer. Er lebt in Symbiose mit der Erde und nimmt von ihr nicht viel mehr, als er für das tägliche Leben braucht.

Wer in einer Langhausgemeinschaft von Iban, Kenyáh, Kayan oder Kelabit lebt, findet trotz bescheidenen Verhältnissen höchste Lebensqualität: beim täglichen Bad im klaren Fluß, bei der gemeinschaftlichen Reissaat und Ernte mit Gesang, beim spritzigen Queren der Stromschnellen im Einbaum, beim Werfen des Fischnetzes, beim Teilen des Fangs mit den Nachbarn. Alle diese Gemeinschaften sind bedroht, da nicht nur der sie umgebende Urwald und die Flüsse, sondern selbst ihr Kulturland durch Straßenbau und Holzfällerei geschädigt werden.

TRADITIONELLER HAARSCHNITT

LANGES KOPFHAAR WIRD GAR IN LIEDERN BESUNGEN: „WIE DIE WALLENDEN FRUCHTSCHNURE DER LESSET-PALME ~ DEIN HAAR HEI..." *, UND DIE LANGEN IN KAHMKUNGEN HÄNGENDEN BLÄTTER DES EPIPHYTEN "PELA-ANG BOK" GELTEN ALS ANIMISTISCHES HAARWUCHSMITTEL.

WÄHREND GESICHTSHAAR ALS UNSCHÖN EMPFUNDEN WIRD, UND BRAUEN WIE MEIST NUR SPÄRLICH SPRIESSENDE HAARE UM MUND UND KINN OFT AUSGEZUPFT WERDEN, GILT EIN LANGER HAARZOPF GLEICHSAM ALS SYMBOL DER VITALITÄT. DER TRADITIONELLE HAARSCHNITT SCHEINT BEI ALLEN DAYAK-STÄMMEN SALAKEOS, PENANS, KENYAHS, SELAYANS, MURUT, KELYAR, KAYAN'S... DERSELBE: DIE FRAU HAT IHR LANGES GLATTES SCHWARZES HAAR MITTELGESCHEITELT, DIE SCHLÄFEN RASIERT. DER WUNSCH NACH ATTRAKTION UND BESONDEREM LÄSST HEUTE MANCH EINE SCHÖN- HEIT MIT KRAUSEM, KURZGESCHNITTENEM HAAR VON EINEM BESUCH TALWÄRTS ZURÜCKKEHREN. DIE MODE WECHSELT. UND GERADE SO IST HEUTE KAUM MEHR EIN JUNGER PENAH- MANN MIT LANGEM HAARSCHWANZ ANZU- ZU TREFFEN.

"PAJIT KELULAU"

MIT SCHARFEM MESSER WIRD SÄMTLICHES KOPF- HAAR DES MANNES BIS AUF EINER RUNDEN, HAND- TELLERGROSSE FLÄCHE UM DEN SCHEITEL BLANK- RASIERT **. DIES KANN DIE GELIEBTE DES MANNES

* PURAI LESSET
  "BOK KO HEI
  BOK BALEI
  BOK KO HEI"

** DAS VERKEHRTE SPIEGELBILD DER TONSUR VON KAPUZINERMÖNCHEN

Die Penan

Dank ihrer nomadischen Lebensweise im schwer zugänglichen Landesinnern blieben die Penan weniger beeinflußt von außen als ihre seßhaften Dayak-Nachbarn. Seit die Wälder der Penan für den Weltmarkt erschlossen werden, vollzieht sich nun ‹die Entwicklung› auf brutalste Weise.

Von den 9000 Penan in Sarawak sind $^1/_4$ seßhaft, die Hälfte halbseßhaft und $^1/_4$ nomadisch. Die halbseßhaften Penan befinden sich zwischen Stuhl und Bank: Auf Anweisung der Behörden, die ein besseres Leben versprachen, versuchten sie seßhaft zu werden; aber ihnen fehlen die Motivation und das Wissen, außerhalb ihrer Tradition, ohne genügende praktische Hilfestellung von außen, ihre Lage selbst zu verbessern. Ihre dürftigen Reis- und Maniok-Kulturen vermögen oft nur während 2 bis 3 Monaten das traditionelle Sago zu ersetzen. Alle übrige Nahrung wird das ganze Jahr über im Wald gesucht; somit sind $^3/_4$ aller Penan für ihr Überleben vom Wald abhängig.*

Auf einem Territorium von 3200 km², im Gebiet des Ulu Limbang / Ulu Tutoh, ernähren sich unter knapp 1000 Menschen vom Stamm der Penan und Kelabit noch 9 bis 10 Sippen mit 63 Familien bzw. 258 Mitgliedern ausschließlich von Jagd und Sammelwirtschaft (eigene Zählung 1987). Dazu kommen wenige Familien, die nach unbefriedigenden Reisanbau-Versuchen in den Dschungel zurückgekehrt sind. Sie meiden das grelle Sonnenlicht auf den gerodeten Feldern und streifen auf der Suche nach Nahrung durch den schattigen Urwald. Wild, Sago und wilde Früchte sind ihre Haupt-

* Quelle: Jabatan Pembangunan Negeri, 1987, Kuching

26

nahrung. Jede Sippe bewohnt ihr eigenes Territorium, auf dem sie in losem Verband von 2 bis 10 Familien nomadisiert. Die Wanderungen werden vom Angebot an ernteträchtigen Sagopalmen bestimmt, von reifen Früchten und den Wildschweinrudeln in deren Nähe. Keine Sippe dringt in das Gebiet einer anderen ein, außer sie würde von ihren Nachbarn z.B. zum Früchteschmaus eingeladen.

Am Beispiel der Penan kann uns vieles bewußt werden, und jedem einzelnen steht es frei, sich darüber Gedanken zu machen, welches Volk primitiv ist und noch Entwicklung nötig hat …

Jagd und Wild

Das Wildschwein ist begehrteste Jagdbeute, da es neben Eiweiß je nach Saison auch Fett liefert. Dieses ist eingekocht über Wochen lagerfähig, während über dem Feuer getrocknetes Fleisch im tropischen Klima in wenigen Tagen verdirbt. Weiter stehen Hirsch, Reh, Mausreh, fünf Affenarten, Marder und Vögel und manchmal auch Bär und Python auf dem Speisezettel der Penan.

Gejagt wird mit Hund und Speer oder mit Blasrohr und Giftpfeil. Als Gift (Tacem) dient das Latex des Ipo-Baumes. Dieser ist nach der Sage eine verwandelte wunderschöne Penanfrau. Ein Dutzend verschiedener Drogen sind bekannt, um ein schwaches Gift absolut tödlich zu machen. Einige wirken in minimster Zugabe eines kaum sichtbaren Stäubchens. Ein kleiner Nadelstich genügt – die Beute stirbt in fünf Minuten bis einer Stunde. Für Großwild wurden früher Pfeile mit Knochenspitze verwendet, heute wird das Blech von Konservendosen wiederverwertet. Die Kunst der Jagd mit dem Blasrohr besteht weniger im Treffen als darin,

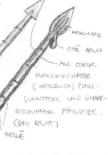

Giftpfeile für Großwild

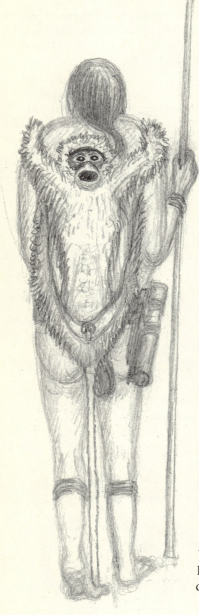

selbst nach einem Treffer unsichtbar zu bleiben, um ein weites Fliehen des Wildes zu vermeiden. Beherrscht ein Jäger das Spurenlesen nur mangelhaft, entkommen ²/₃ der getroffenen Tiere im dichten Dschungel. Gewehre vereinfachen die Jagd wesentlich, und wenige aus der britischen Kolonialzeit sind in Gebrauch.

Wenn eine Sippe aus fünf Familien besteht und ein Wildschwein erbeutet wurde, werden Herz, Leber, Magen, Gedärm und alle großen Fleischstücke je in fünf Anteile zerschnitten. Eine Familie erhält den Kopf, um ihn zu rösten; ist das schmackhafte Fleisch gar, wird auch dieses zerhauen und verteilt. In Zeiten des Hungers kann ein erfolgreicher Jäger einen stundenlangen Marsch auf sich nehmen, um einer entfernteren Nachbarsfamilie ihren Anteil zu überbringen. Auf diese Weise werden Kinder, Alte, Kranke und weniger Beglückte unterstützt und das Überleben als Gemeinschaft ermöglicht.

Schon Kinder lernen, ihre erbeuteten Vögel und Zwerghörnchen mit allen Nachbarskindern zu teilen. Der Anteil für den einzelnen ist manchmal kaum so groß wie ein Fingernagel. Nie sah ich Kinder um Nahrung streiten. In mageren Zeiten wird das Wenige geteilt. Einmal war ein Junge so hungrig, daß er sein gebratenes Zwerghörnchen auf dem Weg zu den Nachbarskindern allein aß. Als Lehre erhielt er von jenem Tag an den Namen des Zwerghörnchens: Telle.

Ein großes Fruchtjahr mit einem Überangebot von über 100 wilden Fruchtarten und fetten Wildschweinen kommt nur alle paar Jahre vor. Fische werden meist von Frauen nach dem Baden und Waschen geangelt. Für seßhaft gewordene, am Wasser siedelnde Stämme sind sie Hauptlieferanten von Eiweiß geworden und werden auf alle möglichen Arten gefangen.

Manchmal bringt ein Jäger ein lebendes Jungtier von Bären und Affen oder einer Fledermaus für die Buben und Mädchen nach Hause, das dann als Hüttengenosse gehalten wird. Wurde ein Tier nur einmal gefüttert, würde ein Penan dieses niemals töten, selbst wenn ein Frischling nach Jahren zur stattlichen, schlachtreifen Wildsau herangewachsen ist und der Magen knurrt. In Penantradition ist es undenkbar, ein Tier zu halten, um sich von ihm zu ernähren, weder von dessen Fleisch, noch von dessen Milch.

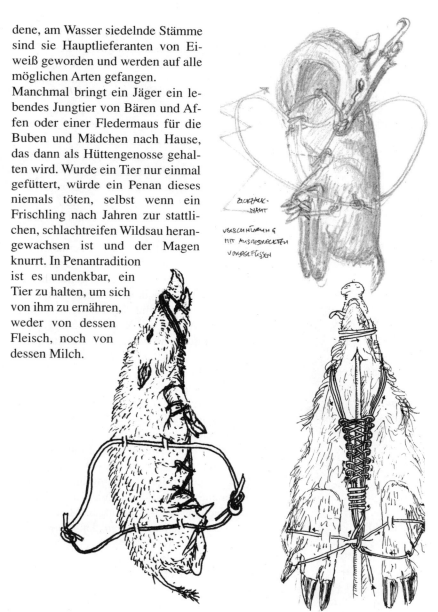

Erbeutetes Wildschwein, mit Bastriemen und Rattan als Traglast vorbereitet.

Sago

Von den sechs wilden Palmarten, die im Stamminnern Sago (Apo) bilden können, werden vor allem zwei (Uwut/Jakáh) verarbeitet. Bei Bedarf werden wöchentlich in mühsamem Prozeß erntereife Palmen gefällt, ihr Stamm aufgespalten und das Mark mit scharfkantigem Holz (Palu) herausgeschlagen. Die gelösten Fasern werden in einer oberen Matte (Já-an) mit Wasser gestampft, um das Sago auszuwaschen. Dieses setzt sich in der unteren Matte als weiße Masse ab. Nach Ablassen des Wassers wird diese in Stücken über dem Feuer getrocknet; dabei zerfällt sie und wird danach als reines Stärkemehl in eng geflochtenen Rattantaschen gelagert. Jede Familie gibt einen Brocken Sago von ihrer Ernte an alle Nachbarsfamilien (Tulat Apo). In der Penansprache gibt es kein Wort für «Danke», Teilen ist Selbstverständlichkeit, aber über dreißig verschiedene Bezeichnungen für die Uwut-Palme.

Mit Wasser gekocht koaguliert die Stärke zum kleisterartigen Brei (Nao); dieser wird ähnlich wie Fondue aus der gemeinsamen Pfanne gegabelt. Sago kann auch gebacken oder in Fett gebraten werden und dient zum Binden von Fleischbrühe.

Anstelle von wilden Palmen verarbeiten seßhaft Gewordene oft Maniok, um Stärkemehl daraus zu gewinnen.

Die Nomaden kennen kaum Drogen, keine Gewürze, kaum Salz und Zucker, und sie essen kein Blattgrün. Da beinahe alle inneren Organe, Haut und Blut von Jagdbeuten gekocht und verzehrt werden, wird daraus der Mineralsalzbedarf gedeckt. Augen, Hirn und Knochenmark sind vor allem Kindernahrung. Der Penan trinkt nur selten gewöhnliches Wasser; Flüssigkeit wird durch den Verzehr von gekochter Sagospeise und Fleischsud aufgenommen. Fern der Siedlung dienen Lianensaft oder rohes Palmherz, das einzige Penangemüse, als Durstlöscher.

Siedlung

Nomadensiedlungen werden in der Regel auf Hügelkuppen gebaut, wo die Gefahr, von einem morschen Baum erschlagen zu werden, am geringsten ist. Auch finden sich dort weniger Plagegeister wie Moskitos und Sandfliegen. Wasser muß oft in Bambusbehältern von weit hergetragen werden.

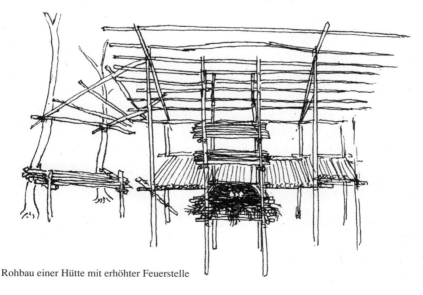

Rohbau einer Hütte mit erhöhter Feuerstelle

In wenigen Stunden hat eine Familie ihr eigenes neues Heim erstellt: Einige Pfähle werden eingerammt und Querhölzer mit Rattan oder Lianen daran verbunden. Der darübergelegte Knüppelrost bildet den Hüttenboden für den nach drei Seiten hin offenen Wohnraum. Palmblätter dienen als Dach. Die Feuerstelle ist am Boden oder erhöht; auf dem Rost darüber werden Fleisch und frisch geschlagenes Brennholz getrocknet. Die Hütten einer Siedlung können in engster Nachbarschaft oder in Entfernung eines Steinwurfs stehen. Sie werden wenige Tage bis zu 5 oder 6 Wochen lang bewohnt.

Eine frisch erstellte Siedlung im Urwald mutet paradiesisch an. Im Verlaufe von 2 bis 3 Wochen vergilben die anfänglich leuchtend grünen Blätterdächer, die Hüttenstangen werden rußig und schmutzig, die aus der Hütte geworfenen Abfälle ziehen lästige, blutsaugende Sandfliegen an. Nach längerer Benutzung verunreinigen auch die dürftigen Wasserstellen. Bei Regenwetter werden die Pfade lehmig-glitschig. Die sagoträchtigen Palmen in der Nähe sind gefällt, das Wild getötet oder geflohen: Die Sippe packt ihr Bündel und zieht einen Hügel weiter in neue Jagdgründe, wo am selben Tag ein neues, sauberes Heim erstellt wird. Nach ein oder zwei Jahren, wenn andere Sagopalmen nachgewachsen und erntereif sind, wird die Sippe wieder zurückkehren.

So hat sich das Nomadentum als sinnvolle Wirtschaftsmethode entwickelt, wo der Mensch in Symbiose mit seiner Umwelt lebt, ohne diese gravierend zu schädigen. Durch diese kontinuierliche Wanderschaft wird eine natürliche Hygiene gewahrt und die Entwicklung von Krankheitsherden eingedämmt.

HÜTTE EINER NOMADENFAMILIE NEBEN EINEM MERANTI-BAUM.
MERANTI SIND BÄUME MIT EINEM DURCHMESSER BIS 150 cm AUS DER FAMILIE DER DIPTEROCARPACEEN. DIE EINGEBORENEN BORNEOS BESINGEN DIE ROTBLÜHENDEN BÄUME, DENN SOBALD DIE FLUGSAMEN FALLEN, KOMMEN WILDSCHWEINRUDEL UND FRESSEN SICH DAVON EINE FETTSCHICHT AN. DIE JÄGER MACHEN REICHE BEUTE, UND ALLE FAMILIEN WERDEN FESTLICHE TAGE MIT GEFÜLLTEN PFANNEN HABEN. DIE UREINWOHNER BAUEN SICH AUS DEM HOLZ HÄUSER, BOOTE UND IHRE BUSCHMESSERSCHEIDEN. DER NASHORNVOGEL, DAS GESCHÜTZTE WAPPENTIER SARAWAKS, ZIEHT HOCH OBEN IN EINER HÖHLE DES BAUMS SEIN JUNGES AUF. DER HÖHLENEINGANG IST BIS AUF EINEN SPALT MIT KITT VERSCHLOSSEN, DURCH DEN DAS MÄNNCHEN DAS BRÜTENDE WEIBCHEN FÜTTERT. IN SARAWAK SOLLEN ALLE MERANTIBÄUME, DIE DICKER ALS 45 cm SIND, GEFÄLLT WERDEN, DAMIT DU UND ICH BILLIGE HOLZPRODUKTE KAUFEN KÖNNEN. FÜR DEN EINGEBORENEN, NASHORNVOGEL UND WILDSCHWEINE BLEIBT KAUM ETWAS ZURÜCK.

Pflanzliche Produkte

Nebst seiner Nahrung findet der Penan beinahe alles Lebensnotwendige im Wald. Aus einer Unmenge verschiedener Pflanzendrogen werden etwa 30 Arten regelmäßig von allen Sippen zur Wundbehandlung und zur Linderung bei Kopfschmerz, Magenverstimmung, Vergiftung, Hautausschlag u.a. angewendet. Viele sind weniger schnell wirksam als chemo-therapeutische Drogen, aber Zungen- und Mundausschlag löst sich bei Kleinkindern schon in wenigen Minuten, nachdem sie einen Blattstengel von ‹Benuá Tokong› gekaut haben.

Ein Dutzend verschiedener laugenhaltiger Lianen und Baumrinden dienen zerquetscht als Seife. Blätter, Rinden und Fruchtschalen von über 20 Baumarten werden zum Färben von Rattan verwendet, von dem wiederum über 30 Arten im Handwerk gebraucht werden. Die Triebe dieser palmartigen, dornigen Kletterpflanze werden wie Seil und Schnur verwendet. Frauen verflechten Rattan zu Traggestellen, kunstvoll gemusterten Taschen, zu Sago- und Schlafmatten sowie Schmuckreifen für Arme und Beine (Selungan).

Bambus dient als Wasser- und Fettbehälter und zum Bau des Giftpfeilköchers. Das ursprüngliche Bambus-Blasrohr wird heute durch eine viel wirksamere Waffe ersetzt, die aus einem Dutzend verschiedener Harthölzer gebaut werden kann. Erst seit dem Erhalt von eigenen Eisenbohrern vor rund 50 Jahren fabrizieren Penan diese zwei Meter langen Blasrohre selbst.

Etwa 90% aller Pflanzen seiner Umwelt haben für den Penan Bedeutung und darum in seiner Sprache einen Namen gefunden: Ein Dutzend Fischgifte sind bekannt. Dienen ‹Bekkela›-Blätter als Sandpapier zum Schleifen härtesten

Blasrohr-Holzes, wird aus einem Trieb des ‹Bukuia›-Strauchs die Eßgabel geschnitzt. ‹Obáh Lusing› spendet Harz zum Abdichten des Pfeilköchers und ist bevorzugter Kletterbaum, an dem der Bär angeblich seine Krallen härtet. Für uns ungenießbare Früchte vieler Bäume werden von Vögeln, Affen und Wildschweinen gefressen, die dann als Jagdbeute wiederum dem Menschen Nahrung spenden.

Religion

Die traditionelle Religion der Urbevölkerung Borneos ist animistisch: Die ganze Natur ist beseelt. Als kurzweiliger Besucher eines Gebietes weiss der Nomade, dass er Eindringling im Revier ansässiger Geistwesen ist, die bei mutwilliger Störung erzürnen und Krankheit schicken können. Er läßt sie darum möglichst in Ruhe und beschwichtigt sie mit einem Opfer oder droht ihnen.
Im Fall schwerer Krankheit sucht ein spirituell Erfahrener (Rengénd) Anweisung. Träume, Tierstimmen und Vogelflug sind ihm allegorische Omen, nach denen gehandelt wird. Nach einem To-

Penanfrau

desfall wird die Siedlung fluchtartig verlassen.
Die letzten großen Magier sind gestorben. Die meisten Penan sind christianisiert worden (Sidang Injil Borneo-Mission) und haben ihre Amulette mit der Bibel vertauscht.

Sitten, soziales Zusammenleben

Neben kinderarmen Familien finden sich kinderreiche. Eine Nomadenfamilie zählt im Durchschnitt 4 Mitglieder. Die Einehe ist die Regel und wurde von der Mission zum Gebot erhoben. Polygamie kommt in der Tradition vor, wobei ein

35

Mann zwei Frauen haben kann und umgekehrt. Nach dem Tod eines Partners oder nach einer Scheidung wird in der Regel wieder geheiratet. Heirat ist nicht mit Zeremonien verbunden. Sie geschieht einfach und ohne Fest. Sobald zwei Partner im eigenen Haushalt zusammenleben, werden sie als verheiratet betrachtet.

Die Penan sind eines der friedfertigsten Völker. Im Gegensatz zu den anderen Dayak-Stämmen Borneos haben sie nie Kopfjagd betrieben. In ihrer scheuen Lebensart weichen sie jeglichen Konflikten aus oder versuchen diese im Gespräch zu lösen. Die persönliche Sphäre jedes einzelnen wird respektiert. Nie geht ein Penan direkt auf eine Person zu oder dicht an ihr vorbei; man beugt sich leicht und macht einen Bogen. Wenn ein Langnase gegen diese Sitten verstößt, schaut man geniert zur Seite, aber die eigenen Kinder werden von ihren Eltern zurechtgewiesen.

Augenkontakt mit Fremden wird vermieden. Beim Gruß wird der Blick abgewandt und die Hand niemals stark gedrückt. Niemand wird mit seinem wirklichen Namen begrüßt, und der Name wird in Anwesenheit des Trägers niemals ausgesprochen: Das sei sonst, als würde dir ins Gesicht geschlagen. Verwendet werden stattdessen Übernamen oder Wendungen wie Bruder (Pade), Vater (Mam), Großer Mann (Lakei Djá-au), Große Frau (Redo Djá-au).

Auch um zubereitete Speise wird immer ein Bogen gemacht. Wer darübersteigt, verschmutzt nicht nur das Mahl, sondern auch den Gastgeber und sich selbst (Segit).

Die Penan kennen in ihrer Tradition keine Hierarchie. Da sie in kleinsten, unabhängigen Sippen leben, brauchen sie keine Häuptlinge und Vertreter. Jeder gibt direkt seine Meinung kund und hat letztlich die Freiheit, über sich selbst und sein Tun zu bestimmen, für das er allein verantwortlich ist. Keiner kann dem andern vorschreiben, was er tun müsse.

Kein einziges Mal in sechs Jahren habe ich zwei Penan nur einander ins Wort fallen, geschweige sich anschreien oder gar gegeneinander tätlich werden sehen.

Die Frau wirkt in der Regel aus dem Hintergrund, durch Gespräch mit ihrem Mann. In Zeiten der Not meldet sie sich auch in der Gemeinschaft zu Wort. Selbst die Kinder werden als vollwertige Mitglieder behandelt und kaum je zu etwas gezwungen oder bestraft, doch zu Respekt angehalten.

Nie läßt man ein Kleinkind allein weinen, und junge, unerfahrene Mütter werden sofort angehalten, ihren Sprößling zu trösten.

In neuerer Zeit kristallisieren sich im Kontakt mit der Außenwelt und der Regierung redegewandte und mutige Sippensprecher heraus, oder genehme Vertreter werden von den Behörden bestimmt.

VOM BRENNHOLZ-SCHLAGEN

VERSCHNÜRUNG DER BÜRDEL UND TRÄGER AUS RATTAN-LEINE ODER LIANENSTRANG. WEBERKNOTEN

NEBST GEFALLENEN MORSCHEN ÄSTEN DECKT DER PENAN SEINEN TÄGLICHEN BRENNHOLZ-BEDARF VOR ALLEM VON LEBENDEN BÄUMEN. BEVORZUGT WERDEN JÜNGERE STÄMME VON UNTER- BIS OBERSCHENKELDICKE. MIT DEM BUSCHMESSER WERDEN RINGS DES STAMMES ARM-LANGE SCHEITE ABGESPALTEN BIS NAHE ZUM KERN. DARAUF WIRD GEKAPPT; GEEIGNETE BÄUME FALLEN NICHT UM, SONDERN STOSSEN MIT IHRER KRONE AN NACHBARN AN. SO SENKT SICH DAS GEKAPPTE ENDE BEINAHE SENKRECHT IN DEN BODEN, WIEDERUM WERDEN SCHEITE BIS NAHE ZUM KERN GELÖST, GEKAPPT, UND SO FORT AUF DIE GANZE LÄNGE DES STAMMES BIS UNTERHALB DER ÄSTE. – STÜRZT EIN BAUM NACH KAPPEN, SO WIRD MEIST EIN ANDERES OPFER GESUCHT, DA DIE BUSCHMESSERARBEIT DARAN ZU MÜHSAM IST. DER GEFALLENE STAMM KANN ABER AUCH AUF 2-3 ARMSPANNEN ABGESÄGT WERDEN; NACH HAUSE GEWICKELT WIRD ER SCHRÄGE ÜBER EINE VERKNÜPFUNG GELEHNT UND IHN DREHEND FORTWÄHREND SCHEITE GELÖST..

IST DER WEG ZUR HÜTTE WEIT, SO WERDEN DIE SCHEITE MIT EINER RATTANLEINE ODER LIANE ZUR BÜRDEL VER-KNÜPFT. WÄHREND DIE LEINE STRAFF GEZOGEN WIRD, STEMMT DER FUSS KRÄFTIG GEGEN DIE SCHEITE, ABER ZU VERRICHTEN. ANSONSTEN FALLEN EINIGE WÄHREND DES TRAGENS AUS DER SICH LOCKERNDEN VERKNÜPFUNG.

Musik

Wenn die Natur im Überfluß spendet und alle Sippenmitglieder sättigt, geht's meist lustig zu. Jedes erbeutete Wildschwein ist Anlaß zu einem Fest. Getanzt wird zum Rhythmus des ‹Pagang›, eines aus Bambus gefertigten viersaitigen Instruments, das nur von Frauen gespielt werden darf, oder zum einfachen dreisaitigen ‹Sape›, das ähnlich wie ein Sitar klingt. Maultrommeln (Oreng) bringen Humor in die Gesellschaft, während der feine Klang der mit der Nase geblasenen ‹Keringon›-Flöte die Gegend verzaubert. Nur wenige verstehen es, die Maulorgel ‹Kellore› zu bauen und zu spielen. Getanzt wird meist solo, wobei die Umstehenden nicht mit Sprüchen sparen.

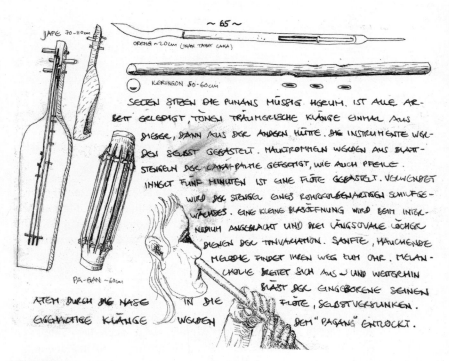

SAPE 70-110cm

ORENG ~20cm (INAN TAMAY CAKA)

~ 65 ~

KERINGON 50-60cm

PA-GAN ~60cm

SELTEN STEHEN DIE PUNANS MÜSSIG HERUM. IST ALLE ARBEIT GELEDIGT, TÖNEN TRÄUMERISCHE KLÄNGE EINMAL AUS DIESER, DANN AUS DER ANDERN HÜTTE. DIE INSTRUMENTE WERDEN SELBST GEBASTELT. MAULTROMMELN WERDEN AUS BLATTSTENGELN DER CAKA-PALME GEFERTIGT, WIE AUCH PFEILE. INNERT FÜNF MINUTEN IST EINE FLÖTE GEBASTELT. VERWENDET WIRD DER STENGEL EINES ROHRKOLBENARTIGEN SCHILFGEWÄCHSES. EINE KLEINE BLASÖFFNUNG WIRD BEIM INTERNODIUM ANGEBRACHT UND DREI LÄNGSOVALE LÖCHER DIENEN DER TONVARIATION. SANFTE, HAUCHENDE MELODIE FINDET IHREN WEG ZUM OHR. MELANCHOLIE BREITET SICH AUS UND WEITERHIN BLÄST DER EINGEBORENE SEINEN FLÖTE, SELBSTVERSUNKEN. ATEM DURCH DIE NASE IN DIE EIGENARTIGE KLÄNGE WERDEN DEM "PAGANG" ENTLOCKT.

Schrift

Die Penan schreiben ihre Briefe mit Hilfe von Trieben, Blättern und Steinen, die am Pfad als Botschaften zurückgelassen werden. In ihrer Formation zeigen sie an, wieviele Familien wie weit in welche Richtung gezogen sind und warum; ob sie dich heißen zu warten oder zu folgen. Symbole warnen dich vor

38

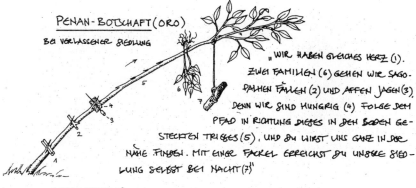

PENAN-BOTSCHAFT (ORO)

BEI VERLASSENER SIEDLUNG

„WIR HABEN GLEICHES HERZ (1).
ZWEI FAMILIEN (6) GEHEN WIR SAGO-
PALMEN FÄLLEN (2) UND AFFEN JAGEN (3),
DENN WIR SIND HUNGRIG (4) FOLGE DEM
PFAD IN RICHTUNG DIESES IN DEN BODEN GE-
STECKTEN TRIEBES (5), UND DU WIRST UNS GANZ IN DER
NÄHE FINDEN. MIT EINER FACKEL ERREICHST DU UNSERE SIED-
LUNG SELBST BEI NACHT (7)"

1 ZWEI GLEICHLANGE HÖLZCHEN
2 MINIATUR-ASTGABEL, SYMBOL FÜR WERKZEUG DER SAGOVERARBEITUNG (PALU)
3 GIFTPFEIL FÜR KLEINWILD (TAHAD)
4 ZUSAMMENGEFALTETES BLATT (LUN), SYMBOL FÜR DEN LEEREN MAGEN

Gefahr, erzählen von Hunger, Krankheit und Tod oder sagen dir: «Schau dort, die prächtige Sagopalme. Wenn du Hunger hast, geh und fäll sie!»
Und ein Zeichen wirst du bei jeder Botschaft finden: zwei kleine, in einen Trieb geklemmte Hölzchen von gleicher Länge, die sagen: «Wir haben gleiches Herz.»
Als erste Lehrerinnen wirkten Missionarinnen, die auch die Penan-Sprache schriftlich festhielten und eine Penan-Bibel veröffentlichten. Während Nomadenkinder in die Schule ihrer eigenen Väter und Mütter gehen und dort alle Fertigkeiten lernen, um im Dschungel überleben zu können, besuchen Kinder seßhaft Gewordener heute offizielle Schulen. Um 250 Penankinder gehen in die Primarschule, die von 50% abgeschlossen wird. 50 Penan gehen in weiterführende Schulen. 7 Penan haben Staatsanstellung.*

Zeit-Begriff

Das Dschungeldach verwehrt den Nomaden meist den Blick auf den Sternenhimmel. Wohl nehmen sie den Lauf des Mondes wahr, doch das Zählen von Monaten und Jahren hat keinerlei Bedeutung. Geburtstag und Alter sind unbekannt. Das Leben spielt sich vor allem in der Gegenwart ab; nur in ihr können die täglichen Bedürfnisse gestillt werden. Der Penan nimmt die natürlichen Abläufe und Rhythmen wie Blüte und Frucht, Sagobildung, Monatsblutung,

* Quelle: Jabatan Pembangunan Negeri, 1987

WURGFEIGE
(NONOK MUTAN)

Schwangerschaft, Geburt, Leben und Tod wahr und richtet sich nach ihnen. Er weiß, daß ein großes Fruchtjahr mit Gaben im Überfluß bevorsteht, wenn aus den Wurzeln des Meranti-Baumes Blüten schlagen, und daß ankommende Trupps von Nashornvögeln (Metui) Vorboten von Wildschweinrudeln sind – und das genügt ihm. In seiner Verbundenheit mit der Natur ist kein Bedarf für Abstraktion, und es liegt ihm fern, Intervalle zu zählen.

Überlieferung

Neben vielen Sagen und Fabeln haben die Penan wie alle anderen Dayakstämme ihr Heldenepos. Was dem Kelabit-Stamm «Agan Tadun», ist den Penan «Oia Abeng». Die nur mündlich überlieferten lyrischen Gesänge erinnern an Homer und zeugen von hoher Kultur. Leider sind sie bis auf winzige Fragmente in Vergessenheit geraten.

Handel

Da der Penan all sein Hab und Gut auf dem eigenen Rücken tragen muß, beschränkt sich sein Besitz auf das Lebensnotwendige. Eisen wurde seit dem 12. Jahrhundert in Borneo verarbeitet und war neben chinesischen Tonkrügen, Glasperlen und Gongs wichtigster Handelsartikel, der seinen Weg flußaufwärts zu den Dayak-Völkern im Landesinnern fand. Der übliche Tauschhandel zwischen Nachbarstämmen und den Penan wurde später von den britischen Kolonialherren monopolisiert und z.B. den Kelabit bei Strafe untersagt. Getauscht wurden Harze, wilder Kautschuk, Leopardenfelle, Nashorn-Elfenbein, Bezoarsteine und kunstvolles Rattanflechtwerk gegen Produkte aus Eisen wie Äxte, Buschmesser, Pfannen, Feuerzeuge, Gewehre und Baumwollstoffe. Mit den Briten verschwanden bald auch (1976) die üblich gewordenen Märkte (Tamo) – zum Bedauern der Penan – die seither kaum mehr Absatz für Kunsthandwerk und Dschungelprodukte fanden.

Begehrt sind heute einzig Gaharu und die Magensteine von Schlankaffen (Bateu Nyakit), denen magische Heilkräfte zugesprochen werden. Dem glücklichen Finder wird die seltene Kostbarkeit meist von lokalen Gelegenheitshändlern für billigste Münze abgenommen.

Flechtmuster einer Rückentrage aus Rattan

Umbruch

Über neu erbaute Straßen finden vermehrt Zivilisationsgüter wie raffinierter Zucker, Bier, Coca-Cola und Konserven ihren Weg in die entlegensten Gebiete. Geld ersetzt den Tauschhandel, ein Kunststofftuch das Dach aus Palmblättern, eine Taschenlampe die Harzfackel, Panadolpillen die Kräuterdroge, ein Kassettenrekorder das eigene Flötenspiel. Rasant vollzieht sich die ‹Entwicklung› vom harten Leben der Selbstversorgung in Freiheit zum bequemeren Leben in Abhängigkeit. Beim Besuch im Tal wird der Lendengeschürzte mitleidig belächelt und ihm zu spüren gegeben, daß er sich seiner Armut – barfuß und schmutzig – schämen sollte: Man steckt ihn in ein paar Hosen, gibt ihm Schuhe, schneidet sein langes Haar im westlichen Stil und überredet ihn sogleich noch, seine verlängerten Ohrläppchen – bei ‹Fortgeschrittenen› Symbol der Rückständigkeit – in der Klinik gratis amputieren zu lassen. Im Namen der Familienplanung verteilt der «fliegende Doktor» die Anti-Baby-Pille an junge Penan-Frauen, obwohl die Penan eine Minorität in dünn besiedeltem Gebiet sind.

Nach westlichem Vorbild wird Besitz begehrenswert, als Mittel zur Selbstbestätigung vor der Gesellschaft. Wundere dich nicht, wenn du im Herzen Borneos einem Eingeborenen mit Sonnenbrille und Hosen mit ewigen Bügelfalten begegnest! Es tut nichts zur Sache, wenn die Uhr am Arm des Trägers seit Monaten still steht oder er die Zeit nicht ablesen kann, denn der Sonnenstand und der Gesang der Zikaden geben ihm genaue Auskunft über die Tageszeit.

Auf ältere Eingeborene mit Lebenserfahrung wirken all die neuen Dinge weniger beeindruckend: Als ich dem alten Lawang einmal ein Hemd anbot, lehnte er lächelnd ab: «Damit bleibe ich nur an den Dornenranken hängen!» Und die alte Tipung füttert von einem Besucher

BUNGA (MALAYSISCH: BLUME).

DIESES ORNAMENT WIE DAS FOLGENDE HABEN DIE MEHRZAHL VERWANDTER STÄMMEN IM GEBIET ABGEGUCKT. JEDES AUF DER SPITZE STEHENDE QUADRATE WIRD GERAUTET

VON KOTEK- UND KAWIT-MUSTERN.

TEHULET

geschenkte Biscuits lieber ihren Hunden und verzichtet auf jeglichen Genuß von Zucker.

Die jüngere Generation aber hat das Bedürfnis nach Entdeckung und Wissen, und einige von ihnen sind sehr geschickt im Basteln und Improvisieren. Asok untersuchte einmal die Gedärme meines defekten Kassettenrekorders und konnte den Schaden beheben. Letéh hatte im Tal einen Tag lang fasziniert einem Uhrenflicker an der Straßenecke zugeschaut und seither im Dschungel manche streikende Armbanduhr wieder in Gang gebracht – auch ohne Lupe! No hat keine Schule besucht, und trotzdem kann er lesen und schreiben; seine Frau hat es ihm beigebracht. Auf diese Weise kann Schulung aus eigener Motivation die Tradition sinnvoll ergänzen.

Verschiedene Faktoren von außen, wie Mission, Handel und Schule, üben auf die Kultur eingeborener Völker entfremdenden Einfluß aus. Ob dies positiv oder negativ zu werten ist, steht allein dem Urteil der Betroffenen selbst zu. Geschieht die Neuerung auf deren eigenen Wunsch und Initiative, ist sie Ausdruck des Lebens selbst, mit all seinen dynamischen Wandlungsmöglichkeiten. Leider ist dies nur selten der Fall.

Die meisten ethnischen Minderheiten verlieren im Prozeß der bevormundenden Projekte ihre Autonomie. Unter dem Deckmäntelchen ‹Entwicklungshilfe› und ‹Beseitigung der Armut› übernehmen plötzlich Behörden von außen die Kontrolle über Land und Ressourcen. Deren Ausbeutung für persönliche Interessen und unseren Weltmarkt bewirken den kulturellen Genozid an der Urbevölkerung und gleichzeitig auch den Zusammenbruch ihrer eigenen wirtschaftlichen Kreisläufe.

In Sarawak wird «selektiver Holzeinschlag» betrieben, das heißt, daß nur bestimmte Baumarten mit einem von der Forstbehörde festgelegten Stammdurchmesser (mind. 60 cm) gefällt werden dürfen. Trotz dieser Einschränkungen ist der Regenwald nach der Aktion bis zu 55–65% zerstört. Dies durch umstürzende Baumriesen, die kleinere Bäume mitreißen, und durch die Bulldozer, die für den Straßenbau und den Abtransport der Baumstämme gebraucht werden. Nicht zuletzt werden viele Richtlinien der Forstbehörden von den Holzgesellschaften mißachtet und zu viele Bäume gefällt.

In selektiv genutzten Wäldern ist ein Überleben der Penan unmöglich, da viele Waldtiere vertrieben und die Frucht- und Sagobäume zerstört worden sind. Die industriell vorangetriebene Holzfällerei in Sarawak zerstört nicht nur den Lebensraum Regenwald, sondern auch die spirituellen Werte: Ein Jäger und ein Bauer, der das ganze Jahr über von der Hand in den Mund lebt und alle Nahrung mit der Gemeinschaft teilt, sieht nun plötzlich einen Nachbarn, der

4000 M$ Monatsgehalt ganz für sich selbst behält. Nach einiger Zeit wird der Jäger sein erbeutetes Wildschwein auch nicht mehr teilen, sondern es verkaufen; die soziale Gemeinschaft zersplittert.

Doch lassen wir nun die Eingeborenen als unmittelbar Betroffene selbst Zeugnis ablegen. Sie sind die kompetenten Experten, die das Öko-System Wald mit seinen vielfältigen Beziehungen ganzheitlich erfassen und während Jahrtausenden eine nachhaltige Wirtschaft betrieben haben, ohne ihre Umwelt zu schädigen. In ihrer Naturverbundenheit sind sie deshalb die wirklichen Professoren für alle Fragen, die ihren Lebensraum betreffen, und verwalten diesen besser als jede ‹Experten›-Kommission von außen, die nur isolierte Teile untersucht.

192

Lawang

Zeugnisse

Waldbewohner vom Stamm der Penan erzählen.
Aufgezeichnet und kommentiert von Bruno Manser.

Die nachfolgenden Berichte stammen aus Aufzeichnungen, Tonband- und Videoaufnahmen der Jahre 1984–1991 und sprechen deutlich vom verzweifelten Kampf der Eingeborenen gegen die Zerstörung ihres Regenwaldes. Die friedliebenden Blasrohrjäger werden ohne internationale Hilfe gegen die persönlichen Interessen von Politikern, von japanischen und europäischen Handelsgesellschaften und unkritischen Konsumenten nichts ausrichten können.
Botanische Gärten sind ein dürftiger Abglanz der Artenvielfalt des wirklichen Dschungels. Wie wäre uns zumute, wenn heute ein Bulldozer unsern botanischen Garten plattwalzen würde, morgen unseren Gemüsegarten und übermorgen gar unseren Friedhof rücksichtslos schänden würde? Die Penan setzen sich seit Jahren gegen solche Übergriffe friedlich zur Wehr und werden dafür als Übeltäter verhaftet und ins Gefängnis gesteckt.
Die Gegenüberstellung von Aussagen Eingeborener mit jenen von Politikern soll nicht Klüfte, sondern Bewußtsein und Verständnis schaffen. Widersprüchliche Meinungen entstehen oft in Isolation, bei einem Mangel an Informationsfluß. Hier erhalten auch die malaysischen Behörden Gelegenheit, den Hilferuf von kleinen Bürgern Sarawaks zu hören, die kaum in die Verwaltungsgebäude der Minister finden. Möge ihr Herz berührt werden!
Über Dialog und guten Willen aller Beteiligten stehen Heilmittel zum Wohl Sarawaks und seiner bedrohten Völker bereit.
Eile tut Not, denn rasant schrumpfen die letzten Primärwälder.

Von der Bedrängnis

Erste Begegnung mit der Außenwelt

«Es ist klar, daß wir eure Erde nehmen ...!»
informiert District-Officer Steward Ngauding die zu einem Treffen nach Long Siang eingeladenen Nomaden über bald anrückende Bulldozer und Holzfäller (Tutoh, 1985).

~ 1047 ~

...WIR
SIND WIE
MAKAKEN~
WIR SUCHEN
EINZIG UNSERE
NAHRUNG IN
UNSERM WALD
UND VERSTEHEN
ES NICHT, UNS
GEGEN DIE KOM-
PANIES ZU WEHREN.
...NIEMAND HÖRT AUF UNS

TINGANG JAMA
PA-TIK

Von dicken Bäuchen

1986. Ulu Seridan.

Während der Jagd hört der alte Po von Long Ballau plötzlich Stimmen. Drei fremde Männer klatschen blaue Farbe auf Bäume. Als er mit gezücktem Speer auf die Prospektoren zugeht, lassen diese ihre Farbtöpfe stehen und rennen davon. Doch sie kommen wieder, und bald folgen die Bulldozer.

Als die WTK-Company erstmals ins Gebiet des Magóh-Flusses drang, beehrte der Boß den Stammesältesten Agan mit einigen Geschenken und legte ihm die Arme um die Schultern. «Wir sind doch Freunde?» Nur «Ja» konnte die Antwort der friedfertigen Seele sein. Als die Nomaden aber ihr Land der Company verbieten wollten, wurde der Manager rabiat: «Wofür hab ich euch all die Gaben gegeben?»

Häuptling Agan gab das Wurfnetz zurück; ohne Kette war es sowieso unbrauchbar.

«Ihr könnt euer Land nur retten, wenn ihr uns beim Farbeanbringen führt. Wir geben euch auch Lohn. Wir bauen eine Straße nach Bareo. Das ist Regierungsauftrag.»

Als die Nomaden ihre Blockade nicht aufgaben und drohten, mit Giftpfeilen zu schießen, wurde stärkeres Geschütz aufgefahren. Ein in Penansachen versierter chinesischer Bulldozerführer wurde angestellt. Er drohte den Dschungelbewohnern: «Hütet euch in der Nacht. Da komm ich und morde eure Kinder … wenn ihr die Blockade nicht aufgebt!»

Die Company erhielt Polizeischutz. Mehrere Male wachten zwei, drei Polizisten an der Front der wühlenden Bulldozer, um die Arbeiter vor eventuellen Aktionen der Eingeborenen zu schützen. Doch das scheue Volk, hinten und vorne betrogen, ist nicht ein Volk von Kämpfern. Resigniert haben sie sich in entferntere Gebiete zurückgezogen. Hier hören sie oft Tag und Nacht Bulldozergebrumm, die Stimme des ‹Teufels mit dem dicken Bauch›, wie sie die Ungetüme nennen. Resigniert meint einer: *«Schaut den dicken Bauch des Managers an, und guckt euch unsere Bäuche an, dann wißt ihr schon Bescheid!»*

Lästige Besucher

Melai Beluluk von Long Adang erzählt. Der etwa 35jährige* Nomade ist wieder verheiratet und hat zwei Kinder. Sein 4jähriges Töchterchen ist bei einem Fieber ums Leben gekommen.

Da hörten wir einen Hubschrauber an der Adang-Mündung (Seitenfluß des Limbang) *landen, nicht weit von unserer Siedlung. Wir gingen schauen – und*

---

* Sämtliche Altersangaben sind Schätzungen

da waren Leute von der Regierung, Penghulu, D.O., Resident, Polizei und ein Menteri*.

«Oh, ein Glück, daß ihr ankommt! So geht mit diesem Schießeisen für uns auf die Jagd», wurden wir begrüßt.

«Was macht ihr hier?» fragten wir den Führer.

«Oh, wir kommen fischen. Man hat uns gesagt, hier seien viele Fische.»

«Wir sind Penan des Waldes. Unser Herz ist wütend. Warum zerstört die Company unser Land?»

«Wo ist euer Land zerstört?»

«Hast du's nicht gesehen, auf deinem Weg hierher? Du bist von der Regierung. Warum kannst du nicht mit der Company reden? Sie arbeitet auf dein Geheiß!»

«Oh, nicht ich hab sie geheißen zu arbeiten – sie selbst tut es.»

«Wenn du groß in der Regierung von Sarawak bist, arbeiten sie mit deiner Zustimmung. Wenn du nicht weißt, was wir zum Leben brauchen: So wie hier sieht das Land aus, in dem wir alles Notwendige finden. Schau hier, all die Bäume! Schau dort, die Jakáh-Palme** am andern Ufer. Das erlauben wir nicht. Darum reden wir mit dir. Du kannst unser Herz weiterleiten und das Leben von uns Bergbewohnern erleichtern, dann nennen wir dich unsere Regierung.»

«Oh, ich hab die Company nicht geheißen.»

Da sprach der D.O.: «Die Company zerstört nicht euer ganzes Land, sie fällt nur die großen Bäume.»

«Oh, D.O., die Company rupft nur gerade die Bäume aus und bringt sie auf dem Luftweg ins Tal? Sind da keine Bulldozer, die Breschen in unser Land schlagen?»

«Oh ja, die Bulldozer legen Wege an.»

«Wenn sie die Erde aufwühlen, um jenen Meranti-Baum*** dort zu nehmen, so stirbt diese Jakáh-Palme, und alle Bäume im Pfad und der Rattan werden getötet – und der Fluß verschmutzt. Du, D.O., ihr alle von der Regierung behauptet, in unserem Land Recht und Gesetz zu haben. Jenen Meranti-Baum dort, hast du ihn geschaffen? Oder der Bulldozer-Führer? Oder ich? Nein! Gott hat ihn gepflanzt. Doch wenn du dich nicht darauf verstehst – warum zerstört ihr all das?»

«Wir sind nicht hergekommen, um eure Rede anzuhören!»

«Wir können nicht ins Tal gehen zu einem Meeting. Ihr habt Helikopter. So ruft die Großen zusammen, damit wir uns wieder hier treffen und sie uns anhören.»

Dann gingen wir wieder zum Minister, der sich entfernt hatte.

---

* Zur politischen Hierarchie siehe Anhang S. 269
** Eine der sechs wilden Sagopalmen
*** Meranti: begehrtes Exportholz aus der Familie der Dipterocarpaceen

«Was wollt ihr?»
«Mit dir reden, weil du ihr Haupt bist.»
«Ich will euch nicht anhören!»
«Dies ist unser Land! Wir haben das Recht zu sprechen. Wir schießen ja keine Giftpfeile oder erschießen Menschen. Da haben wir das Geräusch des Hubschraubers gehört und gedacht: Oh, das ist die Regierung, die uns hilft! Doch wenn du so mit uns sprichst und uns nicht anhören willst, so glauben wir dir nicht!»
«Oh, ich will euch helfen. Gut, sprecht, damit ich eure Rede niederschreibe und den Großen weiterleite.»
«Wir sind es gewohnt, angeschwindelt zu werden. Taib Mahmud (der Chef-Minister) soll mit dem Helikopter herkommen, damit wir die Stimme seines Mundes hören. Wo werden wir leben, wenn die Bulldozer vom Tal bis hierher an den Adang-Fluß kommen und in die Quellgebiete des Limbang? Du bist ein Kind der Regierung; wieviel Hilfe haben sie dir gegeben! Wie leicht hast du's! Doch wir sind arm!»
Dann gingen wir wieder zum D.O.
«Nein, ich will euch nicht anhören!» Und er entfernte sich ans Flußufer. In seinem Büro hätte er es leicht gehabt, uns abzuschütteln, doch hier konnten wir ihm folgen. «Genug, genug!» rief er aus.
Dann flüchteten sie sich in den Helikopter, um an einem anderen Ort ungestört fischen zu gehen.
«Wie könnt ihr unsere Regierung sein, wenn ihr uns nicht anhört?» rief ich ihnen nach.

> «Die Penan haben keinerlei gesetzlichen Anspruch auf den Wald. Der Wald gehört der Regierung. Wenn wir für die Penan ein Reservat schaffen würden, kämen andere ethnische Gruppen mit ähnlichen Forderungen.»
>
> Staatssekretär Tan Sri Datuk Amar Haji Bujang Mohd. Nor (1)

Rede
Melai weiß schon, wie er den nächsten Besuch von Behörden empfangen wird:
Ihr von der Polizei, District-Officer, Resident, Tuan Forest, Menteri: Wer von euch behauptet, er hätte Recht und Gesetz (Kuasa) in unserem Land, der führe mich jetzt durch unseren Wald. Wirf Schuhe, Hemd, Gewehr und alle Dinge aus dem Tal weg und nimm ein Blasrohr. Dann frage ich dich: Was ist das für ein Fluß? Wie ist der Name jenes Berges? Und du nennst sie mir, wie sie von Vätern und Großvätern genannt wurden, und du erzählst mir alles. Welchen Pfeil-

giftbaum dein Vater angezapft hat und den Stumpf von Uwut und Jakáh, wo deine Vorfahren Sagopalmen gefällt haben. Wenn du nicht mutig bist, mir zu folgen, so bist du ganz klar im Unrecht und willst nur das Geld aus unserem Land ziehen.

Und dann frage ich dich: Mit diesem Bund Pfeile, was für Tiere kannst du damit erlegen und wieviele? Wenn du nicht antworten kannst, so hast du kein Recht in unserem Land. In deinem Dorf, in deinem Geschäft im Tal, da hast du selbstverständlich Recht. Nicht so bei uns. Nennst du dich auch «Tuan» (Herr), so ist das nicht eine Auszeichnung vom lieben Gott – die habt ihr euch selbst verliehen. Ihr, die ihr selbst Knechte seid. Gerade so kann ich aus meinem Land in eures gehen und behaupten, ich sei ein Herr des Waldes oder der Polizei und euch einschüchtern. Seht selbst, die Auszeichnungen auf Brust und Schultern – man kann sie abreißen. Dein Hemd, auch ich kann es anziehen. Wenn jedoch mein Handeln in eurem Land falsch ist, so können mich die Einwohner beschuldigen und töten. Gerade so kommt ihr vom Tal zu uns. Auszeichnungen aber werden an Menschen verliehen, die in der Not zu helfen wissen. Nur wenn du in diesem Sinne gehst und armes Volk unterstützt, nennen wir dich Regierung.

Ruf

Ich bitte edle Menschen der Regierungen um Hilfe für uns Penan in den Quellgebieten. Wie wenn die Sonne verdeckt ist und Regen vom Himmel fällt – Berge, Bäume und Steine sind nicht sichtbar – so können sich unsere Herzen nicht freuen, da Regenzeit ist und wir vor Kälte frieren: Das heißt, unsere Regierung hilft uns nicht.

Was wir Penan wünschen: eine Regierung, die wie Sonnenschein um Mittag ist; da rufen Argusfasan und Tekuhud, und Früchte reifen. Dann schauen wir alle, vom Kind, Frau bis zum Greis, mit frohem Herzen über Berg, Tal und Fluß, gerade so, wie wir das Abendrot lieben. So wollen wir euer Herz berühren und zum Aufstehen bewegen – ihr Könige und Minister, die ihr uns helfen könnt. Wenn ein Mensch bei starkem Regenfall, Wind und Nebel ohne Hemd geht, friert er nicht? Gerade so zerstört die Company unser Land und Leben. Wie können wir's leicht haben? Was antwortet ihr uns?

Melai Beluluk, Long Adang, Nomade

«Die Penan haben ein Waldreservat verlangt, doch das ist nicht möglich, da dies heißen würde, daß sie im Dschungel bleiben und sich ihr Lebensstil nicht verbessert.»

Staatssekretär Bujang Mohd. Nor (2)

Besinnung

Along Segá, Nomade von Long Adang. Der gut 50jährige Vater von elf Kindern, zwei sind gestorben, und mehrfache Großvater ist nicht nur als erfahrener Jäger geachtet, er führt auch seine Zunge geschickt. Er trägt seinen gelähmten Sohn Tapit seit Jahren auf dem Rücken von einem Dschungeldorf zum nächsten. Wo immer er spricht, nennt er die Dinge ohne Scheu beim Namen.

Wenn wir denken. Wie die Bäume. Sie leben nicht aus sich selbst, verstehen nicht zu sprechen. Gott (Balei Ngebutun, der Schöpfergeist) *hat sie gemacht. Geradeso die Erde; sie ist von Gott geschaffen und versteht nicht, mit uns Menschen zu reden. Gerade so die Tiere; untereinander können sie sprechen, doch wir verstehen ihre Sprache nicht. Doch wenn ein Baum gefällt oder von Bulldozern umgerammt wird: Sein austretendes Harz ist sein Blut. Die Erde*

„IHR KOMMT VON TALWÄRTS UND HEISST UNS, SESSHAFT ZU WERDEN UND REIS ZU PFLANZEN, UND UNSERE KINDER ZUR SCHULE ZU SCHICKEN. WARUM? – HEISSEN WIR EUCH ETWA, SAGOPALMEN ZU FÄLLEN UND ZUR JAGD ZU GEHEN? – WIR LIEBEN UNSER LEBEN!"

ALONG SEGÁ, SPRECHER DER ADANG-SIPPE, LETZTE NOMADEN IM ULU LIMBANG.

52

ist wie unsere Mutter, unser Vater. Wenn ihr von der Regierung die Companies heißt, in unser Land zu dringen, das ist, wie wenn ihr unsern Eltern und uns selbst den Hals abschneidet. Wenn die Bulldozer die Erde aufreißen, dann siehst du ihr Blut und ihre Knochen. Auch wenn sie nicht sprechen kann. Da haben einige Angestellte der Companies zertrümmerte Schädel und gebrochene Beine. Versteht ihr's nicht? Die Erde ruft: «Ich will nicht getötet werden!» Früher, da war Sonnenschein in unserem Land, und wir wurden satt. Heute ist Nacht, und wir sind hungrig – weil niemand an uns denkt.

Along trägt seinen gelähmten Sohn

Ihr von der Regierung: Ihr erlaubt uns nicht, Nashornvogel, Leopard und Gibbon zu jagen. Doch wovon leben sie? Der Nashornvogel, zieht er seine Kinder etwa in einer Erdhöhle auf wie das Stachelschwein? Und der Leopard? Schläft er nicht seit jeher erhöht auf Bäumen? Und suchen Gibbon und Bär nicht ihre Nahrung in den Baumkronen? All die Vögel leben in den Bäumen. Was denkt die Regierung dabei, wenn sie heißt, Bäume zu fällen? Das heißt, sie selbst tötet die Tiere, die sie uns zu töten verbietet.

Wir Penan lieben nicht die Stimmen von Hennen, von wühlenden Bulldozern, heulenden Motorsägen, von fallenden Bäumen und von Autos. Wir lieben nicht den Geruch von aufgerissener Erde.

Was wir lieben, ist die Stimme des Argusfasans, des Gibbons, des Vogels Te-kuhud. Den Schrei von Hirschen. Das Bellen des Rehs. Das Grunzen vom

53

Wildschwein und dessen Geruch am Freßplatz. Im verschmutzten Fluß, da überleben nicht einmal die Ló-ong-Fischchen*! Das wollen wir nicht!

Klar konnten wir die blauschwarzen Berge von den Quellen des Ubung, bis zum Batu Laui, bis jenseits des Tutoh und des Baram sehen. Doch nun klaffen rote Wunden.

Der Wald ist unsere Wohnung, Speisekammer, Warenhaus und Spital. Ob von der Schlange gebissen, ob Kopfschmerz, Fieber oder Verletzung, unser Doktor steht von alters her bereit. Wie's in euren Apotheken im Tal nach Medizin riecht, riecht es auch bei uns. Was euch «Nyak Kapak»**, das ist uns Buhau, Getimang, Telikud, Tauan Ga***. Wenn ihr unsern Wald bulldozert, gut, ihr bulldozert ebenso eure Spitäler und Warenhäuser!

Wir wußten uns in unserem unzerstörten Land schon immer selbst unsere Nahrung zu beschaffen und sind nicht auf Almosen angewiesen. Wir haben unseren eigenen Zucker, Nyak Layuk (Honig), unseren eigenen Reis, Apo (Sago), unsere eigenen Biscuits, Pí-ong (gebackenes Sago), unsere eigenen Sardinen, Káan (Wild). Alles, was wir zum Leben brauchen, besorgen wir uns selbst. Hier:

* Fingerlanges Fischchen kleiner Bäche, das leicht geangelt werden kann.
** Gebräuchliches chinesisches Allheilmittel aus einer Mischung ätherischer Öle wie Kampfer und Menthol.
*** Gebräuchliche Pflanzendrogen.

54

Uwutrinde; das ist unsere Porzellanschüssel. Bambus: Das ist unsere Wasser-
leitung, mit der wir Wasser holen. Hier: Axt und Buschmesser, das ist unsere
Motorsäge, die uns Leben gibt. Hier, Jakáh-Palmstengel**: Das sind unsere
Patronen, bereit in der Schachtel für die Jagd. Dies sagen wir der Regierung,
damit sie nachdenke. Dies sind alles Dinge, die wir brauchen.
Wir haben kein elektrisches Licht von der Regierung verlangt. Hier, wir Penan
haben unseren eigenen Generator und die Gaslampe jederzeit bereit; die hat
uns der liebe Gott als Hilfe für unser Leben gegeben* (deutet auf Djann- und
Pellaio-Harz). *Pellaio erhellt nicht nur unsere Hütten als Fackelbrennstoff, früher konnten wir dafür sogar Gewehre und viele andere Dinge tauschen. Wir
haben nicht nach Projekten wie Pflanzungen gefragt. Hier, das sind alles Projekte, die uns der liebe Gott bereits von oben gibt* (deutet auf einen Zweig des
Posong-Fruchtbaumes): *Genügend wilde Früchte schenkt uns der Wald. Doch
all das sind Dinge, die die Company zerstört. Hier, das ist unsere Reismühle*
(deutet auf eine Sagomatte); *sie ist noch nicht fertig geflochten. Dies ist unser
Löffel* (deutet auf eine Náo-Gabel. Náo = gekochter Sagobrei).
*Dies sind unsere aus Rattan geflochtenen Taschen. Dies sind die wilden Früch-
te, die wir essen* (deutet auf Tepusang-Frucht). *Frau, gib mir Sago! Hier, dies
ist unser Reis seit Großvaters Zeiten. Solange unser Land nicht vollends zerstört ist, sagen wir der Regierung: Habt ihr's gesehen? Wir erlauben nicht, daß
man unsere Uwut-Palmen mordet, weil wir sie zum Leben brauchen.
Und gehen wir ins Camp zum Manager und verlangen was auch immer, so fragt
er: «Wo ist Geld?» - als ob wir viel verlangt hätten. Doch woher sind die Dollars?
Nicht aus unserem Wald? Wenn er so spricht und unsere Bitte mißachtet, was
kommt er, unseren Frieden zu stören? Er soll bleiben, wo er hergekommen ist!
Reich – reich sind die Companies! Da sitzt die Regierung, fett und feist, und
kann sich kaum bewegen – und lebt vom Geld unseres Landes!
Wir Penan hier sind Menschen über angebundenen Affenkindern und räudigen
Hunden. Und gerade die königlich-schöne Regierung macht unser Leben noch
ärmlicher – und sie erzählt, sie bringe uns Projekte und leichtes Leben. Wir haben nicht Geld oder Projekte verlangt, obwohl – wir sind ein armes Volk und
können Geld gebrauchen. Doch wieviele Millionen auch, wenn es der Preis für
unser Land ist, so glauben wir nicht und stimmen nicht zu. Wir verlangen einzig, daß die Companies nach Hause gehen – für immer! Unser Land ist nicht
groß. Gleichsam nur die Fläche eines Blattes. Dann fragt die Regierung: «Oh,
wo arbeitet die Company?» Als ob sie's nicht selbst wüßte! Hier, so leicht*

---

* Uwut: wichtigste wilde Sagopalme
** Die wilde Sagopalme Jakáh liefert Pfeilschaftmaterial.

~490~

BOTO

B

D

A

1m

~7m

C

PALMMARKSCHLAGHOLZ
(PALU)
DAS BELIEBTESTE GEWÄCHS ZUR
HERSTELLUNG DES PALU'S IST DER
STAMM DER ZWERGPALME "RÁ-A". DIESE
FINDET SICH MIT OFT VERZWEIGTEN
STÄMMEN IN STEILEN UFERBÖSCHUNGEN.
AUS GEBROCHENEN KRONEN SPRIESSEN
OFT NEUE SCHOSSE AUS SCHLAFENDEN
KNOSPEN. - ÄHNLICH WIRD DIE ZWERGPALME
"LEWUIÚH" VERWENDET. WÄHREND BEIM PALU
AUS PALMHOLZ DER GRIFF (BOTO) ZENTRAL (A)
RECHTWINKLIG EINGESCHLAGEN WIRD,
TREIBT MAN IHN BEIM PALU AUS DEM
ZÄHESTEN HARTHOLZ "TEMAHA" IN EINE
SCHWALBENSCHWANZKERBE (B). WILL
DAS ÄUSSERST SCHARFKANTIG ZUGESPITZE
HOLZ (C) SPALTEN, FESTIGT MAN ES
MIT DEM SCHÖNEN "PAGANG"-KNOTEN (D).

haben wir's – doch wir wollen hier nicht zum Spaß unsere Seele und unsere Bil-
der geben, damit ihr's im TV beguckt! Wer auch immer diese Bilder betrachtet,
die malaysische Regierung oder jene der Langnasen: Wir sind hier in Schwie-
rigkeiten, werden des Landes beraubt und arm gemacht.
Die Fische im Fluß sterben vom schmutzigen Wasser. Das Wild flieht wegen der
Companies. Warum spricht und belehrt die Regierung nicht? – Unser Minister-
präsident Al Mahmud soll die Lizenzen zurückziehen. Warum sollte er uns nicht
helfen? Wenn wir nicht blockieren, wer hört auf uns? Darum blockiere ich.
Doch der Taib Mahmud soll nicht die Polizei schicken und uns beschuldigen!
Wenn der Ministerpräsident selbst zu mir kommt, wirklich gut! Er wird nicht
von uns getötet. Dann heiße ich ihn, Uwut-Palmen zu fällen, zu entrinden und
zu verarbeiten und ein Palmmark-Schlagholz zu fertigen. Dann geb ich ihm
mein Blasrohr und genügend Giftpfeile und schicke ihn auf Jagd, wenn er's
wirklich wissen will. Doch so weit weg ist er – so weit weg sind wir. Unsere
Seele nur schicken wir. Er soll nicht glücklich sein!
Hier, ich will die Regierung nicht beschämen. Ich will sie nur über unsere
Schwierigkeiten informieren, damit sie darum weiß – und entsprechend hand-
le. Lebt ihr in Frieden im Tal und in den Städten, und wir in Frieden quellwärts,
ohne einander zu stören. Dies ist's, was wir von der malaysischen Regierung
wünschen.

«Die Regierung öffnet Gebiete, um die Penan in festen Häusern anzusiedeln. Wir geben ihnen weitere Möglichkeiten, ihren Lebensstil zu
verbessern. Wir wissen, dies ist hart für sie, doch wir sind zuversicht-
lich, dass sie sich mit den Änderungen abfinden werden.»

Dr. George Chan, Minister (3)

«Die sarawaksche Regierung kümmert sich um ihr Volk. Sie hat kein
traditionelles Eingeborenenland berührt. Holzfällerei hat deren Leben
nicht beeinträchtigt. Weder sind Rattan und Fruchtbäume gefällt, noch
ihre Pflanzungen zerstört worden. Das Wild ist nur zeitweise wegge-
scheucht, doch wird es wieder zurückkehren. Die Penan können jederzeit anderswo hingehen, wenn die Holzgesellschaften ankommen …
Wir erlauben ihnen, primitiv zu bleiben und durch den Dschungel zu
streifen, oder geben ihnen Gelegenheit, die Früchte unserer Zivilisation
und Unabhängigkeit zu teilen. Jedenfalls, wenn sie medizinische und
erzieherische Erleichterungen wollen, dann müssen sie zustimmen, seßhaft gemacht zu werden.»

Stephen Yong, Industrie- und Umweltminister (4)

" IHR HEIST UNS SESSHAFT ZU WERDEN UND WOLLT UNS IM ZAUN HALTEN WIE EURE WASSERBÜFFEL UND SCHWEINE. DOCH WAS TUT IHR MIT DIESEN? — IHR ZIEHT SIE AUF UND FÜTTERT SIE SCHON, UM IHNEN AM ENDE DIE GURGEL DURCHZUSCHNEIDEN!"

JEHALANG, LONG ADANG

ZU EINEM REGIERUNGSVERTRETER

«Es ist nötig, nomadische Penan anzusiedeln, um ihren Stamm vor der Ausrottung zu bewahren. Sie könnten in Plantagenprojekten untergebracht werden.»

Datuk Suleiman Daud,
Land-Entwicklungs-Minister (5)

Seelennahrung

Lakei Suti (der kurze Mann), Mitte Zwanzig, verheiratet, ein Kind; Nomade am Magóh-Fluß (1989): *Gerne denke ich daran, wie mich die Großen im Gebiet des Magóh mit auf die Jagd nahmen, Wildschwein, Gibbon, Hirsch, Langur-Affen und alle Tiere des Waldes zu sehen. Die Sagopalmen Uwut und Iman. Und so folgte ich ihnen als kleiner Junge bis heute in alle Quellgebiete. Wildschweinrudel am Freßplatz bei Jit-Früchten* zu beobachten, den Kurzschwanz-Makaken, der Eicheln nach unten wirft, und von den Großen zu lernen, mich unentdeckt anzupirschen. Doch wenn die Company ins Land dringt – das wollen wir nicht –, dann fallen unsere Sagopalmen, Jit und Pellaio**, auf deren Ästen wir das Licht der Abendsonne lieben. Da fallen unsere Tränen zur Erde.*

* Jit: Mit bis zu 2 m Durchmesser einer der mächtigsten Bäume aus der begehrten Familie der Dipterocarpae.
** Pellaio: teures Nutzholz. Sein weihrauchähnliches weißes Harz war wichtiger Handelsartikel der Eingeborenen und liefert besten Brennstoff für Fackeln.

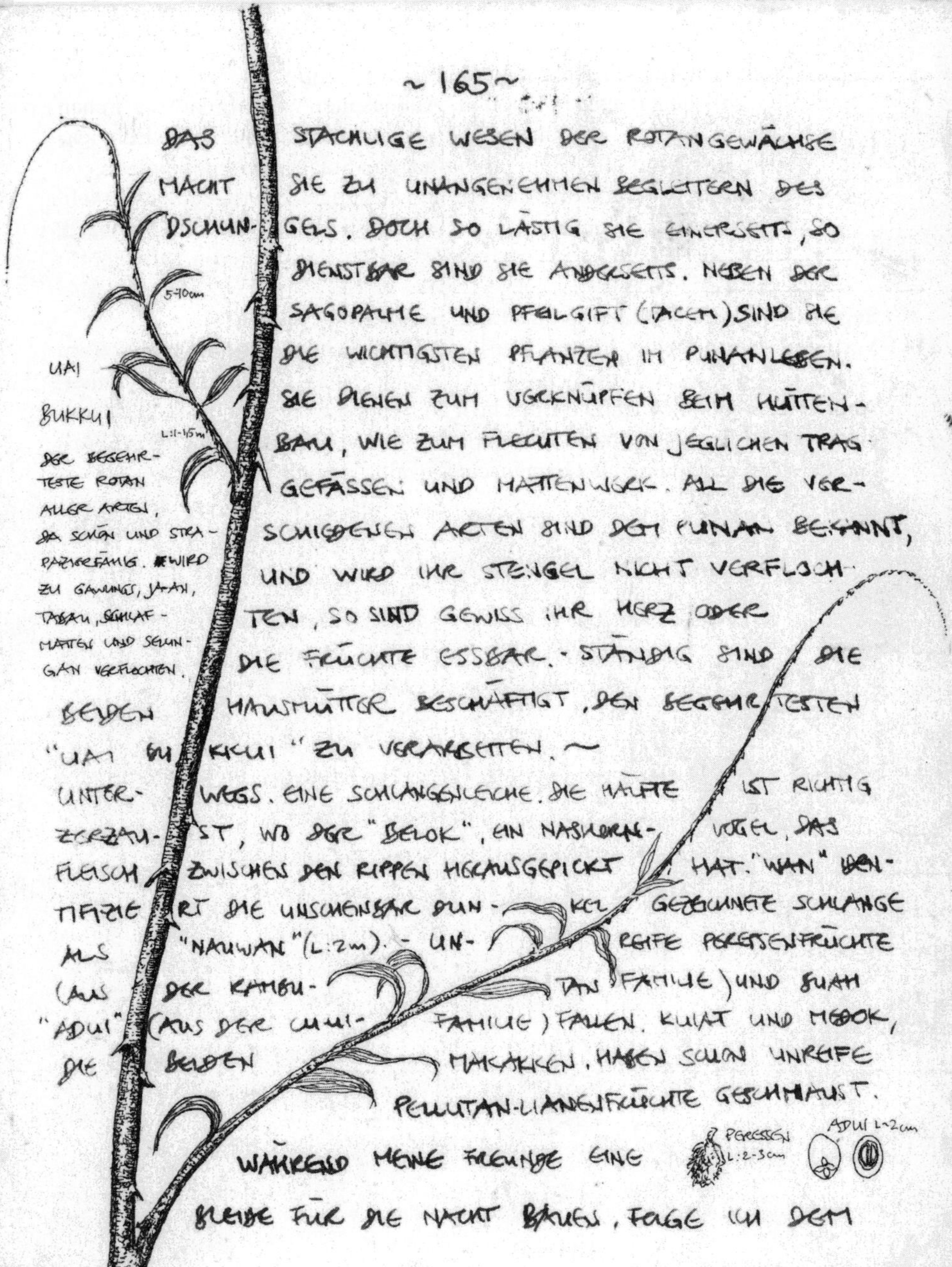

5-70cm

UAI
BUKKUI

L:11-15m

DER BEGEHR-
TESTE ROTAN
ALLER ARTEN,
SEHR SCHÖN UND STRA-
PAZIERFÄHIG. ER WIRD
ZU GAMMING, JATAN,
TASEAU, SCHLAF-
MATTEN UND SELUN-
GAN VERFLOCHTEN.

DAS STACHLIGE WESEN DER ROTANGEWÄCHSE MACHT SIE ZU UNANGENEHMEN BEGLEITERN DES DSCHUN-GELS. DOCH SO LÄSTIG SIE EINERSEITS, SO DIENSTBAR SIND SIE ANDERSEITS. NEBEN DER SAGOPALME UND PFEILGIFT (TACEM) SIND SIE DIE WICHTIGSTEN PFLANZEN IM PUNANLEBEN. SIE DIENEN ZUM VERKNÜPFEN BEIM HÜTTEN-BAU, WIE ZUM FLECHTEN VON JEGLICHEN TRAG-GEFÄSSEN UND MATTENWERK. ALL DIE VER-SCHIEDENEN ARTEN SIND DEM PUNAN BEKANNT, UND WIRD IHR STENGEL NICHT VERFLOCH-TEN, SO SIND GEWISS IHR HERZ ODER DIE FRÜCHTE ESSBAR. - STÄNDIG SIND DIE BEIDEN HAUSMÜTTER BESCHÄFTIGT, DEN BEGEHRTESTEN "UAI BU KKUI" ZU VERARBEITEN. ~

UNTER-WEGS. EINE SCHLANGENLEICHE. DIE HÄLFTE IST RICHTIG ZERZAUST, WO DER "BELOK", EIN NASHORN-VOGEL, DAS FLEISCH ZWISCHEN DEN RIPPEN HERAUSGEPICKT HAT. "WAN" IDEN-TIFIZIERT DIE UNSCHEINBAR DUN-KEL GEZEICHNETE SCHLANGE ALS "NAUWAN" (L:2M). - UN-REIFE PERESENFRÜCHTE (AUS DER KAMBU-TAN FAMILIE) UND SUAH "ADUI" (AUS DER LUMI-FAMILIE) FALLEN. KUIAT UND MBOK, DIE BEIDEN MAKAKKEN, HABEN SCHON UNREIFE PELLUTAN-LIANENFRÜCHTE GESCHMAUST.

PERESEN L:2-3cm
ADUI L~2cm

WÄHREND MEINE FREUNDE EINE BLEIBE FÜR DIE NACHT BAUEN, FOLGE ICH DEM

«Nomaden müssen seßhaft werden»
«Ich will den Penan nur helfen. Außenseiter wollen, daß die Penan
Nomaden bleiben, und ich werde das nicht erlauben, da ich die Entwicklung gerecht auf alle Gemeinschaften des Staates verteilen will. Es ist
uns gleich, das Sumatra-Nashorn im Dschungel zu erhalten, aber nicht
die Penan.»　　　　Datuk Patinggi Tan Sri Haji Abdul Taib Mahmud,
Chef-Minister von Sarawak (6)

September 1985: Erklärung von Long Seridan

Vertreter der im Gebiet heimischen Penan und Kelabit versammeln sich im
Dorf Long Seridan. Ihr Anliegen wird schriftlich festgehalten und mit Daumen-
Abdrücken unterzeichnet. Die Bittschrift an Behörden und Companies verlangt
einen sofortigen Holzabbaustop innerhalb ihrer Stammesgebiete (3200 km²)
und deren Anerkennung als Gemeinschaftswald.

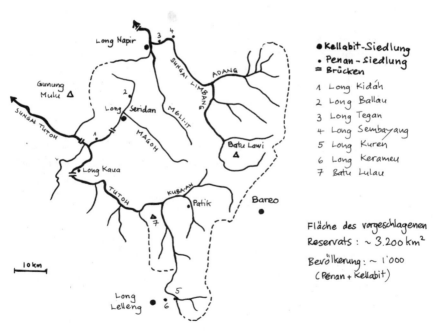

Heimat der letzten nomadischen Penan und der Kelabit im Ulu Tutoh / Ulu Limbang in
Ostsarawak

61

Im September 1986 überreichen WWF-Schweiz und die Gesellschaft für bedrohte Völker (CH) eine von vierzehn Organisationen und 7000 Menschen unterzeichnete Petition an den malaysischen Botschafter in Bern mit der Bitte, die Forderungen der Ureinwohner zu respektieren.

Unvorhergesehen

Vertreter vom Ulu Limbang hatten 1985 eine Erklärung mit unterzeichnet, die einen Stop industrieller Holzfällerei in ihrem Lebensraum verlangt. Seither fanden aber einige Bewohner bei der Company Anstellung. Um die wirklichen Bedürfnisse und Wünsche der ortsansässigen Bevölkerung abzuklären, besuche ich am Osterfest 1986 das Dorf Long Napir, da ich mich als Landesfremder nicht weiterhin für den Schutz ihrer Gebiete einsetzen will, wenn dies nicht der ausdrückliche Wunsch der Einheimischen ist.

Die vier anwesenden Kelabithäuptlinge unterzeichnen zusammen ein Dokument, in welchem sie sich weiterhin für den Schutz ihrer Gebiete aussprechen. Unter den Anwesenden befinden sich auch Polizisten in Zivil. Zwei Inspektoren halten mir ihre Ausweise unter die Nase und nötigen mich, ihnen zur Kontrolle meiner Identität ins Tal zu folgen (18. Mai 1986). Als der Chauffeur unterwegs Benzin tankt, fliehe ich. Zwei Schüsse knallen hinter mir. Auf Umwegen stoße ich nach einigen Tagen wieder zu meinen Penan-Freunden. All meine Habseligkeiten wie Dschungelausrüstung, Malariamittel, Studien, Zeichnungen, Dokumente und mein Bargeld werden konfisziert.* Es bleiben mir die drei Dinge, die ich auf mir trage: Brille, Hosen und ein Taschenmesser.

Falle

Schlagzeilen über einen weißen Tarzan im Dschungel Borneos erscheinen in der malaysischen Presse. Ich gebe dem Reporter James Ritchie ein Interview für das Fernsehen. Darauf lauert mir am 16. November 1986 ein mit Maschinengewehren bewaffneter Kommandotrupp auf. Verfolgungsjagd. 5–6 Schüsse fallen. Ich entkomme durch einen Sprung in den Fluß. Mein Blasrohr und meine Studien fallen in die Hände der Uniformierten.

Nomade, Company und Polizei

März 1987. Der Manager der WTK-Company hatte den Nomaden vom Magóh-Fluß gedroht, er werde geschwänzte Menschen zu Hilfe rufen, die sich auch aufs Giftpfeilschießen verstehen und die ihr Land verteidigenden Penan töten und fressen würden.

---

* Ausser dem abgelaufenen Pass erhielt ich davon bis heute (Februar 92) nichts zurück.

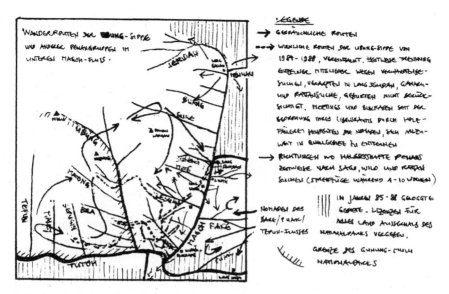

Mandor Lau, der chinesische Verwalter der WTK-Company, hat die Nomaden des Magóh zu einem Meeting gerufen. Er bringt gleich zwei Wagen bewaffneter Polizisten mit. «Ihr könnt uns das Land nicht verbieten! Wir bringen weiter Farbe an!» erklärte er den lendengeschürzten Eingeborenen.

Busak Lon, eine junge Penanfrau von Long Ballau, mit ihrem Säugling im Arm, wirkt als Übersetzerin. (Die junge Mutter ist inzwischen bei einem Unfall während eines Transports der WTK-Company samt ihrem Kind ums Leben gekommen.) Als sie ihre eigene Meinung über die Zerstörung ihres Lebensraums bekunden will, wird abgewinkt:

«Frauen haben hier nichts zu sagen!»

Doch Toi verteidigt sie: *«Ihr könnt unsern Frauen nicht das Wort verbieten – denn ohne sie könnten wir Männer im Dschungel nicht überleben. Wer flicht unsere Sagomatten und Traggefäße? Wer schleppt unser Trinkwasser und schlägt Brennholz, wenn wir Männer auf Jagd sind? Aber sag, warum bringst du so viele Polizisten mit dir, mit Karabinern bewaffnet? Willst du uns erschrekken oder töten?»*

«Nein, wir suchen den weißen Mann, ist er bei euch?»

«Warum sucht ihr ihn bei uns? Kommt und folgt mir in meine Hütte, wenn ihr mir nicht glaubt, und schaut selbst nach! Doch ich werde euch nicht zurück hierher führen – ihr müßt euren Heimweg selbst finden.»

«In diesem Fall folgen wir dir nicht», meint der Polizeihauptmann.

Da läßt ein Uniformierter ohne Vorwarnung mit einem Knall eine Leuchtrakete steigen. Es ist ihm gelungen, die Penan zu erschrecken. Einer seiner Kollegen mit Verstand weist den kleinen Helden zurecht.

Doch das Spiel mit Drohungen geht weiter. Ein anderes Mitglied des Field-Force-Trupps prahlt mit seinem M-16 Karabiner: *«Auch wenn du dich hinter einem großen Tanyit-Stamm (zähestes Blasrohrholz) versteckst, wird dich die Kugel treffen. So klein der Einschuß, aber soooo groß der Ausschuß ...»*

Einer der Männer blättert vor Selai ein Bündel Geldscheine hin. 3000 Ringgit. Der Eingeborene verzichtet auf den Judaslohn – und unverrichteter Dinge löst sich die Gesellschaft wieder auf.

Die WTK-Company ist nun daran, das Gebiet des Tarumflusses (Magóh) abzuholzen. Nur gerade hier findet sich der begehrteste Rattan (Uai Bukui) in großer Menge, nachdem seine andern Hauptstandorte am Yap- und Sungan-Bach schon geloggt wurden. Der Rattan Bukui – und nur er – liefert die beste Flechtqualität.

Arm und Reich

Juma, Mitte Dreißig, 7 Kinder; Nomadin vom Magóh-Fluß. Ihr fünftes Kind hat sie ihrer kinderlosen Schwester zur Adoption gegeben. 1987:

Als die Company zum ersten Mal kam, hatte sie sich nicht vorher angemeldet. Wir waren erschreckt, unsere Flüsse plötzlich verschmutzt und unsere Sagopalmen und Blasrohrhölzer, Rattan und Fruchtbäume fallen und zerstört zu sehen. Datuk James Wong, der hat es leicht und gut, denn er ißt die Bäume und das Geld unseres Waldes. Doch wir Frauen, Kinder und Männer werden arm. Er sättigt sich selbst und verursacht uns Hunger und Schwierigkeiten. Wenn sie eine wirkliche Regierung sein wollen, Datuk James Wong und Taib Mahmud, so lassen sie unser Land in Frieden.

‹Projekte› haben wir bei unseren Verwandten in Long Napir gesehen. Da gab man ihnen einige Enten, Schößlinge, ein wenig Salz und Reis. Doch in Wirklichkeit können diese Projekte unser traditionelles Leben im Wald nicht ersetzen, wo wir jederzeit unsere Nahrung selbst finden. Wir sind Pflanzungen und Seßhaftigkeit nicht gewohnt. Wenn sie uns nur einmal ein ‹Projekt› geben und dieses zu Ende ist, wovon leben wir? Sie garantieren uns ja nicht Projekte und Nahrung bis zu unsern Enkeln.

Datuk Amar James Wong, einer der wenigen Politiker mit Humor und vorläufig noch Umwelt-Minister, hatte mit den ersten Bulldozern schon 1949 die industrielle Holzfällerei in Sarawak eröffnet. Der geschäftstüchtige Mann hält die Lizenz für über 300'000 ha Wald, Heimat vieler Ureinwohner, und ist als

„WIR PENANS VOM WALD~
MÜSSEN NUN IM HEISSEN SONNENSCHEIN
GEHEN, SINKEN WIE WILDSCHWEINE IM MORAST
DER BULLDOZERWEGE EIN UND FÜHREN EIN
ARMES LEBEN. WIR DENKEN AN UNSRE KINDER,
DIE NICHTS WISSEN UND HILFE BRAUCHEN."

DO SELAI , BA MAGOH

Besitzer der Limbang-Trading-Company (LTL) einer der reichsten Männer des Landes geworden: «Die Penan? Was können wir tun? Sie sind frei. Wir zwingen niemanden. Wir sind eine freie Gesellschaft. Die Entscheidung liegt bei ihnen. Wir können nur sagen: Wir geben euch Unterstützung. Wir bauen Gesundheits-Kliniken für euch. Wir lehren euch, das Land zu bewirtschaften. Aber wenn sie frei sein wollen, von Baum zu Baum zu gehen – wir zwingen sie zu nichts. Sie sind ziemlich glücklich. Sie haben nicht unsere Probleme. Sie leiden nicht an zu hohem Blutdruck wie wir …» (7)

Unterkieferknochen erbeuteter Tiere, hier von Wildschwein und Langschwanzmakaken (Kuiat), zeugen von alten Siedlungsplätzen. Oft hängen sie erhöht, bleich mit grünlichem Schimmer, wo sämtliche Spuren der einstigen Behausung längst vermodert und verschwunden sind.

«Es besteht kein Interessenkonflikt. Holzfällerei ist mein Brot und meine Butter. Ich tue einen guten Job für die Penan: Ich baue Straßen für sie.»

Datuk James Wong (8)

Tot oder lebend

Wir hatten die Grabstätte meines Vaters am Keduan-Fluß (Seitenfluß des Tutoh) *deutlich abgegrenzt. Doch das hat die Company Sam-Ling nicht gekümmert – und sie haben den Ort einfach gebulldozert. So ist die Company mit uns wie mit Hunden: Solange du lebst, kümmern sie sich nicht um dich, und gleich, wenn du tot bist ... Sie ist wie unser Feind, der uns töten will, denn sie zerstört all unsere Sagopalmen und was wir zum Leben brauchen, sogar unsere Grabstätten.*

Sanam (Ameise), ein zierlicher junger Nomade vom Bare-Fluß, 1989

Vergeltung

Toi, der etwa 60jährige Nomade vom Magóh-Fluß, heißt in Wirklichkeit «Anak Laso» (gebranntes Kind); als Kleinkind war er in die Herdstelle gefallen und hatte sich den Hinterkopf verbrannt. Eine fingerlange Narbe an seiner Seite zeugt vom Kampf mit einem großen Wildschweinkeiler, der ihm mit seinen Hauern beinahe den Garaus gemacht hätte. Der Vater von zwei Söhnen und sechs Töchtern mit vielen Enkeln hat seine Frau bei der Geburt ihres neunten Kindes verloren.

Toi hat die Grabstätte seiner Frau besucht und festgestellt, daß sie noch nicht von Bulldozern überrollt ist.

«Gut, du führst uns an den Ort, damit wir darum wissen. Wieviele Dollars verlangst du, wenn wir dort Bäume fällen?» fragt ihn Mandor* Su.

«Die Frage ist nicht, wieviel», entgegnete Toi, *«wer den Frieden der Toten stört, erhält den Giftpfeil!»*

Weiter berichtet der kauzige Mann, der mit seiner kleinen Gestalt und seiner nasalen Stimme an einen Waldgnomen erinnert:

Die Polizei kam und sprach zu uns:

«Wir kommen hierher, um euch zu hüten und vor Kommunisten und dem Feind zu schützen. Um für Ruhe zu sorgen, daß weder ihr die Company, noch die Company euch tötet.»

«In unserem Land gibt es keinen Feind. Ihr seid nicht Polizei, die das Leben hütet – ihr seid nur Polizei der Company!»

«Oh, sprich nicht so! Das hören wir nicht gerne!»

---

* Chin. Vorarbeiter

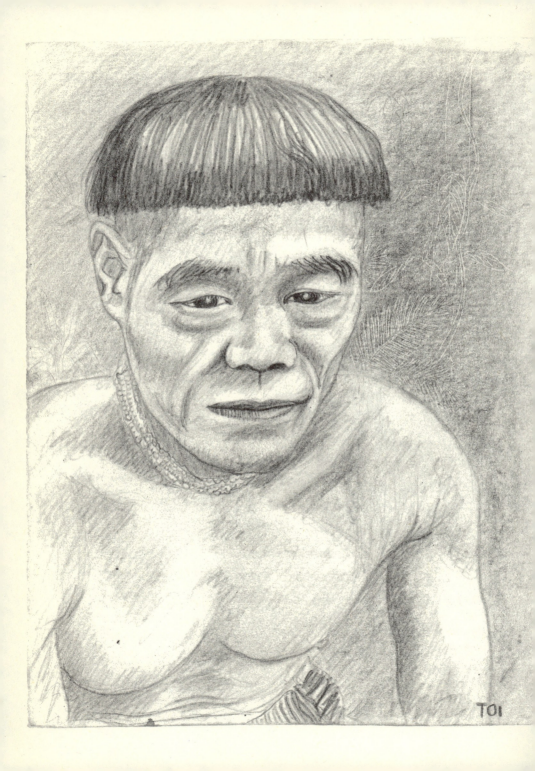

«Doch, es ist die Wahrheit. Dies ist der Beweis, weil ihr die Camps der Company bewohnt und dem Manager folgt!»

«Oh, wenn ihr Penan Hütten für uns baut, werden wir einziehen!»

«Wie können wir Hütten für euch erstellen? Wir haben euch nicht gerufen und haben genügend zu tun, unsere tägliche Nahrung zu suchen.»

«Wir kommen nur hierher, um Bäume im Wald zu zählen, und alles, was ihr Penan zum Leben braucht. So wurden wir von der Regierung geheißen.»

«Was wollt ihr aufschreiben? Was ihr zerstören oder was ihr bewahren wollt? Unsere Augen sehen nur rotes Land (Wunden durch Bulldozer), *und wir sagen, unsere jetzige Regierung ist schlecht, weil sie uns nicht hilft. Unsere alte Regierung* (britische Kolonialherren), *das war eine wahre Regierung.»*

«Oh, sprich nicht so! Das hören wir wirklich nicht gerne!»

«Doch, es ist die Wahrheit! Oder nicht? Von ihrem Sitz sagt die Regierung: Soweit Farbmarkierungen sind, soweit wird das Land genommen. Doch die Prospektoren ruhen nicht und dringen immer weiter in unseren Wald. Wie können wir der Regierung glauben, wenn sie niemals ihr Gesicht zeigt und zu uns kommt?»

… «Wenn ihr eine Blockade erstellt, werden wir euch festnehmen.»

«Wo schmerzt es die Company wegen uns? Wo sind verbrannte Brücken und Camps? Wo haben wir den Frieden von Leuten im Tal und ihre Geschäfte zerstört? Dies hier ist seit Urzeiten unser Land, und wir verbieten, daß es zerstört wird.»

Zucker

Der Manager sagte zu uns: «Kommt, ich werde euch Geld geben. Laßt uns arbeiten. Wenn ihr das Geld nicht annehmt, werden wir trotzdem weiterfahren in unserer Arbeit. Denkt an eure Kinder. Auch sie wollen Zucker essen …»

Iteng, Mitte Zwanzig, Nomade vom Ulu Limbang

Gedrängt

Juni 1987. Nomaden des Magóh werden vom Manager der WTK-Company ins Camp gerufen.

«Unterschreibt hier! Gebt mir euer Land, damit wir in Frieden arbeiten können.»

«Du gibst uns Reis und Zucker, doch sieh, die Berge spenden uns Nahrung seit jeher», antwortet ihm der alte Agan.

«Sprich nicht so schlecht wie jene an der Blockade! Wir müssen einmütig zusammenarbeiten. Was verlangst du?»

«Wo ist mein defektes Radio, das du zu reparieren versprochen hast?»

«Radio? – Oh, es wird sich ein anderes finden.»
«Wo ist das versprochene Fischernetz?»
«Frag nicht nach Dingen von mir? Verlange Geld – das kann ich dir geben. Mit der Münze kaufst du dir selbst, was dein Herz begehrt.»
Beschenkt mit Reis, Zucker und Tabak verlassen die Nomaden das Camp, ohne ihre Daumenabdrücke auf das vorgelegte Papier gedrückt zu haben.

Ein Kelabit-Anwohner empfiehlt den Penan: «Ihr könnt nicht gegen die Company opponieren. Wir haben kein Geld, keine Mittel, kein Flugzeug. Es ist besser, wir verlangen ein klein wenig Entschädigung, solange die Company arbeitet.»
«Du hast gut reden. Du hast deinen Reis und deine Felder, doch wir leben seit Urzeiten in den Bergen und Quellgebieten …»

Ukung*

Agan Jeluan, etwa 70jährig, Tois älterer Bruder und Führer der Magóh-Sippe. Nach dem Tod seiner zweiten Frau hat er ein drittes Mal geheiratet, und seine ersten Kinder könnten die Eltern seiner letzten sein. Der einst muskulöse große Mann ist heute kaum mehr zur anstrengenden Jagd fähig, und so hat seine junge Frau schon oft mit Speer und Hund Fleisch besorgt. In seinen Erzählungen von Kopfjägern und Ratschlägen zur Vorsicht vor dem Feind spiegelt sich die Scheu eines Volkes, dessen Wurzeln in der Wildnis sind. Agan meint zu Ansiedlungsprojekten der Regierung für seine Nomadensippe:
Laßt uns nicht sein wie Makaken-Affen, die nur an die Nahrung des heutigen Tages denken. Sie fressen die für sie bereitgelegten Ausschuß-Gurken, Mais und Maniok – und das Tor fällt hinter ihnen zu – sie sind in die Falle gegangen und gefangen. Sie können nicht mehr durch die Weite des Dschungels streifen und selbst bekömmliche Früchte suchen, denn ihr schlitzt ihnen am nächsten Tag den Bauch auf. Wir lieben unser freies Leben und brauchen den Käfig der Regierung nicht!

Angeschwindelt

Der Manager der WTK-Company sagte zu uns: «Komm, ich bringe euch nach Miri (Küstenhauptstadt der 4. Division). Dort ist die Regierung, die euer Land bewahren wird. Als wir nach Miri kamen, sprach der Resident: «Wartet ab – es hat Land für euch», und hieß uns, ein halbes Jahr später, im Juni 1988, wieder zu kommen. Dann gäbe er uns ein Dokument mit Karte für unser Waldreservat. Als wir dann gingen, war der Resident abwesend – und das versprochene

---

* Ukung: von Kelabit bei ihren Pflanzungen aufgestellte Käfigfallen. Die Köder sind über eine Leine mit dem Falltor verbunden.

70

Dokument war auch nicht da! Und inzwischen, in wievielen Monaten, zerstört die Company unser Land gänzlich! Nun wissen wir um die lügnerische Politik! Sie haben uns angeschwindelt wie Affenkinder und behandeln uns wie räudige Hunde.

Alle Großen bis zu den Kindern, lieben wir etwa nicht die grünen Berge und das Licht des Tages? Wieviele Jahre schon sprechen wir zur Regierung in Sarawak – ohne Erfolg. Wenn unsere Worte bis zu den Regierungen der großen Länder gelangen – dann hoffen wir …

Als meine Frau und mein Kind von der Company getötet worden waren (bei einem Transport), sprach die Polizei zu mir: «Nur dann bezahlt man etwas, wenn du einen Paß und eine Versicherung hast.» Das heißt, sie sagen dir, du seist kein Bürger dieses Landes, sondern ein Fremdling.

Gerawet Sigan, Ende Zwanzig, Nomade vom Magóh-Fluß; 1989

Überrumpelt

Gadung Libang ist mit seiner kleinen Sippe von vier Familien (27 Mitglieder) 1980 am Ufer des Tutoh-Flusses halbseßhaft geworden. Es steht ihm ins Gesicht geschrieben, daß das verheißene Glück der Seßhaftigkeit nicht eingetroffen ist. Die Siedlung aus rostigem Wellblech und krummen Ausschuß-Brettern der Company, umgeben von Konservendosen, Batterien und stinkenden Lumpen, macht einen erbärmlichen Eindruck. Die Leute sind hungrig, und selbst Reis und Maniok sind knapp. Er berichtet:

Plötzlich sahen wir Leute von jenseits des Tutoh-Flusses in unserem Gebiet Farbe anbringen. Wir wiesen sie zurecht, daß wir keine Holzfällerei in unserem Land dulden. Sie würden sich nur umsehen, bekamen wir zur Antwort. Zwei weitere Male kamen sie, und plötzlich war ein großer Meranti-Baum gefällt, obwohl wir dies durch ein davor aufgerichtetes Diagonalkreuz verboten hatten. Wir beschwerten uns, doch bald kamen die Holzfäller wieder: Sie würden nur ein paar wenige Bäume fällen. Wir sollten dafür auf der neuen Straße freien Transport nach Long Bedian* erhalten, solange die Company arbeitet, und Diesel für Lampenöl.

Als ich später selbst Dschungel rodete und einen Merantibaum fällte, um ein neues Reisfeld zu erstellen, rief der Manager die Polizei. Doch war ich ja auf Geheiß der Regierung vor vier Jahren seßhaft geworden, um da Reisbau zu betreiben.

Als die Company neben unserer Siedlung eine Brücke über den Tutoh-Fluß bauen wollte, wehrten wir uns. Darauf planten sie den Bau weiter flußaufwärts. Weil wir uns weiter hartnäckig wehrten, hielten Regierungsvertreter schriftlich fest, welches Gebiet wir als Reservat verlangten. Die Company versprach, für den Schaden an zerstörten Sagopalmen und Fruchtbäumen aufzukommen und nach dem Bau der Brücke zu verhandeln. Nun ist die Brücke erstellt, seit drei Jahren schlagen sie Holz, doch weder haben wir ein geschütztes Gebiet, noch zahlt die Company Schadenersatz.

Nach langem Hin und Her gewährte die Company den Bewohnern von Long Seridan eine Kommission von 10'000 Ringgit im Jahr. Die benachbarten Penan von Long Kaua, als Betroffene, haben davon noch keinen Cent gesehen.

1982 schon hatte das Kelabit-Dorf Long Seridan um Lizenz für ihr eigenes Heimatgebiet gebeten. Das Gesuch war vorbildlich von einem Juristen aufgesetzt, mit Langzeitplanung für den Aufbau einer Sägemühle und dorfeigene Holzverarbeitung. Der Brief blieb unbeantwortet, verstaubt irgendwo in Kuching, während das Gebiet längst an finanzschwere Companies vergeben worden war.

---

* Kayan-Siedlung am Apo-Fluß. Long vor Ortsnamen deutet nicht auf Langhaus, sondern auf die geographische Lage: an der Mündung des Bedian.

„ WIR SIND WIE EIN VOGEL OHNE FEDERN … "

GADUNG . LONG KAUA .

Geprellt

Tropenhölzer wurden schon in den sechziger Jahren in Nomadengebiet längs des Tutohflusses, am Ubung- und Magóhfluß geschlagen. Jene Holzfällerei aber hinterließ kaum umweltschädigende Spuren. Die Bäume wurden mit der Axt und Zweihandsäge umgelegt, die Rundlinge von Hand in den Fluß gereistet. Die Companies selbst waren Händler mit wenigen Angestellten und beschränkten sich darauf, die von Einwohnern gefällten und geflößten Stämme im Tal in Empfang zu nehmen.

Einige nomadisierende Penan-Männer folgten damals dem Ruf von Kelabit-Nachbarn und halfen bei der kräftezehrenden Arbeit. Doch sämtliche beklagen, von ihren Auftraggebern nicht entlöhnt worden zu sein.

So arbeitete Buki vom Barefluß einen Monat am Seridan und Pajaks Familie am Ubungfluß, ohne jeglichen Lohn.

Uian erzählt: *Als junger Mann folgte ich zwei Bewohnern von Long Seridan während sechs Wochen am Magóhfluß, Bäume zu fällen und talwärts zu flößen. Als die beiden von Marudi zurückkamen, stellten sie nur fest, daß sie nichts für die Stämme erhalten hätten – und so erhielt auch ich keinen Lohn. Darauf fällte ich am unteren Tutoh-Fluß Bäume, bis ich 80 Ringgit gespart hatte. Damit wollte ich ein Gewehr kaufen. Ein Bewohner von Long Tarawan bot sich an, mir zu helfen. Er wollte den fehlenden Betrag auf 150 Ringgit vorausbezahlen und die Waffe in Marudi besorgen. Dann kam er mit leeren Händen zurück: Das Geld sei verlorengegangen.*

Geweihte Stätten

Iban-Holzfäller erzählen:

Auf einem Hügel, der von Felsen umgeben ist, soll sich eine Grabstätte aus alter Zeit befinden, am Ulu Tinjar (in den Quellgebieten des Tinjar, Nebenfluß des Baram). Alle, die in der Nähe mit Holzfällen beschäftigt waren, wurden vom Unglück verfolgt. In kurzer Zeit gab es drei Todesfälle. Seilwinden rissen, Bulldozer wollten in den Abgrund stürzen. Viele von uns hörten Hundegebell und Menschenstimmen. Drei Holzfäller träumten unabhängig voneinander, auf dem Hügel sei ein Dorf ... Darauf opferten die Iban ein Huhn und ein Schwein als Geistergabe. Dreimal erschienen ihnen Dorfbewohner im Traum, als sie weiterfällen wollten. Da der Spuk nicht aufhörte, bekamen sie es mit der Angst zu tun und verweigerten die weitere Arbeit in diesem Gebiet.

Etwas später bekomme ich die Fortsetzung der Geschichte zu hören. Francis, ein etwa 35jähriger Pfarrerssohn aus Ostkalimantan, gibt sich mit allen Wassern gewaschen. Er arbeitete als Holzfäller auf der anderen Seite desselben Hügels: Puket Kellulung, Long Kelluan, nahe Long Akah, Baram.

Der Hügel war berüchtigt wegen seines Spuks. Sieben Menschen waren schon tödlich verunglückt, als sie in dessen Nähe arbeiteten. Ich habe keine Angst vor Geistern. So ging ich eines Tages mit dem Boß das Gebiet anschauen. Der Hügel fiel ringsum in eine Felswand ab; darüber war ein Plateau. An einer Stelle wies die Felswand eine Lücke auf. Es regnete in Strömen. Als wir oben ankamen, begleitete uns stets Hundegebell. An diesem einsamen Ort wuchs viel wertvolles Holz. Ich sah einen Weg, das Holz nutzen zu können, und wollte das auch tun. Ich befestigte das Kreuz Jesu an der Frontscheibe und segnete den Bulldozer mit Weihwasser. Darauf verringerte ich das Gefälle des Felsentors, indem ich einen Erdkegel aufschichtete. Mit einer Winde zog ich den Bulldozer aufwärts. Darauf erstellte ich die nötigen Schleifwege durchs Gebiet. Dabei war ständig lautes Hundegebell zu hören, so laut, als ob der Hund gleich auf dem Dach des Bulldozers sitzen würde. Plötzlich sah ich einen Leoparden vom Bulldozer aus. Ich ging zu der Stelle. Da war er verschwunden.

Schon während fünf Nächten waren mir im Traum viele verstorbene Dorfbewohner und Tiere begegnet. Sie baten mich darum, sie in Ruhe zu lassen. Ich sprach zu ihnen, ich hätte keine Angst und wolle das Holz nutzen. Sie sprachen, sie könnten mir kein Leid antun, weil ich das Kreuz Jesu besitze. Die verstorbenen Dorfbewohner sahen aus wie alte Eingeborene; sie hatten Leopardenzähne im Ohr und trugen einen Parang (Buschmesser). Ihr Holzschild war nicht wie der der Kenyáh eckig, sondern rund.

Eines Tages, nahe einem kleinen See mit kristallklarem Wasser, Fische tummelten sich darin, ertönte plötzlich unter der Bulldozerschaufel das Geräusch eines Tempaians (großer alter chinesischer Tonkrug). Als ich schauen ging, fand ich darin viele mit alten Glasperlen verzierte Bänder und Schmuck. Von diesem

Tag an hörte der Spuk auf. Ich arbeitete weiter. *Innerhalb eines Monats, bei Regen ging ich keiner Beschäftigung nach, fällte und schleppte ich 700 Kubikmeter Holz im Alleingang und erhielt einen Lohn von 12'000 Ringgit.*

Muß das Paradies sterben?

Heineken-Bier aus Holland und Benson&Hedges-Zigaretten in goldener Aufmachung aus England sind zu den Image-Symbolen der jungen Waldarbeiter geworden. Der ausgebeutete Urwald ist ein trostloses Schlachtfeld: Da liegen geborstene Stämme kreuz und quer zwischen den in die Erde gefressenen lehmigen Schleppwegen der Bulldozer. Das bißchen fruchtbare Erde wird vom Regen weggewaschen. Der Magóh-Fluß treibt nun milchkaffeebraun zu Tal, gemischt mit Maschinenöl und geschmückt mit Hunderten leerer Bierbüchsen. Sein Ufergeröll ist verschlickt mit glitschigem Lehm. Konntest du noch vor wenigen Monaten sehen, wie die Fische sich im kristallklaren Wasser tummelten, treiben sie nun hin und wieder als Leichen* talwärts: In der Trockenzeit gingen Holzfäller den Geschuppten mit Gift zu Leibe. Auch selbstgebastelte Unterwasserbomben (Benzin in einer Flasche wird mit einem Glühbirnchen und Taschenlampenbatterie über langes Kabel gezündet) sind üblich. Volle Säcke müssen geerntet werden, auch wenn ein Teil der Beute später verrottet.

Mutter Natur spendet weiter mit vollen Händen, wo sie noch nicht geschändet wurde. War es eine Warnung, als sie mit dem letzten Hochwasser einen der Waldschädlinge beim Fischen talwärts spülte? Die Leiche des Traxführers wurde an die 30 km weggeschwemmt.

Dschungelriesen
Die dicksten Bäume, geschlagen im Gebiet des Layun (Tutoh):

    Meranti: etwa 9 m Umfang
    Pera Kunyit: etwa 8,3 m Umfang
    Ba-ung: etwa 8 m Umfang (35 m^3)

Im Camp

Gespräch mit Holzfällern.
Einige von ihnen sind liebe Kerle, andere auch weniger vertrauenerweckend. Der eine, kahlgeschoren, eine kläffende Bulldogge auf die Brust tätowiert: *«Wir sind nur Kulis und wollen unseren Job. Was der Manager uns befiehlt, das tun wir. Redet mit ihm. Wenn er uns zurückruft, legen wir sofort die Arbeit hier*

---

* der begehrteste Fisch Ayat (malaysisch: Ikan Cemá) hält sich nur in klaren, sauerstoffreichen Gebirgsflüssen auf und verträgt schlammiges Wasser nicht.

nieder und verlassen euer Gebiet.» Chinesischer Schnaps übelster Sorte wird gekippt. Ein anderer sagt: «*Verteidigt nicht euren Wald! Denn dann werden wir Holzfäller arbeitslos!*»

Ein Freund meint: «*Wenn das so ist, versuch ich, mich in ein anderes Gebiet versetzen zu lassen. Ich will den Eingeborenen nichts zuleide tun. Hätte ich nicht Frau und Kind, würde ich sofort aufhören. Doch ist es schwierig für mich, als Bulldozerführer einen andern Job zu finden.*»

Alle Holzfäller arbeiten im Akkord. Die Löhne variieren von 300 Ringgit im Monat für einen Entrinder bis zu 2000–6000 Ringgit pro Monat für Holzfäller und Bulldozerführer. Spitzenverdienste werden nur in der Trockenzeit erreicht; bei Regen muß die Arbeit oft niedergelegt werden. Sonntage und Nächte sind für Bulldozer kein Grund zur Ruhe.

Diese hohen Löhne ziehen viele junge Männer an. Es entsteht eine große soziale Diskrepanz zu den traditionellen Reisbauern und Dschungelbewohnern, die praktisch alle von der Hand in den Mund leben. Auch werden Voraussetzungen für ‹Arbeitslosigkeit› geschaffen, die in der traditionellen Bauernbevölkerung vorher unbekannt war. Kaum einer der Holzfäller mit gutem Verdienst wird je wieder in die heimatlichen Reisfelder zurückkehren und sich dort unter der Tropensonne abmühen.

In der sarawakschen Holzindustrie sind heute rund 55'000 Menschen beschäftigt, während noch 220'000 Dayak ihren traditionellen Reisanbau pflegen.

Dschungelpolitik

1985. Folgt man mit der Prahu* dem Sungai** Tinjar, einem Seitenfluß des Baramstroms, kreuzt man ständig Baumstämme, die zu langen Flößen verbunden sind. Schweres Holz wird auf Metallflößen geführt und bis an die Mündung des Baramstroms geschleppt, an der japanische Cargo-Schiffe ankern, um die kostbare Fracht zu laden. Dort türmen sich auch links und rechts der Ufer über lange Strecken Tausende von Baumstämmen minderwertiger Qualität. Sie sind der Verrottung preisgegeben, da sie den Anforderungen des internationalen Handels nicht genügen.

Beinahe hinter jeder Flußbiegung begegnet man einem Logging-Camp. Der Gewinn ist reich, und in ganz Sarawak sollen gegenwärtig um die tausend Holzfällerlager bestehen. Sind pro Camp nur zwei Mann mit Fällen beschäftigt,

---

* Prahu: Einbaum mit Seitenwänden
** Sungai (malaysisch): Fluß

so fallen täglich durchschnittlich 20'000 bis 40'000 Bäume. Wahrscheinlich sind aber viel mehr Holzfäller an der Arbeit.

Die Bewohner des Langhauses «Long Loyang» vom Stamm der Sibub hatten die Regierung vor Jahren um ein Waldreservat, einen «Hutan Simpan» gebeten. Es wäre dazu bestimmt gewesen, in Zukunft den eigenen Holzbedarf für Haus- und Bootsbau zu decken. Das Gesuch wurde abgelehnt, und bald werden die letzten Bäume gefallen sein.

Viele Einheimische sehen plötzlich Gewinnchancen für sich selbst; eine Entschädigung von 3 Ringgit pro Kubikmeter Holz oder einige tausend Dollars jährlich scheinen den Dorfbewohnern eine Riesensumme, während stetig Stämme im Wert von Millionen ihre Gebiete verlassen.

Etliche Dorfoberhäupter wurden von Logging-Companies gekauft, um Opposition versanden zu lassen; ein persönliches Monatsgehalt von 300 Ringgit ist üblich.

Heute erhalten die Langhäuser am oberen Tinjar jährlich eine Gewinnbeteiligung von 80'000 Ringgit. Nachdem einige am Geld gerochen hatten, um das viele zusammen lange gekämpft hatten, entpuppten sie sich in den eigenen Reihen als Schlitzohren. Im ersten Jahr türmte ein Dorfoberhaupt gleich mit der ganzen Summe, im zweiten ein anderes mit 20'000 Ringgit. Erst im dritten Jahr wurde der Betrag gleichmäßig auf alle Bewohner verteilt, allerdings nachdem schon 20'000 Ringgit für die Reise ausgegeben waren, auf der das Geld abgeholt werden mußte. Schließlich erhielt jede Familie noch einen Betrag von etwa 200 Ringgit.

Welch trostlose Bilanz für den Dschungel und das zukünftige Leben der Einheimischen. Die industrielle Holzfällerei bereichert nur die direkt Beteiligten, während sie betroffene Gemeinschaften zersplittert und durch Korruption die Lebensqualität vermindert: schmutziges Trinkwasser, zerstörtes Land, Fischsterben und übermäßige Jagd. Kein Wunder, wehren sich viele Eingeborene gegen die Logging-Companies, die ungerufen und ohne jegliche Absprache ganz einfach eines Tages mit Komatsu-Bulldozern aus Japan und Stihl-Motorsägen aus Deutschland erscheinen und sich erbarmungslos durchs Land fressen. Schon 1978 führten Leute von Batu Blah eine Demonstration bis vor das Distrikt-Office in Marudi, um gegen Holzfällerei zu protestieren.

Als 1983 Kenyáh im Gebiet von Belaga Holzfällerei behinderten und eine Brücke demolierten, wurden 80 Field-Force eingeflogen, 50 Mann verhaftet, die Häuptlinge gewarnt und drei Lehrer entlassen.*

1984 blockierte die Bevölkerung des Apo-Flusses in Long Bedian (Tutoh) Log-

---

* INSAN: Logging in Sarawak, Institute for social analysis.

ging-Operationen und forderte Entschädigung für zerstörte Gebiete, unterstützt vom Minister für lokale Behörden, Datuk Balan Seling. Dieser kam deshalb ins Kreuzfeuer des damaligen Forstministers und verlor im folgenden Jahr seinen Sitz.

Nach einer Studie* verbuchte die Polizei von 1982–1984 jährlich 20–30 Einsätze gegen Ureinwohner, die sich erdreisteten, Logging-Camps zu besetzen oder Wege zu sperren, um ihren Forderungen mehr Gewicht zu verleihen. Sie alle mußten feststellen, daß ihre Meinung nicht gefragt ist und die Würfel über Wohl und Wehe ihres Lebensraums längst hinter verschlossenen Türen in Kuching gefallen waren: Lizenzen werden willkürlich verteilt und immer zum Nachteil der Langhausgemeinschaften. Lizenzinhaber entstammen dem Clan der oberen Schicht. Sie sind oft Fremde im eigenen Konzessionsgebiet, dessen Traditionen sie kaum kennen. In der Regel überlassen sie die Arbeit Kontraktoren und kassieren ihren Anteil, ohne selbst Kapital und Risiko investieren zu müssen.

Da alle fünf Jahre Neuwahlen sind und Verlierer gewärtigen müssen, daß ihre Lizenzen vom neuen Minister zurückgezogen werden, gilt die Devise: so viel Profit wie möglich in kurzer Zeit.

Offizielle Gewinnanteile pro m³ Meranti

245 M$	Preis pro m³	100%
150 M$	Unkosten, Löhne	61,2%
55 M$	Steuer	22,5%
40 M$	Anteil an Lizenzinhaber	16,3%

(nach Ibbotson, 1990)

Nur 0,6 M$ (0,2%) sind als Anteil für die betroffene Bevölkerung bestimmt, die ihre Ressourcen verliert und behauptet, weder Kontrolle über ihren Anteil noch je etwas davon gesehen zu haben.

Ein Malaysier schreibt, es sei nicht mehr eine Frage der Regierung, die die Wälder für das Wohl des Volkes und die Entwicklung des Staates loggt. Es sei die unglückliche Verbindung von öffentlicher Korruption und privater Habsucht.

Die «Sarawak Timber Industry Development Corporation», STIDC, will neue Konzepte und Strategien entwickeln, die garantieren, daß die Einkünfte aus den

* ebda

Holzressourcen des Landes ehrlich und gerecht zwischen den Bürgern des Staates geteilt werden. (9)

Im April 1987 kam ein Korruptionsskandal ans Licht.*
Datuk Patinggi Haji Abdul Taib Mahmud, Chief- und Forstminister in einem, fror 25 Konzessionen (1,25 Mio ha) im Gesamtwert von 9 Milliarden US$ ein, die sein Vorgänger, Rivale und Onkel Abdul Rahman Ya'Kub, während seiner Amtszeit an Freunde und Verwandte verteilt hatte. Als Antwort gab Abdul Rahman bekannt, daß sein Neffe Taib Mahmud und dessen Clan über 1,6 Millionen Hektar, d.h. zusammen über 32% aller Konzessionen verfügen (bei Holzexporten Sarawaks 1990 im Wert von M$ 9 Millionen pro Tag). Alle acht Schwestern des Chiefministers sowie Freunde sind ähnlich mit Konzessionen gesegnet. Selbst der Umweltminister besitzt eine Lizenz für über 300'000 Hektar. Die Gewährung von Konzessionen an Politiker solle diese aus der Abhängigkeit von Sponsoren befreien (NST. 10.4.1987). Im Jahre 1987 verwendeten die sarawakschen Politiker rund 62 Millionen malaysische Dollar für Wahlkampagnen.

«Die politische Elite Sarawaks kontrolliert die gesamte Holzfällerei und hat die Macht, Lizenzen willkürlich an Freunde und Verwandte abzugeben und mit diesen politische Rivalen zu kaufen.» (INSAN, 1986)

Obwohl Lizenzen nur für Primärwald gelten, zerstören Companies immer wieder Kulturlandgebiete, pflügen Straßen durch Temuda (ruhendes Reisfeld), durch Obstgärten und bulldozern Grabstätten zusammen, selbst Reisfelder werden nicht verschont.**
Bei Klagen wird in den seltensten Fällen von der Company lächerlicher ‹Schadenersatz› bezahlt, sogenanntes ‹Sago hati›, Sago fürs Herz.

> «Entschädigung von Dorfbewohnern, die durch die Holzextraktion betroffen sind, ist Privatangelegenheit der Holzfällerei-Gesellschaften, in die sich die Regierung nicht einmischt.»
> Datuk Adenam Satem, Entwicklungs-Minister (10)

---

* Asian Wall Street Journal, 7.2.1990
** So liegen Klagen vor gegen LTL-Co. im Gebiet von Long Napir (Teresa/Beduh und Sembayang); gegen WTK-Co. am Magóh (Melinau, Seridan, Yap, Tarum) und gegen Samling-Co., am Tutoh-Fluß (Long Kawa, Layun).

Siedlung im Wald

IN MÜHSAMER ARBEIT BALANCIEREN
DIE MÄNNER IN FÜNF METER HÖHE AUF
EINIGEN MIT ROTAN VERKNÜPFTEN ÄSTEN
(PALANG), UM MIT DER AXT DAS
BEGEHRTESTE ZÄHE BLASROHRHOLZ
ZU LÖSEN. WIE BEI GEFÄLLTEN STÄM-
MEN DAS KERNHOLZ DES RUNDLINGS,
DIENT DER ROTE KERN DER STÜTZ-
WURZEL ALS ROHMATERIAL.
UM EINEN RUNDLING ZU SPALTEN,
MUSS DIESER ZWEISEITIG BIS NAHE
DEM MARK GEKERBT WERDEN.
NOCH DANN SIND DREI ÄXTE
ODER METALLKEILE NOTWENDIG,
DAS HEISST DAS HOLZ IST NICHT
SPALTBAR.

~

DER ALTE "LAWANG" HAT SEIN
MIT DEM BUSCHMESSER BEARBEI-
TETES BLASROHRHOLZ AUS "NIA-
GANG" SENKRECHT BEFESTIGT. MIT
EINEM 2½m LANGEN BOHRER BOHRT
ER DAS LOCH FÜR DIE AUFNAHME
DES PFEILS. ALS FÜHRUNG DIENT EIN
OBEN BEFESTIGTES QUERHOLZ.

LAWANGS DAUMENABDRUCK - AN
SEINEN ↓ FINGERN HAFTET
DER BOHR-   STAUB DES
GEGEN   NIAGANGHOLZ.

Blasrohrherstellung

♂

SCHLANGENTÖTER
"BELOK"

DIESER NASHORNVOGEL
NIMMT ES GAR NOCH MIT
UNTERSCHENKELDICKEN
PYTHONS AUF. ER PICKT
DAS FLEISCH ZWISCHEN
DEN RIPPEN UND WIRBELN
HERAUS UND LÄSST DEN
ZERZAUSTEN LEICHNAM
DES REPTILS ZURÜCK. "BUKI"
ERLEGTE EINEN, IN DESSEN BAUCH SICH EINE VERSCHLUNGENE
PIT VIPER ("UREM") BEFAND. DER VOGEL ERNÄHRT SICH VON
ALLERLEI KLEINGETIER UND NONOK-UANGN-FRÜCHTEN.

1:½

1½ GRÖSSE

Nashornvogel

ANAU

SCHLANK UND AUFRECHT STRECKT
SICH DER STAMM DER ANAU-
PALME IM FEUCHTEN GEBIRGS-
WALD HIMMELWÄRTS. -
SIE IST DIE MUTTER
DER STEHENDEN SÄULEN-
BAUTE UND IHRE QUIRL-
STÄNDIGEN WEDEL GEWINNEN
AN IHR DER ZUCKERPALME.
DAS BIS 2m LANGE BLATTWERK
SPENDET DACHBEDECKUNG. WEGEN
IHRER BRÜCHIGKEIT EIGNEN DIE WEDEL NICHT
KOCHGEFÄSS. - AUS DEN SCHARF BEDORN-
SICH DER MYTHISCHE VOLKSHELD OJA ABENG
BIS HEUTE FERTIGT SICH DER PENAN AUS DER
PALME SEINE PFEILSCHÄFTE, SOFERN SICH DIE-
IN SEINER SIEDLUNGSNÄHE BEFINDET. DIE
STENGEL HABEN EINER HÄUFIGEN ÄHNLICH AN-
NAHME EINGETRETEN (PA-AN ANAU). - DER
IST GESPICKT MIT DEN ANWACHSSTELLEN
UND ÄHNELT DANN DEM DER ÖLPALME. -
MIT DER ZEIT, UND SO STEHEN ALTE PALMEN
SKELETT VERHÄRTET VON FUSS HER ZU-
STAMM, DER EINER STUMPFEN AXT TROTZT.
STRUKTUR LÄDT EIN, EINE SCHOPFKELLE

   NUR SELTEN FÄLLT DER PENAN EINE
HER ZU VERSPEISEN; DIESES SCHMECKT

ZUR FALTUNG ZUM
TEN STENGELN HÄTTE
PFEILE GESCHNITZT, UND
STENGELINNERE DIE-
SES SELTENE GEHÄUS
SCHMUCK GELB-GESTREIFTE
ZUSEHENDEN WÄHER IHREN
LEIB (JÜNGERE PALMEN
GEBROCHENE STENGEL,
DIESES "HELLO" VERROTTET
BLOSS UND KAHL. IHR
SEHENDS ZUM ZÄHHOLZIGEN
SEINE SCHWARZ-FLAMMENDE
ZU SCHNITZEN.

   PALME, UM DEREN
AUF KAUM FINGER-

Anaupalme

LÄNGE SÜSS, DARÜBER (JEDOCH EHER
BITTER - ZUSAMMENZIEHEND.
FRUCHTBILDUNG DEUTET AUF SAGOGEHALT.
MIT VORLIEBE WERDEN JÜNGERE STÄMME
VERARBEITET, DIE NOCH IHR "MERLO" BE-
SITZEN.

DER TRADITION FOLGEND SCHNITZT DER FÄLLER HOLZLOCKEN
(LEPPUT) FÜR DEN GEIST DER PALME UND BITTET UM VER-
GEBUNG, BEVOR ER SICH ANS WERK MACHT. IN GE-
GENWART DER PALME DARF WEDER DEREN NAME AUSGE-
SPROCHEN NOCH WORTLAUT AUF HOHEN SAGOGEHALT
HINGEWIESEN WERDEN, ANSONSTEN KÖNNTE
DAS SAGO VERSCHWINDEN (TATAD).

ANAU ENTHÄLT NUR GEGEN DIE
KRONE HIN SAGO, UND MUSS DARUM
ZUR PRÜFUNG GEFÄLLT WERDEN. UM
SICHER ZU GEHEN WIRD EINE ZERMACKTE
PROBE VON PALMMARK WEGGEHOLT MIT
WASSER IM BLATTGEFÄSS AUSGEDRÜCKT.
WEISSER BODENSATZ DEUTET AUF
GUTE ERNTE.
(EHER)
DA DIE ANAUPALME RARE
ZU VERARBEITEN IST, UND DIE
ERNTE DES WEISSEN PULVERS OFT ZU
WÜNSCHEN ÜBRIG LÄSST, WIRD SIE BEI
VORHANDENSEIN ANDERER PALMARTEN
NICHT GESCHONT.

SPALTUNG ZUR PFEILSCHAFT-
HERSTELLUNG.

1:4

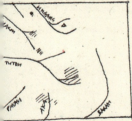

VERBREITUNGSKARTE.
ANAU FEHLT IM GEBIET DES UNTEREN
TUTOH, UBENG, SERKOAN. STAND-
ORTE NUR VEREINZELT IM
ULU UMBANG, MAROH, ULU
TUTOH I. OT PATAH / AKA BE-
KANNT.

VERGAMMELTE FRUCHT.
SCHALE UND FRUCHTFLEISCH
DER FAUSTGROSSEN
KUGEL SIND VER-
GAMMELT. ZU-
RÜCK BLEIBT
EINE BESTACHELTE
NUSS VON Ø 5cm.

NAHRUNG VON NASHORN UND
WILDSCHWEIN, STACHELSCHWEIN.
FRUCHTFLEISCH WIRD AUCH
VON BÄR U. HIRSCH VERSPEIST

"SPORNE"
(TASSAR):
GEKRÜMMTER
STENGEL AN
JÜNGEREN
STÄMMEN

ANAU
SÄMLING

ZIKADEN

IM GEGENSATZ ZUM EUROPÄISCHEN "URWALD", WO DIE MORGEN- UND ABENDSTUNDEN VON VOGELGESANG ERFÜLLT SIND, BEHERR- SCHEN IM DSCHUNGEL ANDERE FLÜGELWESEN DIE GE- RÄUSCHKULISSE.

WENN DIE DUNKELHEIT DEM TAGES- LICHT WEICHT, WENN DIE SONNE IM ZENITH STEHT, WENN SICH DER ABEND NAHNET, WENN DER DSCHUNGEL IM NÄCHTLICHE SCHWARZE GETAUCHT WIRD, JEDER DER MUSIKANTEN WEISS, WANN DIE STUNDE SEINES AUFTRITTS GEKOMMEN IST. SO BILDEN SIE DIE NATÜRLICHE UHR DES EINGEBORENEN. - KAUM GLAUBHAFT, WIE DIE NUR FINGERDICKE ZIKADE "HYIT" MIT EINER LAUTSTÄRKE ZU TROMPETEN VERMAG, DIE VON EINEM HÜGEL BIS ZUM NÄCHSTEN REICHT. - DER LAUT ENTSTEHT IN EINER MEMBRAN UNTER DER FLÜGELDECKE. DER HOHLE, AUF- GEBLÄHTE HINTERLEIB DIENT ALS KLANGKÖRPER.

DIE ZIKADEN BRAUCHEN EINE ANLAUFZEIT, SPIELEN SICH SOZUSAGEN WARM, BIS SICH IHR KLANG VOLL ENTFALTET - UND EBENSO LEIGET IHRE LETZTE SEQUENZ AUS. OB DER LAUT DURCH BLAS/SAUGWIRKUNG ENT- STEHT? - MÖGLICHERWEISE MÜSSEN DIE SÄNGER ZUERST IHREN HINTER- LEIB MIT LUFT VOLLPUMPEN BIS GENÜGEND DRUCK HERRSCHT. -

NO MEINT, ER HABE EINER ZIKADE EINST DEN "MUND" ZUGE- HALTEN, UND TROTZDEM HÄTTE SIE WEITERGESUNGEN.

DIE MEISTEN DER MUSIKANTEN SPIELEN VON HOHER WARTE UND BLEIBEN DEM AUGE IN DER REGEL VER- BORGEN. SELBST DEM EINGEBORENEN IST IHRE ERSCHEINUNG

LAKAT TESSEN (→ WURZEL EINES DER MÄCHTIGSTEN BÄUME DES DSCHUNGELS, Ø 2m). DIESE ZIKADE FINDET SICH BIS INS HOCHGE- BIRGE UND SINGT BEI SONNENUNTER- GANG UM DIE MITTAGS- ZEIT

Zikaden

LI-UI
1:1

SCHALLTRENNAN
SEITLICH UNTER
FLÜGELDECKE

OFT UNBEKANNT, UND ER BEHANDELT DIE
VERSCHIEDENEN ZIKADEN ENT-
SPRECHEND IHREN LAUTÄUSSERUNGEN.
DES NACHTS WERDEN HIN- UND WIEDER DIESE
INSEKTEN VOM FEUERSCHEIN ANGELOCKT; IHRE IDEN-
TIFIKATION IST DANN SCHWIERIG, DA SIE ZU DIESER ZEIT KEINE
LAUTE VON SICH GEBEN. SIE ENDEN DANN MEIST MIT
SURRENDEM GERÄUSCH IN EINEM KATZEN- ODER AFFEN-
MAGEN. -

DRINGT FRÜHMORGENS DER RUF DER ZIKADEN "HO-EÜ"
UND "MI-ANG" ANS OHR, SO FREUT SICH
DAS HERZ DES EINGESOGENEN; SIE SIND GUTE
WETTERBOTEN. WENIGER BELIEBT SIND DIE
ZIKADENRUFE DES EINHACKERS. OFT SCHALLEN SIE,
WENN DER JÄGER NOCH UNTERWEGS IST, UND DRÄNGEN IHM
ZUR EILE. NYIT-ZIKADEN KÖNNEN SICH AUCH, GENAU WIE DER
MENSCH, VON ALTTÜMLICHEM GEWITTERGEWÖLK TÄUSCHEN LASSEN
UND DIE NACHT ANKÜNDEN, OBWOHL DA ERST VIER UHR IST.

LI-UI
1:1

"BLASROHRZUSAMMENBRECHENDE ZIKADE (NYIT MENTAN KEUGERLI) WIRD EINE VON IHNEN
GENANNT, DA EINST EIN JÄGER NACH ERSCHALLEN IHRES RUFES ÜBEREILIG
HEIMWÄRTS RANNTE UND DABEI SEINE WAFFE ZERBRACH, OBWOHL DIE
NACHT NOCH FERNE WAR. - DER RUF DER HÄUT-ZIKADE
(NYIT MOLEM) MIT SEINEN REINEN TROMPETENSTÖSSEN IST
EINE DER GEGREIFENDSTEN DSCHUNGELSTIMMEN. WENN ER
ZUM ERSTEN MAL GESCHALLT, HAT DER JÄGER NOCH
RUND EINE HALBE STUNDE VOR SICH, UM DIE HÜTTE
VOR NACHT ZU ERREICHEN. STIMMT DANN DIE ZIKADE
"RI-Ä" MIT EIN, WIRD ES INNERT FÜNF MINUTEN

1:1½
...SCHNURRE
...E-ZIKADE
KOPULATION

Rattan

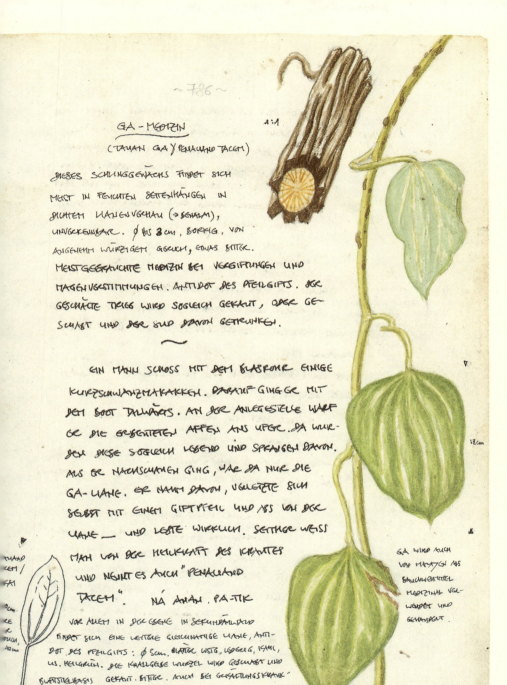

GA - MEDIZIN

(TAMAN GA Y PENALAND TACEM)

1:1

DIESES SCHLINGGEWÄCHS FINDET SICH MEIST IN FEUCHTEN SEITENHÄNGEN IN DICHTEM LIANENURWALD (→ SCHIRM), UNVERKENNBAR. Ø BIS 3cm, BORKIG, VON ANGENEHM WÜRZIGEM GERUCH, ETWAS BITTER. MEISTGEBRAUCHTE MEDIZIN BEI VERGIFTUNGEN UND MAGENVERSTIMMUNGEN. ANTIDOT DES PFEILGIFTS. DER GESCHÄLTE TRIEB WIRD SOGLEICH GEKAUT, ODER GE- SCHABT UND DER SUD DAVON GETRUNKEN.

~

EIN MANN SCHOSS MIT DEM BLASROHR EINIGE KURZSCHWANZMAKAKKEN. DARAUF GING ER MIT DEM BOOT TALWÄRTS. AN DER ANLEGESTELLE WARF ER DIE GESCHOSSENEN AFFEN ANS UFER. DA WUR- DEN DIESE SOGLEICH LEBEND UND SPRANGEN DAVON. ALS ER NACHSCHAUEN GING, WAR DA NUR DIE GA-LIANE. ER NAHM DAVON, VERLETZTE SICH SELBST MIT EINEM GIFTPFEIL UND ASS VON DER LIANE — UND LEBTE WIRKLICH. SEITHER WEISS MAN VON DER HEILKRAFT DES KRAUTES UND NENNT ES AUCH "PENALLAND TACEM". NÁ AMAN. PA-TIK.

VOR ALLEM IN DER EBENE IN SEKUNDÄRWALD FINDET SICH EINE WEITERE GLEICHARTIGE LIANE, ANTI- DOT DES PFEILGIFTS: Ø 5cm. BLÄTTER WSTG, LEGGERG, ISMC, US. HEILGRÜN. DIE KNALLGELBE WURZEL WIRD GESCHABT UND GEKAUT. BITTER. AUCH BEI ERKÄLTUNGSKRANK- HEITEN. →SUD ✿

18cm

GA WIRD AUCH VON MATAYGI ALS BAUCHWEHMITTEL MEDIZINAL VER- WENDET UND GEHANDELT.

TAMAN CEM / SAI

5cm KE BRUCH 10m

BLATTSTIELBASIS VERDICKT

BAUMFLATTERER

DIE TANYIT-FLEDERMAUS IST DIE GRÖSSTE BEI PENANS
BEKANNTE FLEDERMAUSART, MIT EINEM LEIB DICK
WIE EIN UNTERARM. WIE IHR NAME BESAGT, ÜBER-
SCHLÄFT SIE DEN TAG VORWIEGEND IN HÖHLEN DES TANYIT
STAMMES. EINE SOLCHE HÖHLE GIBT JE NACH GRÖSSE NUR
VEREINZELTEN EXEMPLAREN BEHAUSUNG, ODER KANN MIT EINER
POPULATION VON HUNDERTEN UM TIEREN VOLLGESTOPFT SEIN. DIESE VER-
RATEN IHRE ANWESENHEIT DURCH IHR FLUGGERÄUSCH BEI MOR-
GENGRAUEN, WENN SIE VOM NÄCHTLICHEN STREIFZUG ZURÜCKKEHREN
WIE EIN STEIN SOLLEN SIE MIT GROSSER GESCHWINDIGKEIT
IHREN WOHNBAUM ANFLIEGEN, UM DASELBST VON EINEM OFT
NUR FAUSTGROSSEN EINGANG GLEICHSAM VERSCHLUCKT ZU WERDEN
BEI HEFTIGEN REGENFÄLLEN KÖNNEN ANGEZOGENE AUCH AUSBLEIBEN
WEITER VERRATEN SICH DIE FLATTERER DURCH KOTSPUREN
UNTER IHREM WOHNBAUM, SOWIE MANCHMAL DURCH URIN-
STREIFEN LÄNGS DES STAMMES.

UM DES URZEITLICHEN VOLKES HABHAFT ZU WERDEN, MUSS
DER   ÄUSSERST HARTHOLZIGE BAUM - AUS SEINEN
STÜTZWURZELN WERDEN BESTE
BLASROHRE GEFERTIGT - GEFÄLLT
WERDEN. - IM GLAUBEN DER ALTEN FLORE
DIE FLEDERMAUS IM ANBLICK VON DUNKLER FARBE
WIE SIE SELBST, DARUM ENTLEDIGTE SICH DER
FÄLLER ALL SEINER SCHWARZGEFÄRBTEN RATTAN-
ARM- UND BEINREIFE, UND TAUSCHTE SIE GEGEN
SOLCHE AUS GELB-GRÜNEN (UNGEN PALMWEDEL-
SPROSSEN (SANG). AUCH TAUSCHTE ER VOR

KELIT TANYIT
1:3/4

WOHNBAUM:
BENALI-FLUSS
(UM ABA)   LIAN

KELIT PÄ
1:3/4

WOHNBAUM:
BENALI

1:1

WOHNBAUM:
LONG SA-IT
(SELUNGO)   LIAN

KELIT
TANYIT   TIEFE HAUTTASCHE

SCHWARZE GRIFFKUNG

FLÜGELSPANNWEITE: ~60cm
SCHWANZLÄNGE: ~6.5cm
ZAHNFORMEL   2 . 0 . 1 . 11 . 11 . 2
             3 . 1 . 1 . 11 . 11 . 3

KELIT TANYIT 1:3/4

KELIT PÁ 1:1

FLÜGELSPANNWEITE : 32cm
SCHWANZLÄNGE : 4cm
PELZ FEIN, WALMES
ZIEGELSCHALENROT
ZEHEN GESPITZERT

HAUT, DIE OHREN BILDET, UEBE STIRNE
VERBUNDEN.

ZAHNFORMEL 3 . 1 . 1 . 1 . 3
              3 . 21 1 . 1 . 3

SEINER FELLARBEIT BEI SCHWARZEM
IN EINEM ANDERSFARBIGEN LENDENSCHURZ.
BEI WEISSEM SOLLEN DIE ZEHENKRALLEN
DER GEBORETEN FLEDERMÄUSE WEISS -
BEI ROTEM ROT SEIN. -

BEIM FALLEN DES BAUMES RUFT DER
EINGEBORENE "HOCHWASSER! HOCHWASSER!".*
WENN ER VIELE TIGER SIEHT. WÜRDE DER
NAME UND MENGE AUSGESPROCHEN, KÖNNTEN
SIE SICH ALSOGLEICH IN NUR WENIGE VER-
WANDELN, UND DIE ECHTE SCHLECHT AUSFALLEN
(→ KUN). - DIE AUS GEBORSTENER HÖHLE
KRABBELNDEN TIERE WERDEN MIT RATTAN-
SCHLÄGEN BETÄUBT. EIN HOLZKNÜPPEL
WÜRDE BALD BRECHEN. - DER PGAN
HÜTET SICH VOR FLEDERMAUSPARASITEN.
EINIGE (TUMÁN) SOLLEN BIS OCHSENGROSS
WERDEN UND AUCH AUF DEN MENSCHEN
LOSGEGEHEN. SIE SIND VON RUNDLICH-FLACHEM LEIB,
VON ROTBRAUNER FÄRBUNG UND RENNEN ÄUSSERST
FLINK NACH KREBSART SEITLICH - BESITZEN (DOCH NUR DREI BEINPAARE.

DIE EHER KAHL ANMUTENDE TANYIT-FLEDERMAUS IST LEICHT
ERKENNBAR AN IHREN TIEFEN HAUTTASCHEN ZWISCHEN LEIB UND
FLÜGEL. IN DIESEN SOLL DIE FLEDERMAUS ER-
BEUTETE GLÜHWÜRMCHEN AUFBEWAHREN -
WOHL EIN MÄRCHEN. - SIE SOLL SICH WEITER
VON PÁ-FRÜCHTEN ERNÄHREN.

1:1

FLÜGELSPANNWEITE: 80cm
1UV. UMGEFÄRBTEN
ZAHNFORMEL: 3 . 1 . 1 . 22 . 1 . 3
               3 . 1 . 1 . 22 . 1 . 3

SCHWANZ-
WOLLE
4cm

* "PJÁ-KU EKA! PJÁ-KU EKA!".

VOM HÖRNCHEN GEGERTE LIANE (LAKÁ SÉWULUI PÜ-AH)

HÄUFIGES BIS ARMDICKES KLETTERGEWÄCHS, IN NIEDERUNG WIE
BERGLAUB. BLÄTTER WECHSELSTÄNDIG, 20-25 cm L, DÜNN, KAHL,
UNTERSEITE MATT GRAU-GRÜN, OBERSEITE MIT SCHWACHEM WACHS-
GLANZ. – JUNGE BLATTSTIELE UND SPROSSE MIT GOLDBRAUNEM
FLAUM. GESCHMACK WÜRZIG, ETWAS CHLORARTIG, SCHARF AUF
ZUNGE. – FRUCHTSTAND GLEICHT DEM DER BANANE. GLÄNZEND
SCHWARZE SAMEN SIND IN ZWEI REIHEN IN SÜSS-GLASIG-
SCHMIEGIGES FRUCHTFLEISCH GEBETTET. –

VERWENDUNG: BELIEBTER DURSTLÖSCHER; DER
PORIG-HOLZIGE STAMMTEIL ENTHÄLT GROSSE
MENGEN FLÜSSIGKEIT, V.A. IN HÄNGENDEN BÖGEN
(◡). NACH KAPPEN EINES ARMLANGEN STÜCKS
TRITT DER SAFT AUS. DIESER GILT AUCH MEDIZINAL
BEI VERGIFTUNG DURCH GENUSS VON GIFTIGEM
LANGUR-AFFEN UND STACHELSCHWEINFLEISCH,
SOWIE NACH VERLETZUNG MIT PFEILGIFT. –
FRÜCHTE ESSBAR, SCHMACKHAFT.
AUS DER RINDENSCHICHT WIRD LUNTE, EIN ZUNDERSTRANG
GEFLOCHTEN (PÉNTATO): EIN LIANENABSCHNITT WIRD
KRÄFTIG GEKLOPFT, BIS SICH DIE RINDENSCHICHT VOM
STAMMTEIL TRENNT, UND WEITER, BIS DIE FÜLL-
SCHICHT SICH VON DEN FASERBÜNDELN TRENNT.
UM DIESE FEINHAARIGEN BÜNDEL WEITER ZU DRE-
HEN ODER VIELEM GESCHÜTTELT UND GEZUPFT. – NACH
TROCKNUNG AUF DEM FEUERGESTELL IST DER ZUNDERSTRANG BEREIT. –
AUS KAPPSTELLEN DER LIANE TRITT INNERT STUNDEN EINE GENÜGENDE FLÜSSIGKEIT. –
"NYEWULUI" BEZEICHNET DIE BEWEGUNG EINES HÖRNCHENS, EINE FRUCHT IN DEN
HÄNDEN DREHEND. DIE ALTEN HATTEN BEI DER NAMENGEBUNG DER LIANE WOHL
EIN HÖRNCHEN BEIM VERZEHR SOLCHER FRÜCHTE BEOBACHTET. –

❦

Labels on drawing:
RINDENARTIGE FÜLLSCHICHT
FASERBÜNDEL
PORIG-HOLZIGER STAMMTEIL, GROSSE MENGEN FLÜSSIG-KEIT SPEICHERND

PÉNTATO
EIN QUARZ-
KRISTALL WIRD
MIT ESSIG GE-
SCHLAGEN, DER
ENTSTEHENDE
FUNKEN WIE
MIT ZUNDER
(ESSUP) AUF-
GEFANGEN.
DIESER WIRD
AUF DEN
ZUNDERSTRANG
GELEGT, DER
SOFORT GLUT
UND AUF
BLÄSERN FEU-
ER FÄNGT. MIT
DEM GLIMM-
DEN STRANG
KONNTE IC
LÄSTIGE SA
FLIEGEN
GENANNT

1 : 1/3

1 : 1/2

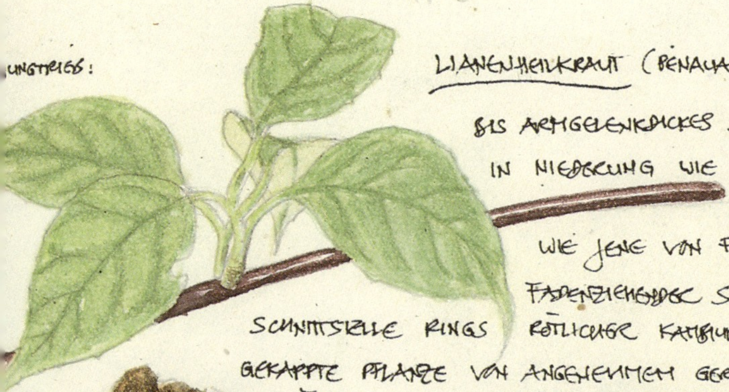

LIANENHEILKRAUT (PENAUAND LAKA)

BIS ARMGELENKDICKES SCHLINGGEWÄCHS
IN NIEDERUNG WIE BERGWÄRTS.
RINDE BORKIG
WIE JENE VON FÖHRE. KLARER
FADENZIEHENDER SCHLEIMSTOFF AUS
SCHNITTSTELLE RINGS RÖTLICHER KAMBIUMSCHICHT TRETEND.
GEKAPPTE PFLANZE VON ANGENEHMEM GERUCH.
BLÄTTER IN WEITEN ABSTÄNDEN WECHSELSTÄNDIG / BÜSCHEL-
STÄNDIG. L ~ 20 cm, BREIT-ELLYPTISCH, ZUGESPITZT, WEICH,
MATT, GANZRANDIG, SPÄRLICH GEWIMPERT. NEBENNERVEN
KAUM SICHTBAR. BLATTUNTERSEITE GRAU-GRÜN, STRUKTUR
PORIG. – JÜNGERE TRIEBE VIOLETT-LILBA, GLÄNZEND. KAMBIUM-
SCHICHT GRÜN, BLÄTTER BIS 32 cm. –
VERWENDUNG: GEWÄRMTE BLÄTTER BEI KOPFSCHMERZ / SCHWEL-
LUNG AUFGELEGT. – MUNDSPÜLUNG MIT SUD VON KAM-
BIUMSCHICHT BEI ZAHNSCHMERZ. – TRINKEN DES LEICHT
SCHARFEN LIANENSAFTES BEI LANGWIERIGEN LEIDEN.
SCHLANGENBISS: SCHABEN, ANFEUCHTEN UND AUSDRÜCKEN
DER KAMBIUMSCHICHT. EINSTREICHEN VON SCHLEIMIGEM
NASS BRINGT KÜHLUNG. – ANTIDOT ZU PFEILGIFT:
DIREKTES KAUEN VON KAMBIUMSCHICHT.
DIE LIANE ENTHÄLT SCHLEIMSTOFFE, SOWIE EIN MENTHOL-
ARTIGES, JEDOCH GERUCHLOSES ÄTHERISCHES ÖL, DAS IM
RACHEN KÜHLT. – DIE GEGEN OSTEN WEISSE WURZEL
SOLL VERMEHRT WIRKSTOFFE ENTHALTEN.

JUNGTRIEB:

BIUM-
CHT

AUSTRETENDER
SCHLEIMSTOFF

~927~

SCHAUKELNDE ORCHIDEE

EPIPHYT, AUF AUSLADENDEM
AST DES UVA-BAUMS ÜBER
FLUSS, IN ~3m HÖHE.
BLÄTTER ~25cm (VON ANWACHS-
STELLE). DICK - LEDERIG,
OS. GLÄNZEND, US MATT.
PFLANZE EINBLÄTTRIG.
LEIS VON FEINWURZEL-
ARTIGEM HETIO UM-
GEBEN.

ÄLTERE BLÄTTER VON
FLECHTEN UND ALGEN BE-
WACHSEN, V.A. AUF OBERSEITE. -
DIE ORCHIDEE BESITZT
EIN EIGENARTIGES ANHÄNG-
SEL. ES IST ZENTRAL IN DER BLÜTE AUF EINEN DORN "GELEGT"
UND SCHAUKELT AUF DIESEM HIN UND HER, ÜBER EINE ÄUSSERST
ELASTISCHE HAUT MIT IHM VERBUNDEN. DA DIE BLÜTEN ÜBER
DER STRÖMUNG DES FLUSSES HÄNGEN, SIND SIE WOHL
ZUMEIST EINEM LUFTZUG AUSGESETZT, SO DASS DIE AN-
HÄNGSEL HIN UND HERWIPPEN. WELCHE BESUCHER
WILL DIE PFLANZE MIT DIESER EINRICHTUNG WOHL
ANLOCKEN? - HÄLT MAN DIE BLÜTEN AUF DEN KOPF,
ERINNERN SIE AN GEHÖRNT - GESCHNÄBELTE FABEL-
WESEN. - STANDORT: BA NGELAH
MÄRZ 89

1:¼
(BLÜTEN ZT.
VERGRÖSSERT 1:⅓)

1:1

SCHAUKELNDES
ANHÄNGSEL

1:1

IN HÖHLUNG BEFINDET
SICH KLEBRIGES
SEKRET

Orchidee

TELLO ABING ♂, 1:9/5

DER KOLIBRI-ARTIGE VOGEL FINDET SICH VOR ALLEM BERGWÄRTS.
DORT TRINKT ER IM RÜTTELFLUG NEKTAR AUS RHODODENDREN-
ARTIGEN BLÜTEN, VON GEWISSEN LIANEN UND VOM BAUM
"LITHI PASENG", TRIFFT SICH SELTENER IN NIEDERUNGEN,
WO ER BLÜHENDE MANIOKPFLANZUNGEN BESUCHT.
KUGELNEST IM MOOS, AUCH SCHÖN UNTER BLATT-
WERK, AUS DEN ZARTEN WEICHHAARIGEN FLUGSAMEN DES
GITA-BAUMS (→ SUKUN ATER TIPUNGAH).

SOLL SICH AUCH VON
KLEINEREN

INSEKTEN
GENÄHREN.
IST DURCH
IMITATION DER
STIMME VON KATE
"SEPOPONG" ANZULOCKEN

"... SEINE FRAU
WAR GESTORBEN
UND WIR DRÄNG-
TEN IHN, UNS
ZU FOLGEN. DA
SAGTE ER: .. JA,
WENN IHR MICH
BITTET, DIE SEELE
WEGZUTRAGEN, WERDE
ICH EUCH EINE WEILE
FOLGEN. DOCH NICHT LAN-
GE WERDE ICH BEI EUCH WEI-
LEN". NACH KAUM FÜNF-SECHS
SIEDLUNGSWECHSELN WAR ER
TOT" NACH ALSIG SEGA, ADANG

"DER SEIT JAHREN "GELÄHMTE" KALO
WAR NAHE AM TOD. AUS SEINEM
WIRR WIE VON PENAKÖH*, UND WIR
DA VERLIESSEN WIR DIE SIEDLUNG UND
ORT IN WEITEM UMKREIS AB. - ALS NACH
EIN SIPPENMITGLIED NACHSCHAUEN GING, HATTE SICH SCHON EIN
BÄR AN DER LEICHE GÜTLICH GETAN."

MUND REDETE ES
FÜRCHTETEN UNS.
GRENZTEN DEN
ZWEI MONDEN

NACH BERENEN NÁ, PATIK

* TRÄUMENDER GEIST

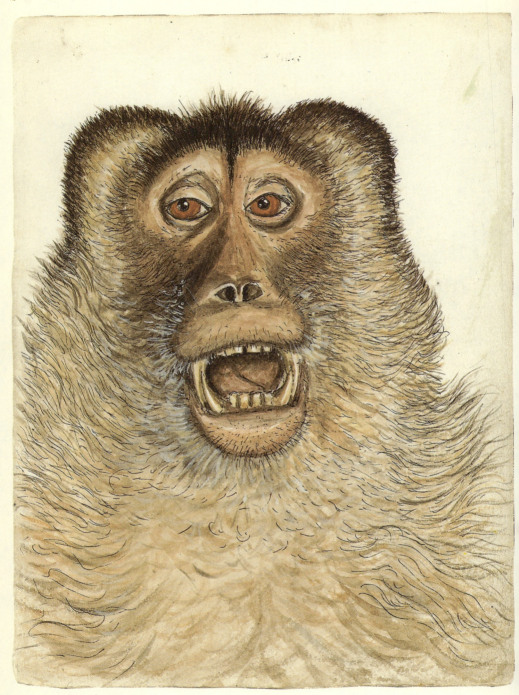

Kurzschwanzmakak (männl.)

Dayak-Völker und Reisanbau

Wanderfeldbau hat die Dayak-Völker Borneos über Jahrhunderte ernährt, zusammen mit Jagd- und Sammelwirtschaft.

Das weise Wirtschaftssystem hält trotz starken Regenfällen bis 5 m/Jahr die Erosion gering: Wälder auf Wasserscheiden bleiben traditionsgemäß unangetastet. Das ausgewählte Gebiet wird kahlgeschlagen und nach einer Trocknungszeit gebrannt. Die Asche dient als Dünger für die Reissaat.

Sofort nach dem Brand werden in gemeinschaftlicher Arbeit die Reiskörner mit dem Setzstock in den warmen Boden ausgesät, ohne die dünne Humuskruste unnötig zu verletzen. Bald bedeckt die Saat das bloßgelegte Land wieder mit einem Vegetationsmantel. Schon drei Wochen später leuchten die Felder grün. Zwei Dutzend verschiedener Reissorten und Zwischenkulturen wie Mais, Maniok, Gurken und Kürbis sorgen für ausgewogene Nahrung.

Nach der Ernte wachsen die Felder zu einem dichten Lianenverhau ein, und innerhalb einiger Jahrzehnte zum lichten Laubmischwald. Verlassenes Kulturland kann nach 100 Jahren vom Laien unmöglich als einstiges Reisfeld erkannt werden; dieser Sekundärwald mit Bäumen bis nahezu 1 Meter Durchmesser unterscheidet sich kaum vom jungfräulichen Dschungel. In der Regel werden genutzte Flächen nach einer Ruheperiode von 10–30 Jahren wiederum gerodet und gebrannt. Wird diese Zeit verkürzt, so sinkt der Ertrag mangels Dünger. Der Bauer ist somit gezwungen, jedes Jahr einen anderen Flecken Land zu roden und zu kultivieren.

Da jeder Stamm innerhalb seines Territoriums lebt und dieses im Turnus bewirtschaftet, werden nur etwa 5% der jährlichen Rodungen in Primärwald durchgeführt.*

Im Verlauf der Jahre verlängerte sich die Distanz von der Siedlung zum Reisfeld, während die aus Holz, Bambus und Blattwerk gebauten Langhäuser im tropischen Klima baufällig wurden. So zog man den Feldern nach und erstellte alle paar Jahre einige Hügel weiter ein neues Langhaus. In diesem Sinn zeigten auch die Reisbauern ursprünglich ein gewisses Nomadentum. Weitere Umsiedlungen in der Vergangenheit wurden durch kriegerische Auseinandersetzungen, Flucht vor Epidemie und in neuerer Zeit durch Anschlußbedürfnis an die Zivilisation oder Zwangsumsiedlung bewirkt, wie bei den Orang Asli, den Ureinwohnern Westmalaysias. Durch feste Bauweise und motorisierte Verkehrsmittel wurden nun die meisten Dayak-Stämme am Ort seßhaft.

* Nach Dr. S. C. Chin (University Malaysia, 1985) bewirtschaftet eine Familie etwa 2 ha/Jahr. Mit 40–50'000 Familien in Sarawak, die Brandrodung betreiben, ergibt dies 80'000–100'000 ha kultiviertes Land pro Jahr, wovon 95% im Turnus wiederbewirtschaftete Sekundärwaldgebiete sind.

Der Naßfeldbau (Padi Sawa), wie er vor allem in Thailand, aber auch da und dort in Borneo praktiziert wird, ist der arbeitsintensiven Brandrodung überlegen. Wenn ein Gebiet mühsam nivelliert ist und Kanäle gezogen sind, kann am selben Fleck Jahr für Jahr mehrmals Reis gepflanzt werden. Dünger wird mit dem Wasser zugefügt, und Unkrautjäten erübrigt sich. Wo im Innern Borneos geeignetes ebenes Gelände und genügend Wasserzufuhr fehlen, bleibt aber Brandrodung *die* Bewirtschaftungsmethode, um den lokalen Reisbedarf zu stillen. Sie kann durch Forschung, Versuche und Hilfe zur Selbsthilfe verbessert werden: Anstatt Felder nach der Ernte sich selbst zu überlassen, könnten sie nach geeigneter Fruchtfolge wie Mais-Reis-Maniok-Bananen-Papaya darauf mit Rambutan, Langsat, Durian und anderen edlen Gewächsen bepflanzt werden. Anstatt in ungefragtes Lianendickicht verwandelten sie sich so in wertvolle Obstbaumgärten. Durch geeignete Konservierung können diese Früchte sowohl der Selbstversorgung wie der Vermarktung dienen. Mit Bienenzucht, der Kultivierung von einheimischem Rattan, dessen traditioneller Verarbeitung am Ort und anderen ökologischen Alternativen, würde die lokale Bevölkerung mehr als aus dem Reisverkauf gewinnen.

Immer wieder wird der traditionell geübte Wanderfeldbau der Urvölker als Hauptzerstörer des Urwaldes zitiert. In Sarawak trifft dies bestimmt nicht zu, solange kein Bevölkerungsdruck herrscht und die Rodungen nur begrenzt geschlagen werden.
Die Brandrodung wird dann zum Schädling, wenn Menschen künstlich in ein Gebiet gepumpt werden wie im indonesischen Teil Borneos (Transmigration-Projekt der Weltbank) oder in Afrika und im Amazonas (Erschließung durch Straßenbau).

Reisanbau und Holzfällerei
Seit das lukrative Geschäft mit Tropenhölzern blüht, wurde der Brandrodungsbau der Dayak-Völker in Verruf gebracht. Lizenzinhaber nennen Millionen Dollar Verlustzahlen, weil sich unter dieser Bewirtschaftungsweise Hölzer in Rauch und Dünger für die Saat verwandeln, anstatt in ihren Konzernen Gewinn abzuwerfen.
Auch die Urbevölkerung West-Malaysias, die Orang Asli, muß als Sündenbock herhalten:

> «Holzreserven im Wert von 22,2 Millionen Ringgit sind im Staate Perak durch Brandrodung der Orang Asli verlorengegangen. Die Verluste können nur eingedämmt werden, indem man die Urbevölkerung in Siedlungen rehabilitiert.» (11)

Je intensiver Holzfällerei und Reisanbau angewendet werden, um so negativer wird ihr Einfluß auf die Umwelt. Auch hier gilt: Die Dosis macht das Gift. Während 40–50 km² Primärwald jährlich von den Urvölkern Sarawaks gerodet werden, gingen 1990 bei einem Export von 18–20 Millionen m³ Holz und einem Einschlag von 38 m³/ha rund 5000 km² Primärwald auf das Konto industrieller Holzfällerei. Bei einem Einschlag von 12,5 Millionen m³ hat die Holzindustrie 1990 immer noch 3289 km² oder 65mal mehr Primärwald verbraucht als Eingeborene für ihre traditionelle Landwirtschaft. Nebst der Dezimierung aller anderen Waldprodukte werden bis zu 40% der Bodenkruste durch die schwere Maschinerie geschädigt, und Erosion erschwert oder verunmöglicht Regeneration. (Nach Prof. Chin, 1990)
Geloggte Gebiete taugen kaum mehr für die Reissaat. Umgekehrt werden zur Zeit Sekundärwälder gebulldozert, wo vor 50–100 Jahren noch Reisfelder standen (z.B. im Ulu Limbang). Ein Merantibaum kann in 60 Jahren etwa 50 cm Stammdurchmesser erreichen.

Landrecht in Sarawak

Nach traditionellem Gesetz (Adat) fällt ein Waldstück mit dem Akt der Rodung in den Besitz des Bauern. Dieser hat die Gottesgabe mit Respekt zu verwalten, damit ihm Glück und gute Ernten beschieden werden. Da genügend Ländereien zur Verfügung standen, respektierten Nachbarn gegenseitige Interessen.

Ähnlich den Gemeindegebieten in der Schweiz und anderen Ländern besitzen alle Dayakstämme und selbst nomadische Penansippen je ihr eigenes Territorium, in dem sie Rechte zur Bewirtschaftung, Jagd und Fischfang innehaben. Die Grenzen verlaufen meist entlang der Wasserscheiden und werden, selbst bei der Ernte von wilden Früchten und Rattan, kaum von Nachbarn überschritten.

Diese traditionellen Land- und Nutzungsrechte (MENOA/Native customary rights) wurden auch noch 1863 vom Brooke-Regime gewährt. Die britische Kolonialregierung aber liebäugelte bei der Machtübernahme mit den reichen Ressourcen des Landesinnern: In Mißachtung des jahrhundertealten, ungeschriebenen Adat-Gesetzes der Ureinwohner erklärte sie 1948 kurzerhand alle Primärwaldgebiete zum Regierungsbesitz. In der Schweiz würde das einer Aufhebung aller Gemeindegrenzen und einer Enteignung aller Gemeindewälder gleichkommen, die Nutzungsrechte würden auf den jeweiligen Bundespräsidenten übergehen.

Um 1958 wurden die Rechte der Ureinwohner Sarawaks vollends beschnitten und jegliche Rodung von einer Regierungsgenehmigung abhängig gemacht. Dieser Akt war lange unwirksam, da viele quellwärts lebende Dayak-Stämme, fernab von Regierungsstellen, ihre Tradition des Reisanbaus beibehielten, nur wenige lesen und schreiben konnten und Ländereien kaum vermessen waren. Nach der importierten Regelung werden diese Dayak nun nach 30 Jahren als Gesetzesbrecher betrachtet, sofern sie keine seit 1958 datierten Dokumente mit Landrechten vorweisen können. Obwohl genügend Land vorhanden ist, sind die Ureinwohner bei Bevölkerungswachstum gezwungen, auf gleichem Boden mehr Menschen zu ernähren. Die Ruheperioden für den Boden werden kürzer, die Erträge sinken, und die Erde wird ausgelaugt.

Die Nomaden vom Stamm der Penan wurden vom Gesetz gänzlich übersehen. Obwohl sie seit Urzeiten gewisse Dschungelgebiete ihr eigen nennen, in denen sie ungestört aus Jagd und Sammelwirtschaft ihr Leben bestritten, wird ihnen kein Recht auf Land eingeräumt, da sie nie vorher Dschungel gerodet haben. Im Gegensatz dazu hat sich die Kolonialherrschaft selbst das Recht gegeben, Boden ihr eigen zu nennen, auf den sie nie selbst Fuß gesetzt hat. Die sarawaksche Regierung hat diese Gesetze übernommen und noch verschärft. Dem Minister ist unumschränkte Macht gegeben: Er kann Heimatgebiete von Eingeborenen ohne deren Konsultation als Nationalpark oder als für industrielle Holzfällerei geschützten Wald («protected forest») erklären (12). Er kann selbst private Kulturlandgebiete nach Belieben als Projektzonen betiteln; erfolgt auf die Ausschreibung in der «Gazette» innerhalb von drei Monaten kein Einspruch, verfällt das Einspracherecht.

Ein alter Dayak stellt fest: *«Das Land gehört den zahllosen Verstorbenen, den wenigen, die jetzt leben und den vielen, die noch geboren werden. Wie denn kann die Regierung behaupten, all dies Land gehöre ihr, wenn Menschen dieses Land bewohnt und gebraucht haben, noch bevor es eine Regierung gab.»* *

Eine Gesetzesrevision ist bitter nötig. Die traditionellen Landrechte der Ureinwohner wurden von schlauen Köpfen im Laufe der Jahre so weit beschnitten, daß heute ganze Sippen ihres angestammten Lebensraumes legal enteignet werden können. Machtlos (wie Vogelkinder ohne Federn) stehen die eingeborenen Bauern und Jäger der Situation gegenüber. Wirtschaftliche Plantagenprojekte im großen Stil und Staudämme sollen reichen Gewinn abwerfen und traditionelles Bauerntum ersetzen. Der Betroffene wird gezwungen, seine Unabhängigkeit dem gepriesenen Fortschritt zu opfern. Er soll sein Heim, seine Erde und seine Tradition gegen das Leben in einer Arbeitersiedlung tauschen. Dort soll er Trinkwasser, medizinische Versorgung und Einkommen finden, mit dem er seine Miete und Nahrung bezahlen kann.

* Nach: «Natives of Sarawak», Evelyne Hong 1987

«Es ist nötig, all die weit übers Land verstreuten Dörfer in naher Zukunft in neuen Wachstumszentren anzusiedeln. Solche Zentren könnten ein reiches Angebot an Arbeitskräften liefern, um die industriellen Bedürfnisse des Staates zu stillen.»

Encik Gramang Juna, Ass. Minister für Landentw. (13)

Die politische Partei der Dayak Sarawaks (PBDS) vertritt in ihrem Manifest die Interessen der Urvölker:
Teilnahme an Landreformprojekten soll freiwillig sein. Kein Land darf einbezogen werden ohne die Zustimmung des Besitzers. (Yu Coo Chin 1987)

Was würde geschehen, wenn dann plötzlich die Preise für Kautschuk, Palmöl*, Kakao, Tee und Pfeffer fielen? Oder wenn die Monokulturen durch Epidemien zerstört würden? Die Regierung schafft mit solch künstlichen Projekten Abhängigkeit, und sie muß Verantwortung übernehmen. Einer Steigerung des Staatseinkommens steht die Entwurzelung ganzer Sippen gegenüber, die gegen ihren Willen ihrer Tradition, ihres Heims und Bodens beraubt werden. Ein Staat von entwurzelten Menschen aber steht auf wackligen Beinen.

Kommunalwald

Alle Dayak-Völker sind außer auf Kulturland auch auf Produkte aus Primärwäldern wie Holz für Haus- und Bootsbau, Wild, Fisch, Früchte und Rattan angewiesen. Jedem Einwohner Sarawaks ist gesetzlich das Recht garantiert, für die Selbstversorgung, nicht aber für Handel und Profit, auf zu Staatsland erklärten Gebieten Holz- und Waldprodukte zu ernten.**

Da diese Ressourcen aber alle drastisch durch den industriellen Holzschlag dezimiert werden, haben einige Dorfschaften Gemeindewald beantragt, um ihren Eigenbedarf decken zu können.

Es herrscht aber die Anweisung, daß

1. keine Dringlichkeit für einen Gemeindewald bestehe, wenn Nationalparks oder zur Holzfällerei bestimmte Gebiete (‹Protected› Forests) in der Nähe sind, und

2. nur bereits geloggte Gebiete zum Gemeindewald erklärt werden sollen. Diese können aber wegen Degradation den Bedarf der lokalen Bevölkerung an Waldprodukten nicht mehr stillen.***

* 1985–86 fielen die Palmölpreise um 32% (28.7.86, People's Mirror)
** Forest ordinance, Sect. 65
*** siehe auch: Jabatan Pembangunan Negeri, 10.10.1987, Impacts of logging

Ein Holzbaron meint:

«…Wie können wir den Leuten erlauben, weiterhin nach ihren Sitten im Wald zu leben, wenn wir das Holz für den ökonomischen Fortschritt des Landes brauchen!» (14)

Und Umweltminister Datuk James Wong argumentiert:

«Gesuche der Eingeborenen für Gemeindewald sind ein Spiel, um selbst Wald zu erhalten und später eigene Holzeinschlagskonzessionen auszustellen. Wenn jedes Langhaus einen Gemeindewald will, können wir geradesogut die Holzfällerei einstellen. Doch ohne das Staatseinkommen aus der Holzfällerei kann Sarawak den Lebensstandard des Volkes nicht verbessern.» (15)

Praktisch alle Gesuche der letzten Jahre wurden abgelehnt, und die bestehenden Kommunalwälder von 303 km^2 (1968) gar auf 52 km^2 (1987) reduziert!* Dies entspricht 0,05 Prozent des für industrielle Holzfällerei freigegebenen Gebiets (8,8 Millionen ha, 1989). Nach dem Forstgesetz kann der Minister jeglichen Kommunalwald durch Bekanntgabe in der Gazette widerrufen. (16)

Bitte

Kurau, Sprecher der Penansippe von Long Kidáh (Seitenfluß des Magóh), stattete dem Second Officer des Districts, David Kallá** in Marudi einen Besuch ab, da ihm ein Geschäftsinhaber den Verkauf von Patronen für sein Gewehr verweigerte, obwohl er den Waffenschein vorwies.

«Du erwartest Hilfe von mir – ja, wie soll ich dir helfen, wenn du nicht meinen Anweisungen folgst? Dann werden meine Vorgesetzten böse, und ich verliere meine Stellung.»

«Ja», entgegnete ihm Kurau, *«wir sind geborene Penan und müssen zusammenhalten. Gerne will ich deinen Anweisungen folgen. Doch soll ich einfach zusehen, wie die Bulldozer unser Land zerstören, das uns tägliche Nahrung spendet? Warum kannst du unser Interesse nicht unterstützen?»*

Der Second Officer blieb ihm die Antwort schuldig. Doch mit der Genehmigung, daß er Patronen für sein Schießeisen beziehen könne, und einem Sack voll gespendeter Altkleider verließ der Eingeborene das Regierungsgebäude.

---

* Logging in Sarawak, INSAN
** David Kallá ist einer der wenigen Penan im Dienst der Regierung. Kurau hatte ihm und der Polizei einst die Führung zu den Nomaden des Magóhflusses verweigert.

„ WO IST UNSRE GUTES LEBEN VON VORHER?
UNSRE SAGOPALMEN UND PFEILGIFTBÄUME SIND
GEBULDOZERT, DER RATTAN IM VERSCHWINDEN. IN FRIEDEN
HABEN WIR WILDSCHWEIN UND LANGURAFFEN GEJAGT.
DOCH NUN, SCHAU DIR DEN FLUSS UND DAS LAND AN! -
ALS WIR ZUERST MIT DER REGIERUNG KONTAKT HATTEN,
WIESEN SIE UNS AN, AM FLUSS SESSHAFT ZU WERDEN:
„DORT KÖNNT IHR EIN BESSERES LEBEN FÜHREN IN EINEM
LANGHAUS ALS IM DSCHUNGEL." DOCH WAS WIR NUN
SEHEN, WAS IST DAS? - WIR WERDEN SCHLECHT BE-
HANDELT. UND WAS WIR AUCH SAGEN, NIEMAND
HÖRT AUF UNS."

                    BILUNG, LONG SANGAN, 1986

Widerstand gegen Holzfällerei

Nachdem sämtliche Bitten von Eingeborenen, Holzfällerei in ihrem Wald einzustellen, bei Companies wie Behörden auf taube Ohren gestoßen sind, entschließen sich einige Sippen, vereint Zufahrtsstraßen zu blockieren. Durch Errichten eines Gatters oder Fällen eines Baumes quer über die Straße sollen der Abtransport geschlagener Stämme und die Zufuhr von Dieselöl für die Bulldozer verhindert werden.

Die Idee, den Lebensraum zu verteidigen, hat Feuer gefangen. Das Dschungelvolk ist nun aufgestanden und verlangt einen Stop der Zerstörung. Mehrere hundert Familien sammeln sich an einem Dutzend Blockaden, die sich vom unteren Baram (Tutoh, Layun, Pata, Magóh) bis an den Ulu Limbang erstrecken. Sie errichten ihre Hütten am Straßenrand, um ihre Barrikaden abwechselnd zu bewachen.

Polizeiaufgebote folgen ihrer Pflicht und kreuzen mehrmals an den Orten der Auseinandersetzung auf. Doch niemand wird festgenommen, und es bleibt bei Mahnungen, keine Gewalt anzuwenden. Glücklicherweise finden sich unter den Amtsmännern Sympathisanten, die das Dschungelvolk in ihrem Tun ermutigen. «…aber sagt niemandem, ich habe das gesagt, sonst werden meine Vorgesetzten böse.»

Die Tageszeitungen strotzen von Schlagzeilen:

«Penans block camps with human chain». (The Star, 22.4.1987)
«Behaving like Pirates. State secretary Datuk Bujang Nor accused natives of taking the law into their own hands by blockading timber camps» (Borneo-Bulletin, 11.4.1987)
«Unique tribe: don't let them vanish for ever». (Borneo-Bulletin, 2.5.1987)
«Timbermen are the real pirates». (Borneo-Bulletin, 30.5.1987)
«Human barricades by tribals stop logging the world's oldest rainforest». (Sarawak-Tribune, 20.6.1987)

Ebenso werde ich als illegaler Ausländer wiederholt zum Sündenbock gemacht, um vom Wesentlichen abzulenken:
daß der Lebensraum der Eingeborenen entgegen all deren Bitten und Protesten zerstört wird. Der Staatssekretär beschimpft blockierende Penan als Piraten und mahnt, sie sollten das Gesetz nicht in die eigene Hand nehmen.
«Andere Menschengruppen könnten letztlich aus den Protesten der Penan Gewinn ziehen», und «unterstützende Organisationen wollten die Penan im

Museumszustand erhalten, um sie in Ruhe studieren zu können», argumentiert ein Regierungssprecher.

Über 4700 Menschen aus 26 Penandörfern und 6 Langhäusern sind an den Protesten beteiligt, die beinahe 8 Monate lang 1600 Holzfäller und 210 Maschinen arbeitslos machen, bis die Blockaden dann mit Polizeigewalt beseitigt werden.
Folgende Aufzeichnungen erzählen vom friedfertigen Kampf der Eingeborenen, der bis heute anhält.

Die ersten großen Blockaden

Anfang April 1987 vereinigt sich die Penanbevölkerung des Limbang-Gebietes zusammen mit einigen Kelabit an der Straßenverzweigung ‹Lamin Lajang›. Sie pflanzen ihre Hütten auf und sperren den Logging-Verkehr. In weißen Lettern leuchtet es von den Schildern:
«Stop for all oil and logging-trucks!»
«We block up to govn'ts reply!»
«Our land is our bank!»
«We can't change life like other tribes.»

Die beiden im Gebiet operierenden Companies bleiben taub für die Forderung, die Arbeit niederzulegen, bis die Situation geklärt sein wird. Sämtliche Besuche von Regierungsvertretern und Polizei beschränken sich auf die Anweisung, einige Dollars ‹Sago fürs Herz› anzunehmen und die Absperrung zu öffnen. Selbst nach zwei Monaten hat sich noch kein einziger der verantwortlichen Zerstörer des Landes herausgetraut. Sie scheinen alle nur darauf zu warten, dass dem besitzlosen, ungebildeten Volk aus Mangel an Nahrung die Kraft ausgeht.

Und geradeso warten die Blockadenmitglieder darauf, dass die Diesel- und Benzinvorräte der Wütenden verebben. Tatsächlich gestaltet sich das Beschaffen von Wildbret und Sago immer mühsamer, nachdem die Gegend leergeschossen ist und die Palmen in der Nähe gefällt sind. Mutter Natur hat während zwei Monden rund 150 Blockadenmitglieder vorwiegend aus Jagd- und Sammelwirtschaft ernährt.

Rauhe Frauen

Vor allem einigen der Frauen, die die Herdstellen hüten und nun auf immer schmälere Kost gesetzt werden, kommt die Sanftheit abhanden. Die Kraßheit der Situation läßt nun die in der Öffentlichkeit stets schweig- und duldsamen Penan-Frauen entgegen aller Tradition aufmucken. Ohne Scheu werfen sie ihre Schimpftiraden den Managern, Regierungsvertretern und Polizisten an den Kopf. Diese sagen:

«Wir wollen nicht mit euch sprechen, ihr habt keinen Verstand und kein Recht!»
«Vielleicht haben wir keinen Verstand, doch einen Bauch haben wir – habt ihr etwa keinen?! Und der gibt uns das Recht! Sooo dick sind eure Ranzen, die ihr euch in unserem Land angefressen habt! Hier! Guckt euch unsere Bäuche an!»

Wütend schmeißen einige der Entrüsteten ihre Sarongs* von sich, setzen sich mit gespreizten Beinen der aufgeblasenen ‹Zuvielisation› gegenüber und einige pissen gar … Verlegen wenden sich die Angesprochenen ab.

Das demonstrative Zeigen des weiblichen Geschlechts scheint unter allen Volksstämmen hier äußerst verpönt und erzeugt sogar unter den Blockadenmitgliedern gemischte Gefühle.

«Ihr denkt wohl, wir seien dumm, unsere ‹Bausis› zu enthüllen? Nein, das hat seinen Sinn! Was sollen wir uns wieder und wieder müde reden, wenn ihr uns doch nicht zuhört?!»

Der Hochmut von Männern der Frau gegenüber kann sich entblößen, wenn sie den Ort erblicken, aus dem wir schließlich alle zum ersten Mal das Licht der Welt erblickt haben. Die Namen der angriffigsten Frauen sind bald bei den Vertretern der Profitgier berüchtigt.

Ale (Eidechse), die energische kleine Frau, hat sich nach der Geburt ihres siebten Kindes sterilisieren lassen und kennt wohl Leiden wie Freuden des Lebens.

---

* Sarong (indonesisch-malays.): Ein meist in Batik-Stil gefärbtes Hüfttuch aus Baumwolle.

Mit theatralischer Gebärde äfft sie den nach, der vor der Polizei Angst hat, wie er, mit eingezogenem Genick, stotternd seinen Sorgen Ausdruck gibt – und den von der Company geschmierten Dorfchef, wie er, mit abgewinkelter Hand und schräg himmelwärts gerichtetem Blick, materialisierte Falschheit, zu seinen Stammesgenossen spricht. Lassen die «Lange Frau Libai» und «Gut» ihrem Verdruß freien Lauf, dann bleibt kein gutes Haar an den Gelästerten.

Roslin, herzensgute Mutter mit lebensfrohen, rehäugigen Kindern, würde sich um keinen Preis vor der Öffentlichkeit entblößen. Doch will sie das Land bis zum Tod verteidigen, und sie wurde schon vom Manager Lau geschlagen, als sie sich ihm einst allein in den Weg stellte und die Durchfahrt verweigerte.

So zeigen einige Vertreterinnen des ‹schwachen Geschlechts› Mut und handeln, wo Männer abseits stehen und zuschauen.

Mausreh

Verwundert las ich die Blockadenplakate in englischer Sprache. Wer sie wohl geschrieben hatte? Die Polizei deutete natürlich sofort auf mich und nahm den Penan ins Kreuzverhör, der die Schriften verfaßt haben wollte. Jugáh Lesu von Long Ballau (Nebenfluss des Magóh) ist einer der wenigen zwei, drei Penan des Gebietes, die fließend englisch sprechen. Er hatte nach der Schule Stellenangebote ausgeschlagen und war in seine Heimatsiedlung zurückgekehrt. In langen Nächten hatte er sich schon alle Antworten zurechtgelegt, die er irgendwann auf gestellte Fragen geben würde.

«Warum blockiert ihr hier?»
«Weil wir unsere Sorgen der Regierung mitteilen wollen.»

«Habt ihr nicht Angst, von uns Polizisten festgenommen zu werden?»

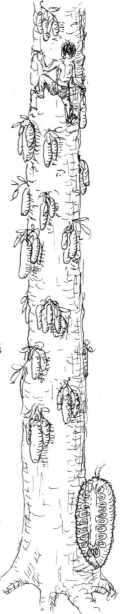

Penanjunge erntet Nakan-Früchte

«Ja, wenn ihr mich als einzelnen verhaften wollt. Doch wir sind hier alle gleich falsch. Warum verhaftet ihr uns nicht alle?»

«Wir werden euch alle festnehmen, bestrafen und ins Gefängnis werfen.»
«So wissen wir jetzt schon, daß ihr Polizisten uns Penan töten wollt, damit sich niemand mehr den Companies in den Weg stellt und diese weiterarbeiten können.»

«Warum ändert ihr Penan nicht euer Leben wie andere Volksstämme?»
«Kannst du einen Fisch vom Meer in einen Bergbach werfen, oder einen Fisch der Quellgewässer ins Meer? Bestimmt sterben sie. Obwohl beide den Namen Fisch tragen, haben sie eine verschiedene Lebensweise. So auch wir Menschen auf der Erde.»

«Warum habt ihr die Company nicht blockiert, als sie erstmals in euer Land drang?»
«Wir sind wie aufrechte Bäume; dann, wenn der Wind sie erreicht, werden sie sich biegen. Wir sind wie ein spärlich fließender Bach; dann, wenn heftiger Regen fällt, verwandelt er sich in einen reißenden Fluß.»

«Wo ist euer Häuptling?»
«Wir sind alle gleiches Herz und eine Seele. Obwohl Frau und Säugling, so sind wir gewiß alle zusammen Häuptling.»

«Wißt ihr, daß dies Land der Regierung ist?»
«Nein, das wissen wir nicht. Dies ist unser Land, weil wir darin leben. Wir streifen hier wochenlang durch den Wald, doch noch nie sind wir dabei der Regierung begegnet.»

«Kennt ihr das Gesetz?»
«Nein, wir kennen das Gesetz nicht, weil niemand kommt und uns lehrt. Wir kennen nur das Gesetz der Makaken und aller Wesen, die im Dschungel leben.»

«Wollt ihr die Holzfäller töten?»
«Wenn wir töten wollten, würden wir nicht hier stehen. Wir blockieren, weil wir friedliche Leute sind.»

«Dies kann nicht euer Land sein, denn ihr habt weder Geburtsschein noch Identitätskarte.»

«Wir Penan leben seit jeher in diesem Land. Auch Affen besitzen keine Identitätskarte, und doch sind sie seit Urzeiten Bewohner des Dschungels.»

«Blockiert ihr hier auf Anweisung des weißen Mannes?»
«Weder auf Geheiß von Menschen noch von unserem Kopf. Je weiter die Company in unser Land dringt, um so leerer unser Magen. Dieser läßt uns aufstehen und einstimmig dem Zerstörungswerk der Holzgesellschaften einen Riegel vorschieben.»

«Pelanok! Du bist wirklich ein Schlaukopf»*, muß sich der Uniformierte mit zwei Streifen auf der Schulter dem jungen Penan gegenüber geschlagen geben.

* Pelanok: Mausreh, nach der Sage das schlauste Tier.

Meeting
Juni 1987. Drei Penanvertreter werden nach Limbang gerufen, um den Ministerpräsidenten bei seinem Besuch zu ehren. Ihre dringenden Sorgen können sie dabei nicht aussprechen, doch dürfen sie sich eine Rede anhören, die sie ermuntert, bei den nächsten Wahlen fleißiger zur Urne zu gehen. Ironischerweise besitzt keiner von ihnen eine Identitätskarte und somit auch kein Stimmrecht.
«Wir bezahlen euch keine zweite Übernachtung im Hotel», erklärt der Resident und schickt sie am nächsten Tag ins Armenhaus.*
Ein Meeting mit D. J. Wong, Umweltminister und Inhaber der LTL-Company (Limbang Trading Limbang) ist angesagt. Dieser verfügt im Ulu Limbang über 300'000 ha Wald, den er kleinholzen läßt. Die Ureinwohner wundern sich, wie der Politiker und Geschäftsmann als Ortsfremder ohne ihr Wissen zu dem Wald gekommen ist. Auf seine Anweisung wurde den Penan von Long Napir eine Baracke aufgestellt, um sie seßhaft zu machen. Weiter erhielt das Dorf neulich eine Wasserleitung, einige Obstbaumsetzlinge und Enten und jede Familie einige Are Land, das ihnen genügend Nahrung spenden würde.
D. J. Wong fordert Along, den Nomaden vom Adangfluß auf, die Blockade zu öffnen. Es bestehe kein Grund zur Sorge. Er werde für die Penan Sagopalmen pflanzen, viele tausend Dollars Entschädigung bezahlen, und das Wild werde wieder in die geloggten Gebiete zurückkehren, sobald die Company abgezogen sein werde.
Along antwortete ihm:
«Wenn du all die Sagopalmen und Meranti-Bäume wieder pflanzen kannst wie der liebe Gott, warum tust du das nicht in deinem Land?
Komm nicht in unseren Wald! Wenn du alle Kaufhäuser von Limbang nach Long Napir versetzen würdest, so wollen wir das nicht! Selbst wenn du einen Sack voll Geld daherschleppst, zehntausend Millionen, so schwer, daß dir die Augen aus dem Kopf treten, so wollen wir das nicht. Deine Dollars? Nein, die Dollars von unserem Land und unseren Flüssen! Wir kamen nicht, um nach Geld oder Gewehren zu fragen. Ich bitte dich einzig, der du von der Regierung bist, unser Land zu bewahren. Wir werden die Blockade erst öffnen, wenn du uns garantierst, mit deinen Bulldozern auf Nimmerwiedersehen abzuziehen. Wir brauchen unser Land!»
«Genug geredet, morgen treffen wir uns wieder», erwiderte der Geschäftsmann und wandte sich ab. Along wollte ihm nachspringen, doch Lejo hielt ihn zurück: *«Laß ihn, er ist beschämt.»* Am nächsten Tag war der Minister wegen dringender Angelegenheiten abgereist.

---

* Lamin Sakai: dort, wo alle armen Reisenden kostenlos ein Dach über dem Kopf erhalten.

Versprechen

Datuk James Wong hatte uns vor vielen Jahren ein Auto versprochen, sobald seine Holzfäller unser Dorf erreichen würden. In der Zwischenzeit habe ich sieben Kinder und elf Enkel, und unser Land ist schon größtenteils zerstört, doch das Auto ist noch nicht angekommen.

Raja Langid (Himmelskönig), Mitte Vierzig, Kelabit von Long Napir

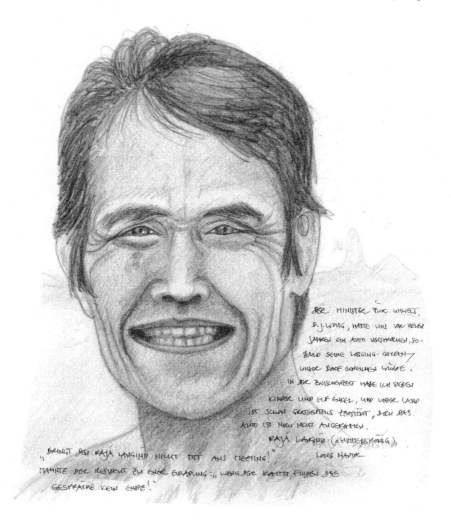

Holzfällerei und Jagd.

Juni 1987. Nun stehen die Bulldozer still. Die Kraftstoffvorräte der WTK-Company sind verbraucht. Einige arbeitslose Holzfäller verlassen ihre Camps und ziehen talwärts. Deren Mehrheit aber hofft auf ein baldiges Ende der Blockade und überbrückt die Zeit der Arbeitslosigkeit mit Streifzügen im Dschungel. Einige finden sogar aus Jagd und Fischerei ein neues Einkommen und verkaufen Hirsch, Wildschwein und Reh an übrige Campbewohner. Der jungfräuliche Magóhfluß birgt paradiesischen Fischreichtum – und dem rücken nun die Iban-Holzfäller – meist versierte Fischer – mit Wurfnetz, Harpune, Fischgift und selbstgebastelten Bomben zu Leibe. Tageserlös bis 200 Ringgit. Mit Wehmut und Ärger sehen die Nomaden zu, wie sogar Sagopalmen auf der Strecke bleiben und die Holzfäller ihnen die Nahrung streitig machen.

Auch die Polizei- und Fieldforce-Aufgebote, die stets um Blockaden herumstreifen, gehen in der Speisekammer der Penan auf die Jagd. Mit Halogenscheinwerfern leuchten sie vom Jeep aus die nächtlichen Straßenböschungen ab. Die Augen des geblendeten Wildes fluoreszieren im Widerschein und bilden einfache Zielscheiben für die tödlichen Kugeln. So beklagt Libai an der Blockade, die Uniformierten hätten in zwei Nächten sechs Hirsche*, zwei Wildschweine und einen Ameisenbären erlegt und sich geweigert, einen Teil der Beute an die Urgemeinschaft zu verteilen.

Die Organisation «Freunde der Erde Malaysias»** veranstaltet ein Meeting (Juni 1987). Zwölf Vertreter verschiedener Volksstämme (Penan, Kelabit, Kayan, Iban) werden nach Kuala Lumpur begleitet. Sie sollen ihre Sorgen bei der Hauptregierung anmelden, da alle Bitten bei den sarawakschen Oberhäuptern auf taube Ohren stoßen. Der Resident von Limbang verbietet dem Gemeindepräsidenten von Long Napir, der Delegation zu folgen, doch dieser stellt sich nun auch taub.

Der Besuch tut seine Wirkung. Nun endlich wird auch die breite Öffentlichkeit über die Geschehnisse in Sarawak informiert.

Höchste Regierungsvertreter hören die Sorgen der Dayak-Völker an und versprechen freundlich Hilfe. Auch bei Nichtbetroffenen entsteht Sympathie für die Ureinwohner Sarawaks.

Den Orang Asli, Ureinwohner Westmalaysias, geschieht allerdings dasselbe

---

* Saftige Lianen versuchen, die aufgerissene, bloßgelegte Erde entlang von Logging-Straßen zu überwuchern. Sie locken, ähnlich den jungen Reisschößlingen, den Hirsch aus der Wildnis in die Nähe der Menschen, was manchem zum Verhängnis wird.
** Sahabat Alam Malaysia (SAM). Harrison Ngau leitete damals das Büro in Marudi und setzte sich überzeugt für die Dayak und ihre Forderungen ein.

Unrecht. Auch sie werden ihres angestammten Landes durch Holzfällerei beraubt, und viele enden als Plantagenarbeiter in Regierungsprojekten (Felcra), ohne jegliches Mitspracherecht. Eine Untersuchung des Sachverhalts würde an den Tag bringen, wo in West-Malaysia die Lizenzinhaber sitzen und das große Geschäft machen.

«Penan-Häuptlinge sagen ja zur Holzfällerei.» (Borneo-Post, 9.7.1987) (17)
Wenige Wochen später reist eine zweite Delegation von sogenannt echten Penanvertretern in die Hauptstadt, um Gegenpropaganda zu machen. Die zwölf Vertreter stammen aus dem Gebiet von Belaga und sind seit Jahrzehnten seßhaft. Sie würden, entgegen der Delegation vom Baram/Limbang, Holzfällerei in ihren Gebieten begrüßen und alle Regierungsprojekte dankbar annehmen.* Der sarawaksche Ministerpräsident schenkt dem willkommenen Besuch ein Motorboot und eine persönliche Spende von 3000 Ringgit.

«Die Penan wollen den Dschungel, nicht Geld.» (Sarawak-Tribune, 22.7.87)
«1 Million jährlich Versprechen an die Penan.» (18)
Das Geld soll aus dem Geschäft mit der Waldabschlachtung abgezwackt werden, um ‹Entwicklungsprojekte› für die Penan zu finanzieren. Staatssekretär Datuk Bujang Nor, der blockierende Penan als Piraten betitelt hatte, wird Vorstand der Kommission. Universitätsprofessoren kritisieren das Versprechen der Regierung und warnen vor solchen Lösungsversuchen. Der Plan werde nicht funktionieren, da er die durch die Holzfällerei entstehenden Probleme nicht beseitige. Die bevormundende Haltung führe zu einem Verlust der Autonomie und Selbstbestimmung der Eingeborenen. (19)

Besuch

Mit M16-Karabinern bewaffnete Field-Force-Männer tauchen in zwölf Jeeps an der Limbangblockade auf. Ein Helikopter brummt und landet. Ihm entsteigt ein hohes Tier, nachdem es eine Nacht bei dem Manager im Logging-Camp verbracht hat, und hält eine Rede (nach einer Tonbandaufnahme aus dem Malaysischen):
*«Ich bin der Polizeichef von Sarawak**, ein guter Mann. Habe nun während einer Woche Penanblockaden besucht und mein Hemd beschmutzt. Habt keine Angst, wir werden nicht auf euch schießen! Wir geben euch einen Ort, der noch*

---

* Die Polizei hatte während der letzten 10 Jahre wiederholt im Belaga-Gebiet eingegriffen, wo Dorfbewohner aktiv gegen Holzfällerei opponierten, was 1990 zu Massenverhaftungen führte.
** Datuk Mohammed Yassin Jaafar

nicht von der Company zerstört ist. Dort bauen wir ein Haus für euch, mit Schule und Spital, die ihr benützen könnt. Weil ihr keine Schule habt, seid ihr arm und könnt nicht Polizeichef wie ich, Doktor oder Pilot werden … Wir verstehen auch eure Sorgen, daß Menschen vom Tal kommen und in euren Gebieten auf die Jagd gehen. Das werden wir verbieten und Gewehre beschlagnahmen. Wenn ihr gut seid, können wir selbst euch ein Gewehr geben. Eure Blockade hier ist ungesetzlich. Ihr habt nicht das Recht, dies zu tun. Bei andern Volksstämmen hätten wir schon lange die Blockade aufgelöst. Doch wir wissen um eure Sorgen, darum sind wir nachsichtig. Wir Polizisten sind gute Männer und hüten nur das Gesetz, das die 48 Männer, die demokratisch von uns gewählt wurden, gemacht haben.*

Die Company macht hier keinen großen Profit; die Hälfte geht an die Regierung. Viele Unkosten für den Kauf von Bulldozern, Wagen und Löhne – es bleibt nicht viel übrig. Vor zwei Jahren sind die Holzpreise gesunken und viele Companies bankrott gegangen. Nun steigen die Preise wieder. 5000m³ geschlagenes Nutzholz liegen hier bereit und können wegen eurer Blockade nicht talwärts befördert werden. Dies ist ein großer Schaden.
Die Company ist bereit, euch 1000 M$ zu zahlen, wenn ihr die Blockade öffnet. Seid ihr einverstanden? Wer ist euer Häuptling?»
«Wir haben keinen Häuptling, sind alle gleich!»
«Das kann nicht sein! Da muß ein Häuptling sein! Wenn ihr nicht öffnet, werde ich die Blockade selbst beseitigen – aber dann erhaltet ihr keinen Cent von der Company! Datuk James Wong sagt euch: ‹Was die Regierung helfen kann, das hilft sie, was sie nicht kann, das hilft sie nicht.› Es gibt kein Penanland, Kelabitland, Ibanland! Dies ist alles Land der Regierung!»
«Wie heißt dieser Bach? Wie heißt dieser Hügel? Wenn das Regierungsland ist, müßt ihr deren Namen wissen.»
«Schweig! Du bist nicht gefragt, wenn die Großen reden!»
Der Polizeichef klopft mit einem Stock auf den Boden.
«Der weiße Mann, Bruno Manser, ist ein falscher Kerl, glaubt ihm nicht! Der ist nicht König. Wenn ihr in sein Land geht, werdet ihr geschlagen! Nun wissen wir um eure Sorgen und helfen. Doch ihr könnt nicht einfach rumhocken, und wir füttern euch! Ihr müßt arbeiten! Die geflohenen Tiere werden wieder zurückkehren …
Ihr Penan versteht nicht zu sprechen! Ihr seid wie kleine Kinder! Sagt nicht einmal Ja – und dann wieder Nein! …»

---

* Kaum einer der Anwesenden hat eine Identitätskarte und somit auch kein Stimmrecht.

114

Noch bevor die heftig diskutierende Menge antworten kann, bedankt sich der Polizeichef, läßt vom Manager das Geld an einen Eingeborenen aushändigen und steigt in den Helikopter.

«Nimm das Geld nicht! Gib's zurück!» Nach einigem Hin und Her wird der Betrag zurückgegeben.

«Eine Regierung, die Leben bringt, hört den Sorgen ihrer Kinder zu; sie haben uns nicht ein einziges Mal Gelegenheit zum Sprechen gegeben, nur selbst geredet!» kommentiert ein Penan später.

«Wenn das wirklich euer Land ist und wir einen von euch töten, dann bringt seinen Leichnam nicht ins Tal, sondern begrabt ihn hier!» doppelt ein anderer nach.

Jagdbann in Ulu Baram, Ulu Limbang

Der Chief-Minister Taib Mahmud beschloß bei einem Staatssicherheitstreffen mit dem Polizeichef Datuk Yassin, daß nur noch ständigen Einwohnern im Ulu Limbang und am Baram die Jagd erlaubt ist. (Borneo-Bulletin, 15.7.1987)

Die Regelung entpuppt sich als Farce, da sich niemand um sie kümmert und bis zum heutigen Tag alle ortsfremden Holzfäller, Manager und Beamte ungehindert weiterhin der Jagd frönen und den Eingeborenen die tägliche Nahrung streitig machen.

Es liegt in der Hand des Chief-Ministers, seinem ausgesprochenen Jagdbann Nachdruck zu verschaffen, mit dem Verbot für Auswärtige, Jagdwaffen und Fischereigeräte mitzuführen und sie gegebenenfalls zu beschlagnahmen.

Versprechen

John Senatan vom Long Ballau erzählt. Der junge Mann Mitte Zwanzig hat Schulbildung genossen und ist Vater eines Kindes.

Am 25. April 1987 starteten wir unsere Blockade in Long Kemawang, um die WTK-Company an der Arbeit zu hindern. Wir hießen die Company, uns ein Haus zu bauen, doch es wurde geantwortet, das würde 28'000 Ringgit kosten, das sei zu teuer.

Am 27. Juni 1987 besuchte der Polizeichef von Sarawak unsere Blockade. Datuk Yassin hieß uns, die Blockade einen Monat lang zu öffnen, damit die Company gefälltes Holz talwärts führen könne. In dieser Zeit würde er in Kuching vorsprechen und sich für unsere Anliegen einsetzen. Er versprach uns ein Waldreservat, ein Haus, Schule, Klinik, Pflanzung, zwei Gewehre, eine Million Dollar jährlich, Projekte. Falls er das nicht klarstellen könne, so dürften wir wiederum die Company blockieren. Da öffneten wir unsere Barrikade und erhielten vom Manager 500 Ringgit.

Als schwerbeladene Trucks die große Limbang-Blockade weiter talwärts erreichen und Durchlaß verlangen, werden sie voll Entrüstung zurückgewiesen. Die Neuigkeit erreicht auch das Nomadendörfchen fernab im Dschungel. Wütend über die scheinbar hoffnungslose Situation, macht Sippenführer Along seinem Ärger Luft und sagt mir:

Drei – vier Wochen würden die Blockaden dauern, hast du einst prophezeit. Nun sind schon drei Monate vergangen, und sie haben uns nicht einmal angehört! Wo bleiben die Briten und all die weißen Männer, die angeblich helfen? Haben sie die Hosen voll, daß während dieser langen Zeit keiner aufgetaucht ist? Fotze! Langsam zweifle ich! Du hast gesagt, schieß nicht! Und wir sind bis jetzt deinen Anweisungen gefolgt. Doch wenn die Company nicht stoppt, gut, wir empfangen die nächsten, die Farbe an die Bäume schmieren mit dem Blasrohr! Ihr alle könnt mich mal, die ihr keinen Mut zeigt und den Geldköder verschlingt! Die paar Dollars reichen ja nicht mal für ein paar Nähnadeln und Angelhaken! Kauft euch von dem Geld ein Auto und ein Flugzeug – und an anderem Ort ein Stück Land, so gut wie das unsere, das die Company zerstört – wenn ihr könnt! Könnt ihr? Steckt euch die Millionen ins Arschloch – nicht genug, um's zu zerreißen! Ich bleibe bei meinem Wort – ich glaube nur ans Land. Und sei es ein Sack voll Geld, ich werde ihn verbrennen! Nein! Ich komme nicht zurück zur Blockade. Wir haben genügend familiäre Sorgen mit Kranken und Sterbenden.

Die Moral der blockierenden Eingeborenen ist bedenklich. Seit Monaten hat sich kaum ein Wildschwein gezeigt, und die nähere Umgebung der Siedlung ist

116

von den rund 30 Familien innert drei Monaten leergeschossen worden. Sago ohne Fleisch bedeutet aber mangelhafte Ernährung.

Der Resident von Limbang bietet Hilfe. Er will die Blockadenmitglieder für die Zeit eines Monats frei verpflegen, sofern die Blockade aufgehoben würde, um geschlagenes Holz talwärts zu führen. Doch der Vorschlag wird abgelehnt. Schon wiederholt sind Penan angeschwindelt worden, und man fürchtet, der Resident werde sein Versprechen wieder nicht halten.

Rodungsverbot

Die meisten der seßhaft gewordenen Penan versäumen wegen der Blockade, neue Reisfelder anzulegen. Sie sind sich bewußt, daß die Companies ohne ihren aktiven Protest weiterwüten werden. Drei von ihnen, die nicht auf Reis und Maniok verzichten wollen, roden ein Stückchen Dschungel in der Nähe der Blockade.

Da erscheint eines Tages der ‹Tuhan Forest›, der Herr des Waldes, ein höherer Beamter des Walddepartements. Der Dschungel bergwärts gehöre der Regierung. Nur das Land entlang der großen Flüsse, meist eingewachsene Reisfelder (Temuda), seien Besitz der Ureinwohner. Nur dort sei es erlaubt zu roden. Auch verbietet er allen in Long Selidung kultivierenden Kelabit von Long Napir, weiter Felder anzulegen. Die Penan werden genötigt, eine Erklärung zu unterschreiben: Sie würden keine neuen Rodungen in Primärwald schlagen. Dafür zeigt sich der Tuhan Forest gnädig und erlaubt, in den frisch gerodeten Gebieten zu pflanzen für diese Saison – jedoch keine langfristigen Kulturen wie Fruchtbäume!

> «Die Regierung kann ihrem Volk nicht sagen, es müsse in Armut bleiben, nur damit die Regenwälder für das Wohl der Erde erhalten bleiben.»
> Datuk Abu Hassan Omar, malaysischer Forst-Minister, in Los Angeles

Klage*

Wie viele Monate blockieren wir nun schon, fordern, daß sie die Zerstörung unseres Landes stoppen – vergeblich? Wir warten auf Antwort der Regierung, doch niemand hört uns zu. Einige Holzfäller haben Sympathie gezeigt und sind ins Tal gezogen. Andere stören immer noch unseren Frieden. Selbst die Polizei geht in unserem Land auf die Jagd. All diese Fremden denken nicht daran, Jagdbeuten mit uns zu teilen, wie es unser Brauch ist. Wie können wir ein gutes Herz zeigen?

* Aus einer Tonbandaufzeichnung

Unsere Familien, Frauen und Kinder sind hungrig. Nahrung zu beschaffen wird schwieriger.

Einige von uns sind vor Jahren in Long Napir seßhaft geworden und pflanzen Reis, auf Geheiß der Regierung. Dieselbe Regierung will uns nun verbieten, Dschungel zu roden, um Reis und Fruchtbäume zu pflanzen. Ist die Regierung verrückt? Woher bekommen wir unsere Nahrung, wenn die Companies unser Land zerstören, wenn nicht aus unseren Feldern? Womit gehen wir auf die Jagd, wenn unsere Pfeilgiftbäume von den Companies gemordet sind und die Regierung den Verkauf von Jagdgewehren an uns verbietet?

Langsam verlieren wir die Geduld. Wenn die Polizei unsere Blockade gewaltsam öffnet, das würde bedeuten, die Regierung glaubt uns nicht – so werde ich zurück in den Dschungel gehen, wütend für immer. Wer weiter den Frieden unseres Landes stört – ich werde ihn bei einer Begegnung als Feind behandeln!

»... UND DAS VERSCHMUTZTE WASSER – TRINKEN SIE ETWA GERNE SCHMUTZIGES WASSER?

DJÁ-AU LAT, LONG NAPIR

«Es sollte den Penan nicht erlaubt sein, rückständig zu bleiben, nur weil Ausländer ihren Lebensstil unverändert halten wollen, um sie als Museumsstücke zu studieren!»
Chiefminister Datuk Patinggi Tan Sri Haji Abdul Taib Mahmud (20)

Der Eingeborene sieht sich zweimal vor den Kopf gestoßen: In seinem von Holzfällern und Bulldozern zerstörten Land findet er als Nomade kaum mehr genügend Nahrung. Wird er aber seßhaft und rodet Dschungel, um eine Kultur anzulegen, drohen ihm Gericht, Buße und Gefängnis. Doch seit den Blockaden erhalten nun die Penan von Long Napir Hilfe: Eine Wasserleitung, Enten, Pfannen, Äxte, Schleifsteine u.a. werden an all jene verteilt, die nicht mehr von Landbewahrung reden. Mit der Gabe von Insektiziden, Kunstdünger und Saatgut* wird der Eingeborene schrittweise in Abhängigkeit geführt.

Gebet

August 1987. LTL- und WTK-Company drohen, gegen einige blockierende Penan und Kelabit gerichtlich vorzugehen, falls sie die Absperrung der Logging-Straße nicht innerhalb von sieben Tagen aufhöben. Doch die Blockierenden bleiben hart. Zehn Tage darauf erscheinen 21 Wagen mit über hundert Leuten am Ort der Auseinandersetzung. Darunter Gemeindepräsidenten und Penghulus von Iban-, Murut- und Kelabitstämmen und viele arbeitslose Holzfäller und Companyvertreter. Der ‹Herr des Waldes› (Tuhan Forest) Dennis Long streckt eine Bibel zum Himmel und ergreift das Wort:

* Viele Felder stehen leer. Das meiste von der Regierung im Tal zur Verfügung gestellte Saatgut war nicht keimfähig – im Gegensatz zum auf Grund und Boden gezogenen traditionellen Saatgut der Kelabit.

«*Laßt uns beten. Lieber Gott, wir sind alle Brüder in deinem Namen. Mach du die Herzen der Penan weich, damit sie die Blockade öffnen, damit sie sich im christlichen Weg nicht verirren ... Amen.*»

Ein Penan antwortet:

«*Ja, Gott, du hast diese Erde gemacht. Doch ist es dein Wille, stehlen zu heißen? Die Company ist in unser Land gefallen, ohne uns zu fragen, ob wir damit einverstanden wären. Wir alle beten. Wenn Dennis lügt und unser Land stehlen will, so wirst du ihn kennen und bestrafen.*»

Auch ein Pfarrer ergreift das Wort und bittet um friedliche Wege, den Konflikt zu lösen. Dennis, Vertreter des Walddepartementes, ergreift wieder das Wort:

«*Dies ist Regierungsland. Ihr habt kein Recht, die Straße zu blockieren. Wir geben euch ein Stück Land hier am Terasafluß, wo ihr Seßhafte wie Nomaden leben könnt.** Hindert die Company nicht an der Arbeit. Sie hilft euch und baut eine Straße, damit ihr einst ein besseres Leben habt.»

«*Nur wenn unsere beiden Kelabit-Mittelsmänner zustimmen, werden wir öffnen, unter der Bedingung, daß keine weiteren Bäume gefällt werden.*»

An diesem Tag zieht die ganze Bande unverrichteter Dinge wieder ab, doch sie erscheint am folgenden in Begleitung von Freund Henry, dem Mittelsmann zu SAM (Freunde der Erde Malaysias). Dieser stimmt entgegen allen Abmachungen zu, und die Blockade wird geöffnet. Die Vereinbarung wird nicht schriftlich festgehalten: Öffnen der Blockade für einen Monat (27.8.–27.9.87), damit gefällte Stämme (5000 m³) ins Tal transportiert werden können. Während dieser Zeit dürfen weder Bäume gefällt noch Straßen und Farbmarkierungen fortgesetzt werden. Am 10. September werde das Kabinettmitglied A. Johari erscheinen und auf Wünsche und Forderungen der Penan eingehen. Bei Nichtbefolgen der Abmachungen könne sofort wieder blockiert werden. Die Companies bezahlen für die Öffnung der Blockade 1000 Ringgit.

Mitten in der Nacht wird Aueng, einer der ältesten Blockadensprecher, aus dem Schlaf geweckt. Polizei hält ihm eine Anklageschrift unter die Nase und fordert ihn auf, seinen Daumen auf das Papier zu drücken. Er und weitere Blockadengenossen werden der kriminellen Handlung bezichtigt, eine Straße abgesperrt zu haben.

Aueng verweigert die Unterschrift, da er zur Zeit um seinen toten Bruder trauert (Ngelumo). Der Polizeichef von Limbang, Jaru S., verlangt, daß die Blockadenhütte am Straßenrand abgerissen wird, nachdem die Absperrung schon beseitigt wurde:

---

* Das bezeichnete Gebiet wurde einst von den Anwohnern als Reservat beantragt, doch von der Regierung verweigert, und ist mittlerweile größtenteils von der Company zerstört worden.

«… damit der Minister bei seinem Besuch Penan mit guten Herzen antrifft. Ich habe die Anweisung zu schießen, falls ihr die Blockade nicht aufgebt, und eure Hütte anzuzünden und wegzuräumen.»*

Der Nomade Pegá erfährt, daß die Polizei davon geredet habe, auf Penan zu schießen. Sternhagelverrückt geht er am nächsten Morgen auf diese zu und spricht zu ihrem Boß:

«Du hast drei Sterne auf der Schulter – ich hab keinen. Warum? Weil ich ein Penan bin und im Dschungel lebe. In meinem Land – nicht in deinem! Wenn du uns angreifst, anstatt uns zu helfen, warum trägst du Sterne auf deiner Schulter? Gib mir dein Hemd, ich verbrenne es! Ich glaube dir nicht! Warum trägst du ein Gewehr? Ich höre, ihr wollt uns erschießen. Na schieß!» Pegá breitet seine Arme aus. *«Bist du nicht verlegen? Du, Polizist, drei Sterne hast du – wieviele Leben? Der Schöpfer hat uns Leben gegeben, mir eines und dir eines. Der Schöpfer hat die Erde gemacht, nicht du! Wenn du schießen willst, so schieß! Doch was wird später mit dir sein?»*

Der angeredete Uniformierte geht auf Pegá zu, will ihm freundschaftlich den Arm auf die Schulter legen – doch Pegá wendet sich wütend ab.

«Oh, sei nicht böse mit mir, ich bitte um Entschuldigung. Wir kommen nicht mit bösen Absichten hierher. Ich bin nur wie ein Hund und folge den Anweisungen meiner Vorgesetzten. Wird die Blockade total geöffnet, so werde ich satt sein, ansonsten hungrig. Wir geben euch zwei Tage Zeit, die Hütte zu entfernen.»

«Wir Penan blockieren hier, weil wir friedliche Leute sind. Wieviele Bulldozer sind bis jetzt in Flammen aufgegangen? Wievielen Companymitgliedern haben wir Schaden zugefügt? Noch niemandem haben wir ein Haar gekrümmt! Doch wenn bis am Ende niemand auf uns hört, werden wir zurück in den Dschungel gehen und Ruhestörer mit Blasrohr und Giftpfeil vertreiben!»

Nachdem die Polizei abgezogen ist, beseitigen einige eingeschüchterte Penan selbst ihre Blockadenhütten.

Zehn Tage danach

Motorsägen heulen auf. Schwerbeladene Lastzüge rattern durch die Gegend. Stämme poltern beim Umladen. Caterpillars haben ihr Zerstörungswerk wieder aufgenommen und treiben ihre Wühlgänge weiter in den jungfräulichen Dschun-

---

* Laut Ngitun sagte er: «… Was wollt ihr? Selbst wenn ihr euch mit 20 Blasrohren bewaffnet in den Weg stellt, wenn wir unsere M-16 spielen lassen, seid ihr schon alle in einer Minute umgefallen. Wenn das ganze malaysische Militär hier aufkreuzt, wo seid ihr dann? Wieviele seid ihr schon? Ihr habt keine Chance … Doch folge ich nicht dem Befehl, denn ich bin ein guter Mensch und will euch helfen. In alten Zeiten hab ich selbst den Lendenschurz getragen und war wie ihr …»

gel. Die WTK-Company hat ihr Versprechen nicht gehalten, sondern neue Kraftstoffvorräte und Maschinenbesatzungen in die Quellgebiete geschickt.

Unsere Herzen sind wie Pfannen über heißem Feuer, in denen das Wasser wallt und brodelt.
Sind wir Makaken? Du gibst ihnen zusammengekratzte, schlechte Sagospeise, und sie sind fröhlich. Geld ist wie leere Fruchtschalen, wie Vogelfedern, wie Wind.
Wir müssen mit allen Sippen einherzig zusammenstehen und einander die Hand halten, damit keiner von uns sich verirrt und ins Dunkel fällt.

Mein Herz wallt wegen der blödsinnigen Auflösung der Blockade. Waren all unsere Bemühungen umsonst? Die Companies waren nahezu bereit, für die Auslösung des geschlagenen Holzes eine Summe von 80'000 Ringgit an die Einwohner des Landes zu bezahlen. Auch bei Wiederaufnahme der Blockade. Nun wird es wohl zwei bis drei weitere Monate dauern, bis den Maschinen erneut der Kraftstoff ausgeht.

Die japanische Stiftung «JICA»* gewährt beinahe zinslose Darlehen für Ent-

---

* JICA: Japan International Cooperation Agency

wicklungsprojekte in Ländern, die während des Zweiten Weltkrieges von Japan besetzt worden waren – als Wiedergutmachung. So hatte sie Straßen- und Brük-kenbau von Limbang nach Long Napir finanziert. Yoichi Kuroda, Vertreter der Organisation JATAN* hat vom Rummel im Penanland gehört und zweifelt, ob die Straße den Einwohnern wirklich Hilfe bringt – warum sonst würde sie von diesen blockiert?**

13. September.
Die Penan nehmen die Blockade wieder auf. Lastzüge mit frisch geschlagenen Stämmen wollen passieren. Wütend hält Pegá nasse Ranga-Rinde hin und knallt sie auf den Boden. Die Absperrung soll diesmal total sein und jeglichen Verkehr unterbinden.

Tacem Sinouai
«Wir müssen uns alle vereinigen, wie die Zutaten der großen Pfeilgiftmischung. Sind diese aufeinander abgestimmt, so wirkt das Gift absolut tödlich. Ist von einer Zutat zu viel (Petugun), so bekämpfen die Zutaten einander, und das Gift wird unwirksam.					T.K. Lejo, Long Napir

15. Oktober 1987
Blockadenmitglieder wurden von der WTK-Company und jener des Umwelt-ministers der kriminellen Handlung bezichtigt, eine öffentliche Straße abge-sperrt zu haben, und sind an den Gerichtshof nach Limbang zitiert.
«Was sollen wir der Einladung Folge leisten? In Limbang sind wir Fremde – unser Land ist hier!»
Kläger wie Behörden verweigern Hilfe für Transport und Verpflegung der An-geklagten.
Ein Stamm wird in den Weg gerollt:
«Wenn du uns nicht mitnimmst, so sollst auch du hierbleiben oder mit uns zu Fuß gehen», fordern Blockierende den zur Verhandlung reisenden Manager

---

* JATAN: Japan Tropical Action Network
** Der Inhaber dieser Straße ist LTL-Co. (Umweltminister Wong). Die Konkurrenz WTK muß jener für die Benützung monatlich 30'000 Ringgit bezahlen. LTL-Co. sollte beweisen, daß die Stra-ße dem Wohl der Bevölkerung diente.
Als Gründe für deren Konstruktion waren der Bau einer Schule und medizinische Hilfe für Long Napir angegeben. Eine Schule bestand aber schon viele Jahre vor dem Straßenbau, und anstatt die medizinische Hilfe zu verbessern, wurde der offizielle Ein-Mann-Dienst ganz aufgehoben. Als bekannt wurde, daß die japanische Handelsfirma C.Itoh Gewinnanteile aus der Holzfällerei von LTL-Co. innehatte, flog der Korruptions-Skandal auf.

auf. Doch dieser läßt den Stamm mit Motorenkraft und Drahtseil beiseite schleifen und geht seines Weges.

«Hätten wir ihm die Luft abgelassen ...»

Die Verhandlung wird in englisch geführt, Tonbandgeräte werden konfisziert. Nach zwei Tagen, noch bevor ein angeklagter Penan zu Wort gekommen ist, wird die Sitzung vertagt. Auch nach der zweiten Vertagung sind erst drei der 17 Angeklagten zu Wort gekommen.

Die Verpflegung der weither gereisten Besitzlosen wird aus öffentlichen Spenden von Sympathisanten bestritten.

Erste Verhaftungen

29.10.1987

42 Bewohner des Kayan-Dorfes Uma Bawang werden festgenommen und 14 Tage inhaftiert. Sie haben wie die Penan Bulldozer daran gehindert, weiterhin Breschen durch ihre Reisfelder, Kulturland und umliegende Wälder zu schlagen. Die Behörden wollen damit den Funken im Keim ersticken, bevor weitere Mitglieder der 220'000 Jäger und Bauern vom Stamm der Iban, Kenyáh, Kayan, Kelabit und Murut aufstehen und auf ihre traditionellen Landrechte pochen.

> «Die Eingeborenen glauben, der Wald um sie gehöre ihnen. Doch niemand kann Rechte auf ein Gebiet beanspruchen, weder auf Primärwald noch geloggten Wald, sofern er nicht eine Lizenz von der Regierung erhalten hat.»
> Staatssekretär Bujang Nor (21)

Verhaftungswelle

Das malaysische Parlament hatte einst mit 93 zu 26 Stimmen den Internal Security Act (ISA) verabschiedet; nach diesem Notstandsgesetz kann jeder, der als Gefahr für die Sicherheit des Staates erklärt wird, bis zu zwei Jahren ohne Untersuchung und Gerichtsverhandlung inhaftiert werden. Nur der Innenminister für interne Angelegenheiten, als Kläger und Richter in einer Person, kann einen auf diese Weise Verhafteten auf freien Fuß setzen, nicht aber der Gerichtshof. Der Präsident des Gerichtsrates kommentierte:

> «Die Zuständigkeit des Gerichtshofes, einen Verhafteten vor ungesetzlicher Verhaftung zu schützen, wird damit aufgehoben. Es gibt keine Kontrolle mehr über den Mißbrauch der Gewalt durch die Exekutive. Die Aufhebung des Gerichts mit der Begründung, daß die Exekutive der beste Richter sei, über nationale Sicherheit zu entscheiden, kann weder legal noch moralisch gerechtfertigt werden.»

Am 30. Oktober 1987 werden in Malaysia 88 Personen unter «ISA» verhaftet. Die Zahl steigt in wenigen Tagen auf 106. Darunter ist auch Harrison Ngau, der Vertreter der Freunde der Erde (SAM) in Sarawak, der sich vehement für die Dayak-Völker Sarawaks und für ihre Landrechte einsetzt. Die Anwendung des ISA-Gesetzes beschränkt sich damit nicht nur auf unangenehme Politiker der Opposition, sondern auch auf Menschen, die im sozialen und im Umweltschutzbereich tätig sind. SAM kommt wegen ihrer ‹Kampagnen gegen das Gute, was die Regierung für ihr Volk tut› unter scharfen Beschuß.

Erfolg

7. November. Nach der zweiten Vertagung verliert die klagende WTK-Company den Prozeß, und die angeklagten Eingeborenen werden freigesprochen, noch bevor sie alle zu Wort gekommen sind. Es war ein Kampf zwischen Advokaten, in englischer Sprache, dessen Inhalt kaum einer der Anwesenden verstehen konnte. Die von japanischen Entwicklungshilfe-Geldern finanzierte Straße wird nicht als öffentliche, sondern als private taxiert. In der Eile vergißt man ganz, dem Kläger die Unkosten zu belasten.

Die WTK-Company offeriert dem Blockadensprecher an ruhigem Ort 30'000 Ringgit, wenn er sein Volk dazu überrede, der Company die Weiterarbeit gegen 2 Ringgit Profitbeteiligung pro m^3 Holz zu erlauben. Er lehnt ab.

Abtrünnig

Manager Lau erscheint eines Tages mit vier jungen Penan an der Blockade. Ohne jeden Kommentar wird ein Drahtseil an der Absperrung befestigt und mit Motorkraft gezogen, Rattanverknüpfungen werden mit dem Buschmesser gekappt, Pfähle ausgezogen und weggeschmissen. Fassungslos sehen die Blockadengenossen zu. Der Manager drückt 2000 Ringgit in Ditas Hand und heißt die Anwesenden zu unterschreiben – doch nur dessen Verbündete folgen der Anweisung und verlassen schnurstracks den Ort.

Nach großer Entrüstung und kurzem Meeting stellen die Anwesenden die Absperrung wieder auf. Da kommt der Manager wieder. Er nimmt den Blockadenältesten zur Seite: «Wenn du öffnest, geb ich dir 500 Ringgit! ... nur dir!» Aueng lehnt ab.

Gestürmte Barrikaden

Während acht langen Monaten haben Ureinwohner darauf gewartet, von der Verwaltung angehört und unterstützt zu werden. Vergeblich? Die Behörden lehnten von Beginn der Auseinandersetzung bis zum heutigen Tag jeglichen Dialog mit Eingeborenen ab. Bewaffnete Polizei und Field-Force-Aufgebote wurden im Krisengebiet stationiert und beseitigten am 1. November 1987 die meisten bestehenden Blockaden. Nur dort, wo die Companies gegen Blockierende gerichtlich vorgegangen sind, kann die Polizei nicht einschreiten, solange die Verhandlungen laufen.

Geneng berichtet von der Limbangblockade:
Einige Wagen voll bewaffneter Polizisten tauchten in Gesellschaft des Managers an unserem Ort auf. Die meisten von uns waren unterwegs auf Jagd oder bei der Sagobearbeitung oder hatten die Gegend aus Furcht vor drohenden Auseinandersetzungen geflohen. Hilflos standen wir dabei und mußten zusehen, wie unsere Blockadenhütte demontiert und beseitigt wurde. «Wir folgen nicht unserem eigenen Herzen, wenn wir das tun. Wir führen nur den Befehl unserer Vorgesetzten aus, sonst werden diese wütend auf uns», entschuldigte sich ein Polizist. Darauf quartierten sich die Uniformierten im nahegelegenen Holzfällercamp ein. Zwei Tage darauf kamen sie wieder, schütteten einige Kanister Diesel über die demontierte Blockade und steckten sie in Brand. Dabei richteten aufgestellte Wachen ihre Gewehrläufe gegen uns. Libai warf wütend ihren Rock von sich und pißte demonstrativ auf den Weg.

Ein Eingeborener klagt:
Wir haben getan, was wir konnten, um die Behörden auf unsere Probleme aufmerksam zu machen. Wir haben Briefe geschrieben, Petitionen gesandt und lokale Behörden getroffen, aber alle haben taube Ohren für unsere mißliche Lage gezeigt. Doch wenn wir versuchen, die Zerstörung unseres Landes zu stoppen, wird uns mit Gewalt geantwortet. Welches Verbrechen haben wir getan, daß die Regierung uns so behandelt?
Borneo-Bulletin, 8.8.87: «Misery, as police tears down blockades.»

Befriedigt stellen die Behörden fest, daß das Geschäft der Holzgesellschaften wieder laufe wie gewohnt. Sämtliche Companies fahren mit schwerem Geschütz und Öltanks zurück in die Quellgebiete. Doch unter der Oberfläche ist alles andere als Friede. Die moderne Welt mit ihrem Glauben ans Geld, mit Einschüchterung und Korruption, spaltet Völker und läßt Kulturen zerbröckeln. Einige der wenigen Mutigen, die klar verweigern, den Haken mit magerem Köder zu verschlucken, rufen nach Gewehren und Kampf. Die Mehrheit aber bleibt scheu und furchtsam.

Enttäuschungen, Hoffnungen, neue Kämpfe

Raja Jemale berichtet von Long Palo (Layun). In der Stimme des muskulösen Dorfsprechers, Ende Dreißig, spiegeln sich Traurigkeit, Anklage und Verzweiflung:

Ich war nach Miri zum D.O.* gegangen, um Hilfe gegen die unser Land zerstörenden Companies zu erbitten. Er solle die Holzfäller zurückrufen. Dies sei nicht möglich, war seine Antwort. Da ging ich zum Residenten: «Laßt die Company arbeiten, bis sie alles Nutzholz geschlagen hat», entgegnete dieser. Da war mein Herz schwer.

Ich suchte den Inhaber und Manager der Company auf. Doch dieser drohte mit der Polizei, falls wir ihm unser Land verbieten. «Warum willst du die Polizei rufen? Haben wir Menschen getötet oder verletzt? Wir diskutieren nur mit guter Sitte und verlangen ein Meeting.»

Da niemand auf uns hörte, blockierten wir die Straße. Sieben Wagen voll bewaffneter Polizei tauchten auf, und ein Hubschrauber landete. Der Polizeichef verlangte von uns, die Blockade zu öffnen, um gefälltes Holz talwärts führen zu können: «Wenn die Company später nicht auf euch hört, seid ihr nicht im Unrecht und könnt wieder blockieren.» Da waren wir einverstanden und unterzeichneten mit dem Residenten eine Karte unseres verlangten Waldreservats.

Als dann aber die Company später entgegen unserer Abmachung neue Bäume fällte, errichteten wir entrüstet eine Blockade. Und wiederum kam Polizei. «Wollt ihr die Regierung, große Menschen bekriegen?!»

«Wir verteidigen unser Land. Hier, die Karte unseres Waldreservats. Nun ist es beinahe zerstört. Deshalb verbieten wir der Company weiterzuarbeiten, denn sie gibt uns nicht unsere tägliche Nahrung. Wo ist unser Unrecht? Wenn ihr von der Regierung seid, warum helft ihr uns nicht und bewahrt unser Land, das uns Leben gibt? Warum zerstört ihr unsere Sagopalmen und Fruchtbäume, und all das, was wir zum täglichen Leben brauchen? Wenn ihr so handelt: Ihr von der Regierung bekriegt und bestehlt uns in Wirklichkeit! Wir selbst sind friedfertige Leute und diskutieren mit guter Sitte.»

Doch die Polizei ballerte nur mit ihren Karabinern in der Gegend herum, um uns einzuschüchtern und drohte, uns festzunehmen, falls wir unser Land bewahren wollten. Darauf öffnete sie unsere Blockade.

Wir hatten die Grabstätte meiner Eltern markiert. Doch die Holzfäller hörten nicht auf uns und drangen in das abgegrenzte Gebiet – jauchzend. Darauf

---

* D.O.: District Officer

«Dja-au Lat» (der große Pfeilhintern). Sein altes Blasrohr hat einen ungewöhnlich großen Lauf, dem sich der Pfeilhintern anpasst. Am Hals von Dja-au Lat baumelt eine besonders lange, gebogene Bärenkralle als Amulett (Tareng). Seine einzige Bekleidung bildet ein um die Lenden gewickeltes Stück Tuch. Die Mundwinkel des Wortkargen zeigen meist abwärts, vor allem wenn er schläft. Die Kinder heißen mich wieder und wieder, seinen grimmigen Gesichtsausdruck nachzuäffen.

beschuldigten sie uns der Lüge: «Wir bulldozern die Erde, doch nirgends haben wir Knochen gefunden!»
«Warum sollte ich falsch sein? Wo ist mein Vater? Im Wald. Wenn mein Vater noch lebt, kannst du sagen, wir lügen!»
Dies macht unser Herz krank. Der tote Vater bewegt sich nicht, und meine tote Mutter kann nicht rufen ...

Bedrohung
Der Manager Miong kam mit der Polizei: «Hier sind meine Soldaten! Wo habt ihr Penan Polizei, auf die ihr hofft? Na – zeigt sie uns!» Da aber alle Polizisten Gewehre trugen, verstreuten wir uns, damit wir nicht alle getötet würden, falls sie schießen ...!! Tamen Ipin*

... Wir fürchten uns. Einige Mitglieder der Company, Iban, verstehen sich auf Beliau (Schwarze Magie). Viele der Holzfäller machen uns das Leben schwer. Eines Abends, als ich von der Jagd heimkehrte, stand unser Haus leer. Alle Frauen und Kinder waren in den Wald geflüchtet, nachdem sie von Mitgliedern der Company mit der Fischharpune geängstigt worden waren.
Solche Ereignisse hindern uns, mutig zu verteidigen.
Eines Tages begegneten wir Beret** tot am Weg. Sie sagten: Autounfall. Doch es war in ebenem Gelände; der Wagen stand unbeschädigt und aufrecht am Weg. Beret war mit einem Tuch zugedeckt. Als wir seinen Körper nach Verletzungen absuchen wollten, wurde uns das nicht erlaubt. Auch unter uns Penan gibt es schlechte Leute. Wie das Dorfoberhaupt von Long Kevok; er hat sich mit der Company angefreundet und bekommt Geld. Hunderte von Fruchtbäumen, Sagopalmen und Grabstätten sind nun schon zerstört. Dies ist der Beweis, daß sich die Company im Weg verirrt hat und falsch ist. Längst ist sie satt – warum wütet sie weiter? Nun baut sie eine Brücke gleich neben unserm Haus. Bald können wir kein Land mehr sehen, an dem sich unser Herz freut.
Tamen Rene

Niaru Beti, ein junger, lediger Penan, berichtet von Long Iman:
Nach mündlichem Versprechen des Polizeichefs von Sarawak, uns Hilfe zu geben betreffs unserm verlangten Reservat, hoben wir im Juli 1987 selbst unsere Blockade auf. Als dann aber später die Company unsere Forderungen weiter

---

* Tamen Ipin (Penan: der Vater Ipins): Eltern werden auf diese Weise mit dem Namen ihres erstgeborenen Kindes angesprochen. (Tinen Ipin: die Mutter Ipins)
** Penan von Long Kaua.

mißachtete, sperrten wir wieder. Polizei kam und beseitigte unsere Absperrung:
«Ihr seid falsch!»
«Tut uns leid», antworteten wir, «an fremdem Ort wären wir falsch, in unserem eigenen Land hier, wo ist unser Unrecht?»
«Nein, nur weil ich euch helfe, nehme ich euch nicht fest. Falls ihr die Company wieder stoppen wollt, werde ich euch ohne Kommentar verhaften! Im Gefängnis ist's nicht gut. Denkt an eure Frauen und Kinder! Wer wird für sie sorgen? – Wie sind eure Namen?»
Nachdem er alle notiert hatte, fragten wir ihn nach seinem Namen. «Den braucht ihr nicht zu wissen!»
«Warum fragst du nach unseren Namen, wenn du den deinen nicht bekanntgibst?»
Der Polizeifunktionär entfernte sich, die Antwort blieb er schuldig.

Ngau Luing und Uan Sopé berichten von Long Kevok:
Wir blockieren, weil die Regierung behauptet, wir hätten kein Recht in unserem eigenen Land. Warum sollten wir kein Recht haben, da wir seit Urzeiten hier leben? – Wir verlangen Schadenersatz für zerstörtes Land und daß die Companies die Arbeit einstellen und abziehen. Daß unsere Sagopalmen, Frucht- und Pfeilgiftbäume gefällt sind, daß die Wildschweine verschwunden sind – das fürchten wir. Regierungsvertreter und Companies verlangten, daß wir unsere Blockade ohne jegliches Meeting oder Zugeständnis öffnen. So öffneten wir auf Anweisung des Residenten von Miri für 14 Tage. In dieser Zeit werde er nach Kuching gehen und unsere Anliegen vorbringen. Da er aber nach der abgemachten Zeit nichts von sich hören ließ, sperrten wir den Abtransport weiterer Stämme.
«Wir werden euch eine Million Dollar geben und ein Haus mit elektrischem Licht bauen», wurde uns versprochen. Doch wenn unser Land der Preis ist, stimmen wir nicht zu. Ein leeres Haus ohne Nahrung nützt uns nichts! Polizei kam und drohte, unsere Blockade zu beseitigen.
«Öffnet nicht, wir warten auf ein Gespräch mit der Regierung», baten wir. Doch die Polizei entgegnete, sie könne nicht warten. Sie habe den Auftrag zu öffnen – und schaffte unsere Absperrung aus dem Weg.
Darauf errichteten wir wiederum eine Blockade. Doch das Spiel ging im gleichen Stil weiter, drei bis vier Male. Da blockierten Kayan von Long Bedian uns Penan; sie verboten uns, auf der Straße oder in ihren Booten talwärts nach Marudi zu reisen, und verweigerten uns die Behandlung in der öffentlichen medizinischen Klinik in ihrem Dorf.
«Warum straft ihr uns so?» fragten wir sie, «wir blockieren nicht euch, sondern

die Company, die unser Land zerstört.» Aber sie hörten nicht auf unsere Stimmen. Viele von ihnen sind wütend auf uns, da sie in den vergangenen Jahren Arbeit in der Holzfällerei gefunden haben, nun aber wegen unserer Proteste wieder arbeitslos geworden sind. Auch beziehen sie von den Companies Kommissionen, die sie allerdings mit uns – den wirklich Betroffenen – nicht teilen.

So starb eines unserer Kinder, das nicht verarztet werden konnte. Kayan von Long Bedian greifen uns im Auftrag der chinesischen Arbeitgeber wie Supui, Manager Mikong von Sam-Ling-Company an. Meine Frau wurde geschlagen, ihr Hemd zerrissen. Sie wurde im Spital Marudi behandelt. Ich klagte bei der Polizei im Layun-Camp sowie in Marudi, doch erhielt ich nur die Antwort, daß sie nicht zuständig wären.

Brennende Brücken

Tama Bá-un, der Dorfsprecher von Long Leng, Layun, weist ungestüme Jugendliche gütig auf unachtsam mit dem Buschmesser gekappte wilde Fruchtbaumtriebe hin. Der gut 50jährige Mann erzählt von der gemeinsamen Blockade mit seinen Nachbarn:

Der Polizeihauptmann, ein Iban von Miri, hieß den Kayan-Truckführer unsere Barrikade mit seinem Fahrzeug zu durchbrechen.

«Oh, dann gibt es Tote!»

«Nein, nur vorwärts!»

Da griffen die Lastwagenfahrer unsere Blockade an, daß wir zur Seite springen mußten. Eine Frau wurde dabei verletzt. Da verloren einige von uns ihr langes Herz, und sechs Brücken gingen in Flammen auf. Darauf kam die Polizei und verhaftete sieben von uns, darunter einen 12jährigen Jungen. Sie hießen uns, uns gegenseitig zu schlagen. Mein Sohn wurde nackt ausgezogen. Der Holzfäller Kajan wurde handgreiflich gegen einen von uns. Darauf brachte man uns nach Miri zum Verhör! Als man die Handschellen von meinen Armen entfernen wollte, bat ich, diesen zusätzlichen Schmuck weiterhin tragen zu dürfen.

«Auf dein Geheiß sind die Brücken verbrannt worden?» deutete man auf mich.

«Nein, auf Geheiß des Polizeihauptmanns selbst! Denn er hatte es so angeordnet, da er unsere Blockade angegriffen hat.»

«Wenn ihr gesteht, im Unrecht zu sein, setzen wir euch morgen auf freien Fuß. Wenn nicht, behalten wir euch sieben Wochen im Gefängnis!»

Da gestanden die eingeschüchterten jungen Burschen und unterschrieben – doch ich antwortete: «Selbst ein Jahr im Gefängnis, das liebe ich. Niemals werde ich zustimmen, im Unrecht zu sein! Mein Land ist von der Company zerstört, während ich niemandem ein Haar gekrümmt habe.»

„ALL UNSERE SCHWIERIGKEITEN
SIND VON DER REGIERUNG SELBST VER-
URSACHT. - FRÜHER HABEN WIR IN FRIEDEN
GELEBT UND WAREN NICHT ARM WIE JETZT... "
TAMA BÂ-UN , LONG LENG. LATUN

Darauf wurden wir belehrt, daß die Protokolle der Einzelverhöre nicht rechts-
gültig seien, doch unser Wort während der Verhandlung gelte. So widerriefen
die Penanjungen, und wenige Tage später waren wir auf freiem Fuß.
Ich ging in Marudi auf den Polizeiposten: «Ihr unterstützt reiche Menschen, die
Besitzer von Companies! Ihr habt mich armen Mann in die Stadt gebracht, wer
bringt mich zurück?»
Da wurde mir zuerst das Reisegeld verweigert, und erst nach langem Hin und
Her erhielt ich einige Dollars für das Bootsticket.
Seit die Blockaden geöffnet wurden, hat die Company beinahe unseren gesam-
ten Lebensraum erschlossen. Fünf unserer Maniokfelder wurden in den vergan-
genen Monaten verwüstet. So handeln sie gegen uns wie Kommunisten*. Trotz
unserer Proteste scheißen die Layun-Camp-Bewohner weiter oberhalb unseres
Dorfes in den Fluß, aus dem wir das Trinkwasser beziehen, und weigern sich,
die Latrine zu entfernen. Die Company hat abgelehnt, eine Wasserleitung zu
erstellen.
Falls wir wieder blockieren würden, würde man uns verhaften, ohne daß wir je
das Tal erreichten … Da stehen wir und wissen nicht, wo das enden wird.

Machtspiele

Raymond Paren, 27, ledig, ist auf der ganzen Linie von den Logging-Companies enttäuscht. 1985 wurde er mit anderen Penan vom Manager Mestalu aus
dem Dschungel mit dem Boot talwärts zur Arbeit gerufen. Vier Monate lang
schälte er am Layun, Camp B, Stämme. Wie alle seine Genossen kehrte er ohne
einen Cent Entlöhnung wieder heim, nachdem die Company Hals über Kopf
aus dem Gebiet geflohen war.
Auch von der WTK-Company wurde er vergangenes Jahr für einige Monate
angestellt, als Gehilfe des Bulldozer-Mechanikers. Doch beinahe sei er geschlagen worden, wäre nicht ein Kelabit dazwischengetreten:
«Penan sind zu nichts nütze», wurde Raymond von seinem Chef beschimpft.
«Ja, ich habe nicht behauptet, ich sei nützlich. Ich bin nur hier, weil mich der
Manager wiederholt gerufen hat.»
Auch wurde ihm immer wieder mit Lohnkürzung gedroht. Er berichtet von
Long Kidáh (Magóh):
Als mich meine Eltern wegen Krankheit nach Hause gerufen hatten, mußte ich
dem Manager einen Brief unterschreiben, nicht länger als drei Tage wegzublei-
ben. Doch ich kehrte nicht mehr ins Camp zurück, wir wollen unser Land ver-
teidigen.

* Kommunist im malaysischen Sprachgebrauch bedeutet: raubende Banditen

Etwa fünfzig Polizisten erreichten unsere Blockade, ein Helikopter landete.
S.O. *David Kalla* (einer der wenigen Penan im Dienste der Behörden) *sprach:*
«Ihr müßt die Blockade öffnen! Die Regierung will keine Schwierigkeiten.»
«Wir werden nicht öffnen!» antworteten wir.
«Wenn ihr kämpfen wollt, werde ich euch sofort festnehmen. 150 Mann Solda-
ten kann ich sofort von Marudi hierher rufen. Wollt ihr das?» sprach der Poli-
zeichef.
«Wenn du rufen willst ... wir haben keinen Menschen getötet. Wir verlangen
nur unser angestammtes Land, weil wir Schwierigkeiten haben durch die Com-
pany.»
«Ihr könnt kein Land verlangen!» wurde uns entgegnet. Wir wurden ver-
scheucht und mußten hilflos zusehen, wie unsere Blockade beseitigt wurde.
Darauf sprach der Polizeichef befriedigt: «Nun ist's gut, wenn ihr auf die Re-
gierung hört. Ich gehe nun nach Kuching. Ihr selbst könnt nicht übers Land
entscheiden, das obliegt der Regierung. Sie wird euch Land geben, doch nicht
viel: einen Block (250 Acres).»
Nachdem die Soldaten abgezogen waren, erstellte einer von uns wieder eine
Absperrung. Als Kayan-Holzfäller darauf stießen, drohten sie, die Polizei zu
rufen, um den Übeltäter festzunehmen, und zogen wieder ab. Einer der Genos-
sen beseitigte schnell wieder die Absperrung, aus Furcht, sein Freund könnte
verhaftet werden.
Da tauchten vier Wagen voll bewaffneter Polizisten auf. Keuchend kam der
Chef auf uns zu, zeigte mit dem Karabiner auf Diki, mich und meine Schwester
Linai und fragte: «Wer hatte die Blockade erstellt? Wer?! ... Wer?!» Dabei ließ
er das Magazin spielen und zeigte abwechselnd mit dem Lauf auf jeden von
uns.
Linai antwortete: «Ja, Soldaten wie ihr, das geht nicht an! Wir meinen, die Sol-
daten sind von der Regierung. Ist es Sitte der Regierung, mit uns wie mit Kurz-
und Langschwanzmakaken umzugehen? Wenn wir solcher Sitte folgen, können
wir gleich mit dem Blasrohr pusten!»
«Oh – ich erschieße euch nicht. Wer hatte die Blockade erstellt?»
Dabei fummelte er an seiner Seite, zückte dann eine Pistole und zeigte fragend
auf jeden. «Wer ist euer Häuptling? Wo ist euer Komitee?»
«Wir haben weder Häuptling noch Komitee», und wir klopften auf unsere Bäu-
che. «Wir sind nur Menschen, die im Wald wohnen.»
Darauf verbot uns der Polizeichef aufs strengste, je wieder eine Blockade zu
erstellen. «Wenn je ein Giftpfeil in einem von uns gefunden werden sollte, wer-
den wir nicht suchen, wer geschossen hat, sondern ganz einfach euch Penan
von Long Kidáh festnehmen!»

«Wenn in einem von uns je eine Patrone gefunden werden sollte, werden wir nicht fragen, ‹wer?›, sondern mit unserem Blasrohr antworten!»
«Versucht's!» sagte er todernst. «Na, schaut mal her!» Er ließ mit einem Knall eine Granate (?) steigen. Darauf schossen die Soldaten neben unseren Hütten ra-ta-ta-ta-ta auf Bäume und zogen ab.
Doch vielleicht sind auch Menschen bei der Regierung, die helfen wollen. Neulich waren einige Vertreter bei uns in Long Kidáh. Sie brachten Äxte, Pfannen, Blachen und anderes und wollten den ehemaligen Tauschhandel wie zur Kolonialzeit wieder aufleben lassen. Sie haben uns geheißen, Flechtwerk herzustellen und wildes Latex zu suchen.

Brenzlig

Manager Te kam wütend auf uns zu und schrie uns an: «Ihr Penan, was habt ihr für Hirne? Schweinshirn! Affenhirn! Warum könnt ihr die Lehre von uns Managern und der Regierung nicht annehmen? Ihr bekämpft uns!» Als er sich mit geballter Faust uns weiter näherte, trat der Polizeichef dazwischen. Zu gleicher Zeit hatte Radu einen Pfeil in sein Blasrohr gelegt, doch schon richteten fünf Polizisten ihre Gewehrläufe rek-rek-rek auf uns. Da sprach ihr Hauptmann zu uns: «Oh, ich weiß, was süß ist und was bitter.»
Die Polizei sagte zu uns: «Ihr könnt keine Blockade machen. Ihr habt kein Kuasa (Recht) im Land, wir von der Regierung und vom Militär haben das Recht. Wenn ihr kämpfen wollt, könnt ihr? Wo ist euer Gewehr? Wo sind eure Fesseln? Ihr Penan seid nur tausend. Wir aber sind hunderttausend. Wir können aus der Luft kommen und Bomben auf euch werfen!»
«Wir wollen nicht die Regierung bekämpfen. Wir verlangen nur ein Waldreservat, in dem wir leben können. Wenn sich unser Wald in ein Sandfeld verwandelt, wo finden wir unsere Nahrung?»
«Oh, ein Waldreservat könnt ihr verlangen. Doch selbst wenn sich das ganze Land in Sand verwandelt, so werdet ihr zu leben haben. Denn die Regierung wird euch helfen und viele Dinge für euch pflanzen. Solange ihr der Sitte eurer Väter folgt, könnt ihr's nicht leicht haben. Doch folgt ihr uns, werdet ihr wohlhabend sein und ein gutes Leben haben. Ihr könnt nicht vom Wald allein leben!»
«Wovon leben wir, wenn nicht vom Wald? Er hat uns seit Generationen ernährt, noch bevor ihr je einen Fuß hierher gesetzt habt.»
«Ihr müßt unseren Anweisungen folgen! Falls ihr wieder blockieren wollt, seht hier – unsere Karabiner. Hier, da zielen wir auf Flugzeuge, hier auf Wildschweine, und hier auf Menschen. Das letztere werden wir anwenden, wenn ihr blockiert und uns bekämpfen wollt!»   Raymond Paren, Long Kidáh

«Das weiche Wasser besiegt den harten Stein.»
Diesen Sinnspruch Lao-Tses gebe ich den Ratsuchenden weiter.
Schaut, wie die Wirbel mit den Jahren Kolke in den Fels fressen. Schaut, wie die talwärts rollenden Blöcke sich runden und zuletzt in Sand verwandeln.
Mit Gewalt werden wir nicht siegen; die Regierung würde mit Gegengewalt antworten, und der Teufel wäre los. Unterstützende Organisationen werden auch Mühe haben zu reden, sobald ihr gewalttätig werdet.
Doch bleibt standhaft, obwohl ermüdet. Nur eure Friedfertigkeit kann zum Ziel führen. Sie wird einst eure Ausbeuter beschämen.

Streng vertraulich
Anläßlich der Blockaden gab die Regierung Sarawaks bei den Forst-, Gesundheits-, Entwicklungs- und Sozialdepartementen eine Studie in Auftrag.* Diese wurde am 10.10.87 in Kuching überreicht. Das vertrauliche Dokument gelangte erst Jahre später auf Umwegen an die Öffentlichkeit. Der Bericht beweist, daß innerhalb der sarawakschen Behörden durchaus Menschen sind, die sich ehrlich um das Erfassen der Probleme bemühen und nach Lösungen suchen. Sie verdienen internationale Unterstützung.
Der Bericht bestätigt die wichtige Funktion des Waldes als Klimaregulator und Wasserspeicher, der wie ein Schwamm das Regenwasser hält, evaporiert und langsam an die Flüsse abgibt und so Schutz vor Erosion und Überschwemmungen gewährt.
Der Bericht kritisiert das Fehlen einer Umweltverträglichkeitsprüfung und die ungenügende Kontrolle über die Holzextraktion, ohne die sich der Schaden verschlimmern werde. Durch sorgfältiges Fällen könnten die Schäden am Restbestand beinahe um die Hälfte verringert werden (17% statt 30% bloßgelegter Boden, 27 statt 48 gebrochene und entwurzelte Bäume/ha. Bei intensiver Fällerei blieben höchstens 60% vom ursprünglichen Wald stehen (Fav. WP No. 5).
Die Studie erkennt, daß die Penan ihre Ressourcen ökologisch sinnvoll nutzen, nach dem Prinzip der Nachhaltigkeit und mit dem kleinstmöglichen Schaden für die Umwelt, und daß die Bestrebungen der Penan darum im Sinne des Waldschutzes unterstützt werden sollen. Der Bericht bestätigt weiter die Klagen der Penan über die Dezimierung der Nahrungsmittelquellen und Dschungelprodukte und über die Pollution der Flüsse. Er bemängelt, daß die menschlichen und sozial-kulturellen Auswirkungen der Holzwirtschaft auf die betroffenen Einwohner nicht berücksichtigt würden: Wo Penan wegen dem

* Report on the effects of logging activities on the Penans in Baram and Limbang districts. Jabatan Pembangunan Negeri, Kuching, 1987.

durch die Holzfällerei verminderten Nahrungsangebot in Armut leben, sind Logging-Camps reich mit Proviant versorgt. Nach Prof. Chen, University Malaysia, 1987, beträgt die Unterernährung in vier traditionellen Gebieten 10,9%, in geloggten Gebieten 31,4%.

Der Bericht ruft den fünften Grundsatz der Forstpolitik in Erinnerung:

«Der Export-Handel mit waldwirtschaftlichen Produkten darf nur ermutigt werden, wenn er mit den vorherigen Ansprüchen der örtlichen Bevölkerung vereinbar ist.»

Der Bericht empfiehlt unter anderem:

- Die Festlegung zweier Bio-Sphären-Reservate für nomadische Penan;
- Gemeindewälder für alle bäuerlichen Gemeinschaften;
- Genügend Kulturland für halbseßhaft gewordene Penan (ihnen werden seit dem neuen Landgesetz von 1958 (NCR) keine Landrechte gewährt, da sie nie zuvor Wald für Kulturland gerodet haben);
- Anwohner sollen vor Logging-Aktionen um Rat gefragt werden, damit schützenswerte Gebiete von den Holzfällern verschont werden;
- Weiter empfiehlt die Studie verbesserte Gesundheits- und Schuldienste und die Wahl von Penanvertretern (Penghulu) für eine bessere Beziehung zur Regierung.

Wenn auch in dem Bericht der Gedanke der Behörden vorherrscht, die Penan von ihrem Dschungelleben zu gewinnbringenden Tätigkeiten ‹entwickeln› zu müssen, wenn nötig durch Umsiedlungsprojekte, werden auch die Gefahren von ungefragten Hilfen erkannt:

«Mit Gaben wie Wellblech, Motorsägen, Werkzeugen usw. können Penan zur Seßhaftigkeit ermutigt werden. Aber es besteht die Gefahr, daß diese Art von Hilfe Abhängigkeit schaffen könnte, wenn wir damit eine Gesellschaft von Penan schaffen, die nur herumsitzt und auf Hilfe der Regierung wartet.»*

Fleißige und faule Arbeiter – oder Manipulation der Exportzahlen?
Vergleich der offiziell deklarierten monatlichen Holzproduktion im Baram und Limbang-Distrikt:**

| Baram | 1'100 Arbeiter | 140 Bulldozer | 30'000 m^3 |
| Limbang | 500 Arbeiter | 70 Bulldozer | 900 m^3 |

* ebd. S. 57
** ebd. S. 51

Warnungen
Der Staatssekretär Tan Sri Datuk Amar Haji Bujang Mohd. Nor meint:
«Anstifter sind gefährlicher als Kommunisten.» (22)
«Alle Zusammenkünfte, um Blockaden zu diskutieren oder das Volk
gegen die Regierung aufzureizen, sind illegal.» (23)

Abang Johari, Minister für industrielle Entwicklung, gibt bekannt:
«Manser ist nun gesucht als subversives Element. Er hat verzerrte Informationen an ausländische Magazine geliefert. Entsprechende Maßnahmen werden gegen ihn ergriffen sowie gegen gewisse Organisationen, wenn ein Hinweis besteht, daß sie mit ihm das Volk gegen die Regierung aufwiegeln. Massnahmen werden auch gegen lokale Einwohner ergriffen, die Manser Obdach gewähren.» (24)

Ein Polizeifunktionär von Limbang spricht zu Gerawet, Nomade vom Magóh:
«Wenn ihr blockiert, werden wir euch nicht festnehmen. Doch wenn ihr Bulldozer oder Brücken zerstört, werden wir euch weichschlagen und darauf ins Gefängnis werfen!»

Neues Gesetz
Die legislative Versammlung verabschiedete einen Zusatz zum Forstgesetz, der der Regierung den Muskel gibt, Eingeborene zu bestrafen, die gegen Holzfällerei opponieren. Blockierendem Volk droht jetzt eine Höchststrafe von 2 Jahren und 6000 Ringgit Buße. Forstbeamte bekommen die Gewalt, ohne Haftbefehl jegliche Person festzunehmen, die Logging-Operationen behindert, und sie auf die nächste Polizeistation zu bringen. (25) Weiter erhält der Minister die Gewalt, unter gewissen Bedingungen Lizenzen zurückzuziehen. Sein Urteil kann nicht auf gesetzlichem Wege angefochten werden (Sektion 51A). Der Gesetzesentwurf war heiß debattiert worden als einer, der die Demokratie raubt. (Borneo-Post, 28.11.87)

Demokratie
Der Resident von Limbang enthebt den Gemeindepräsidenten von Long Napir, Pun Nui, seines Amtes; er war einst gegen den Willen des Distriktobersten einer Delegation nach Kuala Lumpur gefolgt, um dort die Klagen seiner Dorfbewohner über die Zerstörung des Landes durch Holzfällerei vorzubringen. Ob allerdings die Kelabit-Bevölkerung von Long Napir einverstanden sei, die einst ihr Dorfoberhaupt demokratisch gewählt hatte, kümmerte den Residenten bei seinem Entschluß wenig. Die Behörden setzten als offizielles Haupt des Dor-

fes Tama Saging ein, der als Angestellter der LTL-Company mehr die Logging-Camps bewohnt als sein Heimatdorf.

«Der Staat plant, Dorfhäuptlinge für die Penan-Gemeinschaft zu bestimmen, um eine bessere Beziehung mit der Regierung zu bewirken.» (26)

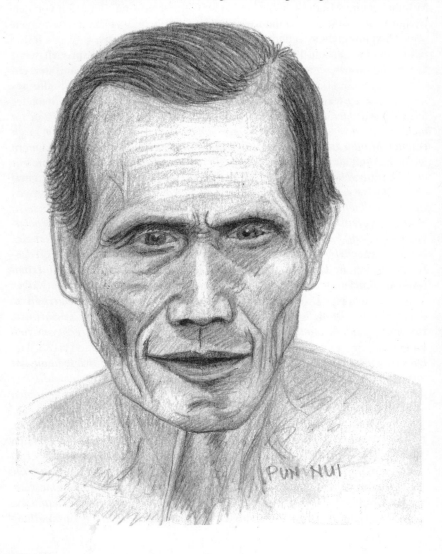

Aus einem Brief

Mutang Urud, Anfang Dreißig, ledig, gebürtiger Kelabit von Long Napir. Als er sieben Jahre alt war, verloren er und seine sieben Geschwister den Vater. Nach der Schule verließ er sein Dorf, um zu studieren. Diplomabschluß am Institut für Technologie (ITM). Darauf während mehreren Jahren Manager und Mitinhaber eines Baugeschäftes und einer Gartenbaufirma. Betroffen von den Ereignissen in seinem Heimatdorf, unterstützt er seit 1984 die Bestrebungen seiner Stammesgenossen und der Penan.

Ich nenne ihn ‹Spring›, denn klar wie ein erquickender Quell sprudelt seine Seele. Deprimiert schreibt er:

Nun ist Ende 1987. Beinahe ein Jahr ist verstrichen, und ich habe nichts erreicht. Unsere Blockade ist fruchtlos, alle sind wir müde und schwach, und viele geben auf. Der Kampf ist ein Traum für andere. Deshalb unterstützen sie nicht, sondern versuchen, etwas gemeinsam mit der Company zu tun, um ihren eigenen Magen zu füttern. Ich selbst bin oft bedrückt. Ich fühle, ich ruiniere meine Zukunft, da ich kein Geld spare fürs Geschäft und mich nicht auf Heirat und Familienleben vorbereite. Ich werde älter und will meine Zukunft gesichert. Doch wenn ich an die Penan und ihren Kampf denke – so hilflos, etwas zu tun –, will ich weiterfahren und bleiben, alle Hilfe geben, die mir möglich ist. Gott allein weiß, wie weit meine Kräfte reichen … Seit die Polizei die Blockade geöffnet hat, fühlen sich die Leute hilflos. Advokaten helfen, doch auch der Gerichtshof scheint nicht fähig, die Companies an der Arbeit zu hindern. Jedesmal wenn ich die Laster Stämme talwärts bringen sehe, werde ich innerlich wütend, unfähig, sie zu stoppen. Vielleicht wäre ein Hungerstreik effektiv, aber ich frage mich, ob ich das tun kann. Tausend Dinge flitzen mir durch mein Hirn, doch ich sehe kein Ziel, solange sich nicht alle Eingeborenen in Sarawak zusammenschließen und eine vereinte Bewegung gegen das Unrecht am Volk bilden.

Dies ist wirklich eine einsame Straße, die wir wählen. Obwohl viele Leute mit unserem Kampf sympathisieren, dann, wenn wir ihre Hilfe brauchen, ist sie nicht da. Jeder steckt seinen Kopf in den Sand wie Vogel Strauß und birgt sich wie die Muschel in der Sicherheit ihrer Schale.

Ich werde morgen nach Limbang gehen; mein letzter Versuch zu friedlicher Lösung. Wenn nichts geschieht, werden wir wieder blockieren. Wir haben den Manager gewarnt. Doch es ist ihm gleich, was wir der Company tun, d.h. er ist gewiß, daß ihn die Polizei unterstützt. Dein Freund N. fragt um internationale Unterstützung. Falls die Hilfe nur halbherzig ist, fühlt er sich nicht glücklich. Sie sind nicht bereit, Verhaftung zu riskieren, wenn die Gerichtsverhandlung nicht folgt, wie bei den 42 verhafteten Kayan vom Baram; die Verhandlung

141

wird erst beinahe ein Jahr später stattfinden. Doch inzwischen ist die Barrikade geöffnet, und das Land wird weiterhin zerstört, was ist der Sinn?
31.12.1987, Long Napir
Heute landete das ‹Select Committee for Penan›* per Helikopter. Wir waren alle so erwartungsvoll, doch sie kamen nur und hielten ungefragte Reden mit all ihren leeren Versprechungen. Es war keine Gelegenheit, miteinander zu sprechen, sie kamen in großer Eile. Im großen ganzen fühlten wir uns alle betroffen, denn sie machten keinerlei Zusagen, noch erklärten sie die Funktion ihres Komitees, noch für welche Art Entwicklung sie die eine Million Dollar für das Volk verwenden würden.

Helfer

Ende 1987 erschien ein älterer Mann vom malaysischen Festland mit seinen beiden ‹Söhnen› im Krisengebiet, um den Penan Hilfe und Frieden zu bringen. Angeblich hatte sich der Pensionierte einst bei den Orang Asli (Eingeborenenstämme in den Quellgebieten der malaiischen Halbinsel) verdient gemacht, deren Lebensraum bis heute so erbarmungslos abgeholzt wird wie derjenige der Penan. Nach vergeblichen Versuchen, sich dem Nomadenvolk anzuschließen, landeten die drei schließlich nach langem Zureden bei Sippenführer Kurau in der Blockadensiedlung Long Kidáh. Die Penan bauten den dreien eine Hütte, sorgten für deren Brennholzbedarf und teilten traditionsgemäß gesammelte Früchte und erlegtes Wildbret wie Hirsch und Reh mit den Besuchern.
Über mehrere Monate bewohnten die drei die Blockadensiedlung, ohne irgend etwas anderes zu tun, als dem Treiben der Penan zuzugucken, Bilder zu knipsen und zu verteilen und sich in der Penan-Sprache belehren zu lassen. Dabei waren sie stets freundlich und unbewaffnet, und zum Beweis seiner Hilfe verteilte Kassim selbst Medizin und verabreichte Spritzen. Dann ließ er seinen eigenen guten Arzt samt Helfern vom Festland kommen, weil die lokale Dispensary** ungenügend sei. Befragt über seine Tätigkeit antwortete Kassim, er bringe ‹Lohn des Lebens›.
Als dann aber Kassims sogenannte Söhne in Long Seridan einen Mann verhaften wollten und darüber hinaus mehrmals in Gesellschaft mit ‹Kommandos›

---

* Der Vorsitzende des Komitees ist YB. Abang Johari, gefolgt von YB. Datuk Balan Seling; weitere Mitglieder sind Polizeichef, Militärchef, Chef des Spezialdienstes, Ass.-Minister für Landwirtschaft u.a.
** Der malaysische Krankendienst ist kostenlos für Patienten. Alle Anwohner des Gebietes können sich in Long Seridan bei einem medizinischen ‹Mädchen für alles› verarzten lassen. Monatlich einmal erscheint der ‹Flying Doctor›, und für dringende Fälle werden Helikopter zur Verfügung gestellt.

gesehen wurden, die in Zivilkleidung da und dort neben Logging-Straßen im Versteckten campieren, bestätigte sich das Mißtrauen vieler.

Nur Sippenführer Kurau konnte nicht an eine Hinterlist seines Freundes glauben, der ihm mit so vielen Annehmlichkeiten schmeichelte.

Dann kündete Kassim an, er werde einen Helikopter anfordern, um Kuraus TB-kranke Frau samt seinem Sohn und Enkel im Tal behandeln zu lassen. Kurau selbst wollte er zum Residenten von Miri bringen, wo Kurau seine Sorgen über das Land aussprechen könnte. Entgegen aller Mahnungen der Blockadenbewohner, daß er, der malaysischen Sprache unkundig, in Fallen geraten könnte und daß betreffs des Landes nur im Kreise der Gemeinschaft mit der Regierung verhandelt werden sollte, bestieg dann Kurau den Helikopter. «Unterschreib keine Dokumente!» rief ihm einer nach, um dann für viele Wochen vergeblich auf Kuraus Rückkehr zu warten.

Schlechte Aussichten

Lakei Petujek (der Mann auf dem Kopf) hat seinen Spottnamen, weil er einst genau das Gegenteil von dem ausführte, was er zuvor als Absicht geäußert hatte. Der etwa 43jährige Penan ist in Long Napir halbseßhaft geworden. Selbst kinderlos, hat er ein kleines Mädchen adoptiert:

Der Dschungel ist unser Heim und unser Haus, wo wir alle Nahrung finden. Sogar die kleinen Bäume brauchen wir – sie sind wie unsere Arme und Beine. … Wenn wir das Brummen der Bulldozer hören, wie können wir da nicht traurig sein?

«Wie ein Weibermund»

Redo Kebit (Lange Frau), 38 Jahre, 2 Töchter; eine der mutigsten Verteidigerinnen in Wort und Tat, erklärt:

Einige von uns Penan sind seßhaft geworden. Auf Geheiß der Regierung! Seit wievielen Jahren bewohne ich nun Reisfelder – doch bin ich weder wohlhabend geworden, noch hab ich ein einfaches Leben. Meine Verwandten (Nomaden) *im Dschungel sehen, daß wir's nicht besser haben als sie – darum folgen sie uns nicht, auch wenn wir sie rufen. Hier, dies ist mein Bauch – so hungrig bin ich. Wenn mein Land zerstört ist, wie kann ich wohlhabend werden? Hier, meine Füße – ich bin es gewohnt, meinem Mann auf seinen Streifzügen zu folgen. Früher hatten wir ein leichtes Leben auf der Jagd. Doch nun läufst du dich müde, und deine Füße schmerzen, ohne Wildschwein und Hirsch zu treffen. Wie die Regierung? Will sie ihren Namen selbst groß machen und allein reich werden? Wovon, wenn nicht von der Bevölkerung? In der Vergangenheit wagte kein Mund einer Penanfrau so zu reden. Warum tut*

WIR WOLLEN UNSER LAND VER-
TEIDIGEN UND BEWAHREN. DOCH
WIR SIND WIE TIGRE OHNE ZÄHNE.
NIEMAND HÖRT AUF UNS

LAKEI PETUJER, LONG NAPIR

er's jetzt? Weil er sieht, daß die Regierung gerade wie ein Weibermund ist – da ist nichts Schönes noch Gutes noch Reiches darüber.

Frustriert

Diáh (Schildkröte), einer der wenigen gebildeten Penan mit Frau und Kind, beim Staat angestellt, schreibt:

Bruder, ich würde dich gern treffen, doch die Polizei hat uns Lehrern Kontakt mit allen wichtigen Unterstützern von Blockaden verboten. Mein Arbeitskollege wurde schon in ein anderes Gebiet versetzt, dabei wäre er so gerne in seinem Heimatdorf geblieben. Außerdem hat mich Ditá bei den Behörden und der Company denunziert. Er gibt sich als Stellvertreter seines Vaters Agan Jeluan aus, des alten Führers der Magóh-Sippe, und kassiert jährlich 7000 Ringgit, weil er der Company das Land erlaubt. Er und einige Anhänger bewohnen das WTK-Camp und arbeiten nun als Prospektoren und als Farbanbringer. Seit er damals die Limbang-Blockade eigenhändig mit dem Manager geöffnet hatte, besitzt er gleich drei Kassettenrekorder, führt einen kleinen Laden im Langhaus und deponiert sein Geld auf der Bank. Neulich hat mir die Company Transport verweigert, und ich mußte eine weite Strecke zu Fuß gehen. So machen uns eigene Leute das Leben schwer. Blockadenmitglieder werden wie Hunde behandelt. Ich hasse die Company, und als Soldat würde ich kämpfen bis zum letzten Blutstropfen. Wo wird das enden? Ich bin frustriert.

Dein Diáh

Rede

Ich bin Along Segá vom Adangfluß. Meine Hütte ist nur wie ein Vogelnest, ein Wildschweinbau, da sind keine Blumen der Regierung zu finden. Ich bin nicht verlegen zu sprechen, denn mein Mund ist nicht mit Schmiergeldern verstopft, wie jener von verschiedenen anderen Dorfoberhäuptern.

145

Die Überläufer sagen: Nein, wir nehmen kein Geld! Doch sie sind dabei wie leckende Hunde, die beim Beutezerhauen zugucken. Wie die Schildkröte Labei ihren Kopf einzieht, wenn sie eine Bewegung sieht – nicht lange, streckt sie wieder ihren Hals. So sind jene, die von der Company Geld angenommen haben, nur für einen Moment verlegen. Sie machen Propaganda und heißen uns, sie zu wählen (Along besitzt keine Identitätskarte und hat somit kein Wahlrecht). *Wie können wir sie wählen? Er – der Chiefminister ist der Kopf von all denen, die unser Land zerstören. Nun kannst du den Batu Laui* (Kalkklotz im Ulu Limbang) *schon von der Logging-Road aus erblicken. Unser Land ist nicht groß … wenn wir die Company mit unseren Blasrohren beschießen, sagen sie, wir wären im Unrecht. Wir könnten es tun, aber dann knallen sie uns ab wie Haustiere.*

Begräbnisstätten von meinem Vater, Großvater, Bruder und Onkel sind bereits von Bulldozern überrollt. Wir haben ihnen den Ort verboten, geredet, deutlich markiert und abgesperrt – doch sie hören nicht. Sie kommen und fragen: Wo ist der Tua Kampong (Dorfoberhaupt)?

Dann halten sie eine Karte in die Höhe, aber sie geben sie uns nicht. Sie sagen, es sei ihr Land. Doch sie haben es selbst genommen. Wenn wir sie – von der Regierung – heißen würden, in unserem Land Sagopalmen zu verarbeiten und Pfeilgift anzuzapfen – sie wären nicht fähig, es zu tun. Sie behaupten, sie hätten das Recht in unserem Land. Wie oft rufen wir sie – sie kommen nicht. Wenn sie mir nicht hier entlang den Uwutpalmen die Begräbnisstätten zeigen können, wo ihre Verwandten ruhen, glaube ich ihnen nicht.

«Als rückständige Nomaden wissen die Penan nichts über rechtmäßigen Landbesitz und Gesetzesparagraphen, die dem Staat als Regierungsgrundlage dienen. Ausrufe über Pollution der Flüsse und ruinierte Heimat sind von gewissen Organisationen und Medien erfunden worden.»
People's Mirror (27)

Werden wir am Ende wütend …

Tebaran Siden, der jugendlich wirkende Dorfsprecher von Long Ballau hat nach dem Tod seiner ersten Frau wieder geheiratet und hat ein Dutzend Kinder. Der etwa 42jährige Großvater erzählt:

Vor über 15 Jahren sind wir am Seridan-Fluß seßhaft geworden. Seit dem Jahr 1981 bis heute suchen wir Meeting mit den Companies und der Regierung und fragen nach Hilfe. Die Regierung sagt: «Es hat.» Wir warten wie viele Jahre – es hat nicht. Wir wissen nicht, wie lange ein Jahr, ein Monat dauert – die Regierung weiß es. Sie macht uns ein Versprechen. Wir warten – und warten – ver-

geblich. Falls es Unterstützung hat, so sind wir verlegen, wenn es nicht hat, so darf sich die Regierung schämen. Komm und schau unser Haus an: Wir haben es selbst gebaut, unser Dach und die Nägel selbst gekauft und bezahlt. Wir denken, die Regierung müsse unseren Wald bewahren, weil wir keinen Sekundärwald besitzen wie die Kelabit. Wir kaufen keine Sardinen vom Tal; all unsere Nahrung finden wir im Wald. Da sind wir glücklich. Versteht es die Company nicht, bei sich zu Hause Nahrung zu suchen? Warum sucht sie bei uns Geld? Sie hat ja schon genügend bei sich in der Stadt. Wenn die Regierung uns wirklich helfen will, so sind wir um so glücklicher. Wir suchen nicht den Weg von Streit und Totschlag. Wir wollen zufrieden sein, und die Company soll es auch sein. Sie soll lachen und heimkehren zu ihren Brüdern.

Wenn die Regierung die Company nicht zurückruft, werden wir am Ende wütend werden. Wer wird dann Schwierigkeiten haben? Die Regierung. Doch sie sollte sein wie unser Vater. Wir leben unter ihrem Gesicht und sind ihre Kinder. Doch die Regierung versteht es nicht, ihre Kinder zu wiegen, zu hüten, zu ernähren.

‹Geschützter Wald›

Nachdem der Polizeichef von Sarawak sowie der Resident von Miri mündlich Hilfe für Penan versprochen hatten, reichte der Tua Kampong von Long Ballau, Tebaran Siden, ein Gesuch ein. Darin bat er um Unterstützung in Sachen Waldreservat, Hausbau, Wasserleitung, WC, Lizenz für Jagdgewehr und Reismühle. Die Behörden gingen nicht weiter auf das Gesuch ein, und der Resident von Miri, Gary Tay, lehnte es im Namen des Pegawai Daerah, Baram, folgendermaßen ab:

«… Kein Kommunalwald für Penan aus Long Ballau, weil das Gebiet als geschützter Wald* Apo-Tutoh geplant ist, in dem der Herr und die Kinder des Dorfes Holz für Eigenbedarf nehmen dürfen.» (29.3.1988)

Und so wird im ‹geschützten Wald› weitergefällt, bis alles Nutzholz geschlagen ist.

‹Projekte›

Uns wird gesagt: «Macht euch keine Sorgen wegen der Company. Die gefällten Bäume wachsen wieder nach.» Warum kommen sie dann in unser Land? Und gehen wir talwärts, nach Limbang, dann sehen wir: Da sind nirgends Kapur, Jit und große Meranti-Bäume zu treffen – nur eingewachsene Rodungen

---

* Protected Forest: Nach der Definition geschützt für industrielle Holzfällerei.

– und dann sagen sie ‹Projekt› und bringen einige Scheiß-Setzlinge* – wie können wir ihnen glauben?

Bala Tingang, Ende Zwanzig, kinderlos; Nomade von Pa-Tik

Mein Vater ist im Wald, dort bin ich. Nein, ich wünsche kein Projekt wie Hausbau. Das Projekt, das ich liebe, heißt: Sagopalme, Rattan, Reh. Mein Herz freut sich in den Quellgebieten. Da will ich die Stimme des Argusfasans hören, des Hirsches, des Nashornvogels Belengang. Doch mein Herz ist schwer. Ich will fischen gehen mit meinem Netz – da sind keine Fische mehr. Die Erde ist rot ... dann werden uns Projekte angekündigt – und du wartest und wartest. Und dann bringen sie dir einige Setzlinge. Können wir etwa Holz essen?

Aiong Pada, alte Witwe aus Long Ballau

Was wir in unserem Land brauchen: die Sagopalme Uwut und Jakah, den Sepra- und Bukui-Rattan, um unsere Matten, Taschen und Traggefäße zu flechten. Blasrohrhölzer und Tacem (Pfeilgift), Laué und Dáun (gemeint sind die Blätter der beiden Zwergpalmen) für unsere Dächer, Pellaio (Harze), Ketipai, Gerigit, Jakan (wilde Kautschukarten), Bär und Leopard ...
Im Wald sterben wir nicht bei unseren Sardinen-Konserven, denn wir verstehen es, sie selbst zu suchen. Doch nun sind die Fische im Bach verschwunden, das Wild geflohen, der Rattan teuer geworden.

Uan Limun, 48jährig, kinderlos; aus Long Ballau

Propaganda
Wir Penan von Long Napir wurden ins Kelabit-Langhaus gerufen, wo die Regierung einen Film zeigte. Da sahen wir Plantagenprojekte, wühlende Bulldozer, Militärparaden mit Flugzeugen und große Menschen mit dicken Bäuchen und vielen Auszeichnungen auf der Brust. Innerhalb der letzten 15 Jahre sei Sarawak zum wohlhabenden, selbständigen Staat geworden ... Der D.O. fragte uns: «Ist es wahr, daß ihr am fünfzehnten dieses Monats wieder blockieren wollt? Tut es nicht! Wir werden euch hart anfassen! Ihr von der breiten Bevölkerung könnt euch nicht großen Menschen widersetzen. Die Company ist wie euer Vater – ihr könnt sie unmöglich stoppen! Doch wenn ihr Hilfe, ein wenig Geld verlangt, so können wir euch unterstützen ...» Überall in den Logging-Camps sind nun Field-Force-Truppen stationiert. No Megíh, Maleng; Long Napir

---

* Tello Ani: Scheiß-Schößling; wo der Penan in der Fruchtzeit seine Notdurft verrichtet, sprießen bald junge Fruchtbäume. Viele alte Siedlungsplätze sind als Fruchtgärten gekennzeichnet, die auf diese Weise natürlich entstanden sind.

148

Schüsse

Auf der Heimkehr von einem Verwandten-Besuch in Long Napir begegneten wir einem Polizeitrupp bei der alten Blockade. Als sie uns sahen, schossen sie mit ihren Karabinern in die Luft, bis die Magazine leer waren.

Baling Siden, 40 Jahre; Long Ballau 15.4.1988

Markt

Penan von Long Ballau hatten vergeblich gehofft, die Company würde ihnen einen Transport nach Limbang gewähren. Das zum Verkauf gerüstete Gut, Peta-Früchte, stand in vielen Säcken bereit. Nach beinahe einer Woche Wartezeit, in der die Früchte reiften und an Wert einbüßten, klappte es dann doch.

DIE FEINEN FIEDERBLÄTTER VON PETA-BAUM ER-
FÜLLEN DAS LAUBDACH MIT ZARTHEIT. DIE MÄCHTI-
GEN STÄMME (∅-1m) STEHEN OFT IN STEILEN BÖSCHUN-
GEN, NICHT ALLZUFERN VON WASSERLÄUFEN. _

UM AN DIE FRÜCHTE ZU KOMMEN MUSS GEFÄLLT WER-
DEN. DAS WEISS-GELBE-HARTHOLZ VERLANGT SEINEN
TRIBUT VON SCHWEISSTROPFEN. - DIE PETA-BESTÄNDE
WERDEN IN DEN KOMMENDEN JAHREN STARK DEZIMIERT WERDEN,
DOCH BESTEHT KAUM GEFAHR DER AUSROTTUNG, DA DER
BAUM ÜBERALL HÄUFIG IST.

DIE VOR ALLEM VON MALAIEN BEGEHRTEN SCHOTEN
BEHERBERGEN EIN GUTES DUTZEND VON GIFTIG-GRÜNEN
SAMEN. DIESE SIND VON SCHARFWÜRZIGEM, LAUCHAR-
TIGEM GESCHMACK UND BEI DER REIFE IN EINEN
DÜNNEN SÜSSLICHEN MEHLMANTEL GEPACKT. SIE
WERDEN ROH ODER GEBACKEN GENOSSEN, VOR ALLEM
ALS ZUGABE ZU REISGERICHTEN. BEIM PENAN
SELBST IST DIE FRUCHT WEGEN IHRES ANFÄNG-
LICHEN GERUCHS WENIGER BELIEBT. ER BEWAHRT
SICH SELBST IM AUSGESCHIEDENEN URIN, SOWIE IN DER LEBER
DES WILDSCHWEINS, WELCHES DIE GEFALLENEN FRÜCHTE VERSPEIST.

60cm

Peta-Früchte

Penan sind alles andere als geborene Kaufleute. Markten ist ihnen fremd, und ohne jegliches Feilschen vergeben sie ihre Ware dem ersten besten. Viele von ihnen fürchten, über Nacht in der Stadt bleiben zu müssen und wollen möglichst sofort wieder heimwärts ziehen. Bungai hatte einen Hirschen erbeutet und in Limbang verkauft. Er wurde nach Gewicht bezahlt. Der Hirsch wog genau zwanzig Kilogramm!

Sinkende Moral

Einige wenige Penan sind den Verlockungen der Company erlegen und entgegen allen Mahnungen von Angehörigen und der Gemeinschaft übergelaufen. Mithorcher aus den eigenen Reihen erschweren öffentliche Treffen und nähren Mißtrauen. Behörden scheinen bald über Beschlüsse zu den Blockaden informiert. Einige der scheuen Nomaden sind schon zurück in den Dschungel geflohen, und viele Seßhafte sind im Zwiespalt, ob sie aufgeben und einfach geschehen lassen oder ob sie erneut Widerstand leisten sollen.

Viele Zusammenkünfte bleiben ohne Beschlüsse, oder Beschlüsse werden wieder über Bord geworfen. Man imitiert den Langschwanzmakaken, der sagte: «Morgen bau ich mir eine Hütte, denn heute regnet es.» Seine Hütte wurde nie gebaut.

Manch ein Penan sagt: «Ja, ich will mein Land verteidigen, doch allein kann ich nichts tun. Nur wenn wir zusammenstehen, gemeinsam blockieren, ist es möglich.» Doch niemand wagt den ersten Schritt, und so geschieht gar nichts. In meiner Rolle als Ratgeber fühle ich mich unglücklich. Wie oft reizt es mich zu handeln, wo ich nur reden darf. Ein eingeborener Führer tut not, der vorangeht und dem alle vertrauen.

Es liegt mir fern, meine Freunde stoßen zu wollen – doch lege ich klar, daß ohne weiteren Widerstand das gesamte Land in den kommenden Jahren bis in die Quellgebiete gebulldozert werden wird und daß die Blockade der einzige friedfertige Versuch ist, diesen Prozeß zu bremsen und anzuhalten.

Vom Mühsamen

11. Mai 1988. Rund zwanzig Penan- und Kelabitfamilien errichten trotz Drohungen der Polizei erneut eine Blockade im Ulu Limbang und sperren den Verkehr für die Logging-Company LTL, die im Besitz des Ministers D. J. Wong ist. Behörden erscheinen und fordern die Demonstranten schriftlich auf, ihre Barrikade innerhalb von sieben Tagen zu öffnen – ansonsten würden sie verhaftet und nach dem neuen Gesetz bestraft: bis zu zwei Jahre Gefängnis und 6000 M$ Buße. Doch man bleibt hart. Anstatt am angekündigten Tag festzunehmen, wird eine zweite Frist von sieben Tagen gesetzt. Dabei bleibt die Polizei äußerst

„WO WERDEN UNSERE KINDER UND ENKEL EINST
LEBEN, WENN SÄUGETIEREN GETÖTET UND WILD UND
FISCH VERSCHWUNDEN SIND? FÜR UNS IST IM MO-
MENT NOCH NAHRUNG, DOCH WENN DIE ZERSTÖRUNG
SO WEITERGEHT – VIELLEICHT WERDEN WIR ALLE
STERBEN."

NIERUA , LONG NAPIR

friedlich und geht nur, trotz ausgesprochenem Jagdbann für Ortsfremde, auf die Jagd und erbeutet Hirsche und Wildschweine.

Brief von Spring

... Nie war ich mehr irritiert über unsere Arbeit als in diesen wenigen Tagen, als ich Nachricht über die erneute Blockade erhielt. Ich rief Leute an, die ich für unsere ernsthaften Unterstützer hielt. Doch ich erhielt keine ermutigenden Worte. Es war dann, daß ich mich wirklich einsam fühlte. Gerade in dem Moment, wo Hilfe not tut, fehlt die Ermutigung. Selbst die unterstützenden Advokaten scheinen besorgt, und ich weiß nicht, was sie mich anweisen wollen zu tun. So entschied ich, daß dies unser Kampf sei, und daß, wie gut auch die Absichten anderer seien, sie niemals ihr Herz hundertprozentig einsetzen werden, da es sie nicht wirklich selbst betrifft. So müssen wir selbst entscheiden. Was sollen wir unsere Zeit vergeuden, für etwas zu kämpfen, das nur ein Traum ist? Die Behörden haben eindeutig die Oberhand. Sie machen die Gesetze und können sie biegen und ändern, um ihren Wünschen nachzukommen. Und wer sind wir schon? Eine kleine Gruppe, die Helden spielen will für die Eingeborenen. Anstatt uns voll zu unterstützen, machen sich die übrigen Eingeborenen über uns lustig, und die Regierung schimpft uns Rebellen! Ich selbst verstehe nicht, warum ich so rede. Doch ich habe so viel Druck ausgestanden, und selbst meine eigene Familie teilt meine Ansichten nicht. Meine Frustration stammt vor allem von Leuten, die sagen, sie würden uns unterstützen, doch sich selbst nicht zeigen, wenn ihre Aktion gebraucht wird.

Kommenden Freitag, 27. Mai, werden die Behörden die Blockade mit Gewalt öffnen und deren Teilnehmer als Kriminelle festnehmen, falls sie sich widersetzen. Der Resident hat uns gewarnt, daß die Regierung niemals verlieren könne in dieser Auseinandersetzung. Ich mache meine Empfehlungen, doch unsere Leute müssen selbst entscheiden. Was immer es sein wird, ich bin mit ihnen, um beizustehen in Treffen mit Behörden, Companies und Advokaten. Mein Herz ist stets für Gerechtigkeit und die Armen.

Blockadengespräch

Polizist zu einem Penan:

«*Hast du Bruno gesehen?*»

«*Wer ist das, Bruno?*»

«*Der weiße Mann, der sich bei euch aufhalten soll.*»

«*Oh, ich weiß nichts davon. Ich bin gerade erst hier angekommen, von weit drüben, von Pa-tik. Warum sucht ihr den weißen Mann?*»

«*Weil er das Leben stört.*»

«Oh, wenn er das Leben stört, falls ich ihn treffe, soll ich ihm einen Giftpfeil in den Leib blasen?»

«Oh, tu's nicht!»

«Warum nicht, wenn er ein böser Mensch ist?»

«Ja, die Regierung sagt, er störe das Leben. In Wirklichkeit will er euch in den Quellgebieten helfen.»

«Warum sucht ihr ihn dann?»

«Weil wir so geheißen werden. Doch falls wir ihn treffen, werden wir ihn nur festnehmen und nach Hause schicken. Wir selbst, uns gefällt es hier gar nicht – wüstes Land! Hier, schon mein zweites Paar Sandalen ist gerissen auf dem Weg zum Waschplatz, in dem steilen, steinigen Gelände.»

«Ja, da seht ihr, warum wir hier blockieren. Uns gefällt das auch nicht, wenn die Erde überall von Bulldozern aufgerissen und verwüstet ist.»

Nachdem das Polizeikommando den Ort verlassen hatte, blieben in seiner Unterkunft sieben Paar gerissene Sandalen zurück.

Versprechen

No Megíh, Ende Zwanzig, Vater eines Kindes, Penan von Long Napir, erzählt:
Nach Ablauf der zweiten Frist erschien der Resident mit den ‹Herren des Waldes› an unserer Blockade und forderte uns auf, zu öffnen. Er werde zu den ‹Großen› nach Kuching gehen und die Situation klären. Die Regierung werde den Einwohnern ein Waldreservat zugestehen, und die Company werde Transporte gewähren. In einer Woche werde er zurückkommen und berichten – doch nicht hier an der Blockade – unten im Langhaus werde er sprechen. Doch während der Resident sprach, blickte er nur auf die Leere der Straße, dann zu seinen ‹Waldherren›. Und wieder auf die Leere der Straße – guckte aber nie einen von uns an. Da zweifelte ich an der Wahrheit seiner Rede. Uian drohte, man würde die Brücken in Brand setzen, falls die Behörden das angestammte Land verweigern. Nach langem Zusprechen beseitigten die Kelabit selbst die Blockade, und frohlockend transportierte die Company die Blockademitglieder zurück ins Langhaus. Nur zwei Familien von uns blieben schweren Herzens neben der geöffneten Blockade, wo die schwerbeladenen Laster seither täglich talwärts brummen.

Am angekündigten Tag des Meetings gingen wir alle ins Langhaus von Long Napir, um den Residenten anzuhören. Auch einige Nomaden waren drei Tagesmärsche weit hergekommen. Da wurde uns gesagt, der Resident habe das Meeting um eine Woche verschoben. Enttäuscht kehrten die Nomaden zurück in den Dschungel – und auch ich lief kein zweites Mal, denn ich schenkte dem Residenten keinen Glauben.

Kellawet (Gibbon), Mitte Dreißig; aus Long Napir. Der ruhige Mann mit kinderreicher Familie hat seinen Namen wegen seiner langen Unterarme erhalten. Er erzählt:

Der Resident wollte getrennt zu den Kelabit und den Penan sprechen. Da erschien er in unserem Haus in Long Napir und sprach: «Die Regierung gibt euch Penan eine Million Dollar Hilfe. Hier, 100'000 Ringgit sind in meinem Besitz, griffbereit, um euch Penan in Long Napir zu unterstützen. Doch weil ihr die Regierung angreift und Blockade gemacht habt, werden wir euch weder ein Jagdgewehr noch eine Motorsäge noch einen Außenbordmotor geben. Wir werden das Geld für einen Hausbau oder Ähnliches verwenden.»

Da ging ich zum Residenten und fragte: «Wo bist du zu den Großen in Kuching gegangen? Was ist nun mit unserem Land?»

«Ich war nicht in Kuching.»

«Dann hast du uns angelogen und bist ein falscher Mensch!»

«Wie kannst du es wagen, mich einen falschen Menschen zu nennen? Meine Aufgabe war nur, die Blockade zu öffnen und euch Hilfe zu geben.»

Dann verteilte er Äxte, Ausschußhemden, kurze Abschnitte Lendenschurzstoff, Zucker und Biscuits an uns. «Was verlangt ihr?»

«Unser Land!» antworteten wir.

«Wie groß?»

Da nannten wir das Gebiet des Ulu Limbang bis zu den Quellen sowie den Ulu Tutoh. Die ‹Herren des Waldes› bückten sich darauf über ihre Landkarten, und einer sprach: «So big!»

Ich entgegnete ihm: «Not so big! Unser Land ist nur klein, und wir Penan brauchen es zum Leben!»

Da fiel der Manager Pita Abong dazwischen: «Unmöglich! Hört nicht auf die Penan! Wenn das so ist, wo bleibt für uns Land, wo wir arbeiten können?»

«Oh», erwiderte ich, «ihr habt euren Teil längst genommen! Der Sidung-Fluß, Sangéh, Long, Temurah, Benuang, Nuan, Sembayang! Nun zerstört ihr das Gebiet des Tuan- und Talun-Flusses!»

Man fragte uns: «Wollt ihr nicht Geld? Zucker? Dinge?»

«Ja, wir sind arm, doch was wir verlangen ist unser Land, wo wir leben können.»

Dann verließen die Behörden unsere Siedlung mit dem Versprechen, zu schauen, was zu machen wäre ...

Pita Abong aber sprach zu seinen Kulis: «Hört nicht auf die Penan! Geht vorwärts und markiert das Land mit Farbe! Die Penan werden keinen von euch töten, nur leere Worte ...»

Nach wie vielen Jahren Versprechen hat uns die Regierung eine Reismühle geschenkt. Kein einziger von uns Penan in Long Napir hat letztes Jahr Reis ge-

pflanzt. Als wir damals in der Nähe unserer Blockade Dschungel roden wollten für unsere Felder, wurde es verboten. So besitzt keiner von uns Reisvorräte – wir alle verarbeiten Sagopalmen und essen Maniok (Ubi Kayú), das Wenige, das geblieben ist.

Wellblech

Nachdem die Oberhäupter semiseßhafter Penan am Patáh* in einem Dokument ihren Lebensraum – das gesamte Gebiet des Flusses von der Mündung bis zu den Quellen – den Holzgesellschaften zur Ausbeutung erlaubt hatten, auf das Versprechen hin, als Gegenleistung eine Motorsäge und eine Reismühle zu erhalten, verließ Aueng Tewai seine Bleibe. Er kehrte 1984 von Long Nutan zurück an den Limbang-Fluß, wo sein Vater zeit seines Lebens gelebt hatte. Nach Übereinkunft mit weggewanderten Kelabit wurde er in deren einstigem Kulturland in Long Tegan seßhaft. Die Dorfschaft zählt rund acht Familien mit insgesamt 40 Mitgliedern. Zwei Sippen haben sich zusammengeschlossen: Alle Dorfbewohner sind Nachkommen von Aueng und dem Ältesten No mit Schwiegersöhnen. Doch nicht lange, da erreichte sie auch hier eine Logging-Company. Das Dorf macht einen ärmlichen Eindruck, und die Bewohner sind hungrig. Ihre Kulturen sind mehr als dürftig; nur ein wenig Reis ist von der letzten Ernte übriggeblieben. Weder Früchte noch Gemüse sind vorhanden, die Maniokfelder sind von Wildschweinen geplündert. Die Fische im Fluß sind auch hier rar geworden, seit die Company wütet, und so auch das Wild. Alle Bewohner gehen wildes Sago verarbeiten; einziges Gemüse sind Palmherz und Maniokblätter. Doch die Distanzen zu erntbaren Sagopalmen werden je länger je weiter.

Die Hütten sind mit Blattwerk, Plastikblachen und einigen rostigen Blechen gedeckt, durch deren Löcher man den Himmel sieht. Daneben gleißen einige neue Wellbleche; der Resident von Limbang hat sie mit folgender Botschaft als Hilfe an die Penansiedlung geschickt: «Wenn ihr an der Blockade teilnehmt, werde ich selbst kommen, eure Dächer wieder abdecken und sie ins Wasser schmeißen.» Aueng, der ruhige Dorfsprecher gesetzten Alters, hat die Antwort bereit: «Schmeiß die Bleche ruhig in den Fluß – wenn nur unser Land bleibt!» Der japanische Manager Senia hatte Aueng einst eine 25-PS-Hardboard-Engine und 2000 Ringgit versprochen, gegen die Zusage, bei der Grabstätte von Auengs Verwandten Bäume schlagen zu dürfen. Nach langem Zureden hatte Aueng zugesagt. Viele Monate nach der Extraktion des Holzes tauchte Senia in Auengs Siedlung auf:

* Ulu Baram, 4 Dorfschaften: Long Lilim, L. Kaui, L. Nutan, L. Item

155

«Hier, 500 Ringgit.»

«Wofür?»

«Wegen der Grabstätte.»

«Wenn das so ist, geh nur wieder nach Hause.»

«Was verlangst du?»

«Unsere Abmachung war ein Motor fürs Boot und 2000.»

«Nein, hier 500 Ringgit.»

Nach langem Hin- und Hermarkten erhielt Aueng einen Betrag von 1500 Ringgit von Manager Senia, während der Motor bis heute ein Traum blieb.

«Fische angelt man mit Heuschrecken und Würmern, Menschen ködert man mit Geld.»

Aueng berichtet:

Da wurde ich vom Residenten in Limbang zusammen mit andern Dorfoberhäuptern von Pensiedlungen in sein Office gerufen. «Hier, der Lohn des Tua Kampong (Gemeindepräsident) beträgt 300 Ringgit im Jahr», sprach er, «Aueng, ich werde dir den Lohn nicht geben!»

«Oh, gibst du, so gibst du. Gibst du nicht, so gibst du eben nicht. Ich bin vergeblich hierhergekommen, nur weil du mich gerufen hast. Ich bin kein Tua Kampong – ich bin nur ein Kind des Volkes.»

«Oh, wenn das so ist, mache ich dich sogleich zum Tua Kampong. Allerdings», er hielt einige Banknoten vor meine Nase, «Lohn gibt's nun keinen. Vielleicht nächstes Jahr.»

Darauf wandte er sich zu Kayan, dem Oberhaupt von Long Sembayang:

«Du fragst nicht nach dem Lohn des Tua Kampong?»

«Ja. Hier bin ich und habe nicht genügend Mittel, meine Kinder hier in der Stadt zu ernähren.»

«Hast du schon Lohn erhalten?»

«Nein, auch vergangenes Jahr ist mein Lohn ausgeblieben.»

«In diesem Fall gebe ich dir 600 Ringgit, Kayan. Oh, bist du nicht den vielen gefolgt und hast eine Company blockiert?»

«Ja – letztes Jahr habe ich blockiert.»

«Bei der neuen Blockade, warst du dabei?»

«Nein.»

«Du lügst! Was steht da dein Name als Mitglied?» schwenkte der Resident ein Stück Papier.

«Sie haben meinen Namen einfach auf die Liste gesetzt, als ich da mein Kind holte. Ich habe nicht bei der Blockade gelebt.»

«Wenn das so ist, gebe ich dir nicht den vollen Lohn. Hier 400 Ringgit. Wenn

du später jedoch wieder blockieren solltest, werde ich deinen Namen als Tua Kampong wegwerfen!»
Darauf zog der Resident einige Geldscheine aus der Tasche und zählte, während er mir jeden Schein einzeln nah vors Gesicht hielt: «10, 20, 30, 40 Ringgit», und gab sie mir als Unterstützung für die Tage in Limbang.

Vom Widerstand im kleinen

Uian, Ende Dreißig, kinderreiche Familie, erzählt von einer Mini-Blockade im Long-Napir-Gebiet Anfang September 1988.
Da ertönte plötzlich Bulldozergebrumm bei unseren Reisfeldern am Sen-Bach. Wütend gingen wir und sprachen zum Fahrer: «Nur du hast einen Magen – wir haben keinen?! Wo suchen wir unsere Nahrung? Wo hat unser Reis Leben, wenn die Erde gekehrt ist? Dies ist das Land, das wir euch verbieten!»
«Wartet, wenn das so ist, gehen wir zum Manager.»
Der Fahrer kam zurück: «Kümmert euch nicht um die Penan, die werden euch kein Leid zufügen, heißt uns der Manager zu arbeiten. Gut, ihr erstellt eine Blockade und verbietet euer Land auf klare Weise.»
So sperrten wir vier Familien den Weg. Da rief uns der Manager zu sich: «Doch kommt nicht zu viele! Vermischt nicht mit Kelabit! Ich will nicht viele Stimmen hören!»
Vier Mann gingen wir.
«Was braucht ihr?» fragte der Manager.
«Unser Land!» antworteten wir.
«Wie groß?»
«Vom Tuan-Fluß an quellwärts. Doch ihr hört nicht auf uns. Wie weit ist es schon von euch zerstört! Den Sen-Bach in unserer nächsten Nachbarschaft verbieten wir wirklich!»
«Warum? Hier, wenn ihr Bretter nehmen wollt, kann ich euch 3m³ geben, und Gewinnanteil von 50 Cent pro Kubikmeter.»
«Datuk James Wong (Verkehrs- und Umweltminister, Inhaber der operierenden LTL-Company) *hat uns einst ein kleines Reservat am Terasa-Fluß und 3m³ Bretter zugesagt. Inzwischen ist das genannte Land schon zerstört, und die versprochenen Bretter haben wir auch nicht erhalten. Wir glauben euch nicht! Wir verlangen 2 Ringgit pro Kubikmeter Schadenersatz.»*
«Laßt uns später darüber reden.» Er nannte ein Datum. Während dieser Zeit gingen die Holzfäller wieder ans Werk. Am angesagten Tag des Meetings gingen wir und warteten bis zum Abend, doch niemand erschien.
So halten sie uns zum Narren. Da erstellten wir wiederum eine Blockade und verlangten 60'000 Ringgit, von wem auch immer, der sie öffnen will.

Die Polizei kam, trat aber nicht in Aktion.

Da tauchte der Manager auf und sprach: «Geld können wir euch nicht geben, höchstens 50 Cent pro m³. Doch mit Nahrung können wir euch unterstützen.» Er verteilte drei Büchsen Biscuits, 5 kg Salz, zehn Taschenlampenbatterien und Tabak an uns. Darauf versprach er, den Inhaber der Company zu fragen, wie weit er bereit sei, Hilfe zu geben.

Er kam zurück und erklärte: «Das einzige, was Datuk J. Wong zugestände, wären 3 m³ Bretter.»

«Wenn das so ist, könnt ihr nicht weiterarbeiten!»

«Selbstverständlich können wir!» erwiderte der Manager.

«Nein! Wir verbieten es euch!»

«Dann werdet ihr bald verhaftet!»

Da kam der ‹Herr des Waldes› und sprach zu uns: «Wenn ihr bis in fünf Tagen eure Absperrung nicht öffnet, werdet ihr festgenommen! Gut. Ihr beseitigt selbst die Blockade und geht nach Limbang zum Residenten. Er hat Geld bereit und wird euch Hilfe geben.» So öffneten wir unsere Absperrung und gingen nach Limbang zum Residenten. Lange ließ er uns da warten, bis wir einschlafen wollten. Dann rief er uns ins Büro und sprach: «Oh, wenn eure Blockade geöffnet ist, höre ich euch gerne an. Wenn ihr jedoch blockiert, werdet ihr mich vergeblich aufsuchen, und ich werde das Office durch die Hintertür verlassen. Was ist euer Kummer?»

«Früher hast du zu uns gesagt, dein Tisch sei voll von Geld, so viel, daß wir Penan es nicht zusammenraffen und zählen könnten. Was wir wirklich brauchen, ist unser Land. Doch wenn niemand auf uns hört, verlangen wir Schadenersatz.»

«Oh», erwiderte der Resident, «diese Dollars werden wir für Projekte wie Hausbau und Plantagen verwenden.»

«Du sagst Regierung, doch um was auch immer wir als Hilfe fragen – da ist nichts», antwortete ich.

«Oh, das ist, wie das malaysische Sprichwort sagt: Einen Fisch können wir geben, jedoch nicht das Wurfnetz. So können wir euch eine Mahlzeit geben, jedoch nicht Dinge wie eine Motorsäge oder ein Gewehr.»

«Wenn du mir jetzt einen Fisch gibst, so werde ich heute satt sein. Doch was ist mit meinen Kindern, meiner Frau zu Hause? Gib mir ein Wurfnetz, und ich verstehe selbst, Nahrung für meine Familie zu beschaffen.»

«Wenn das so ist», erwiderte der Resident, «treffen wir uns später wieder und sehen, was zu machen ist. Ich selbst könnte euch zwei Gewehre und Munition geben, die ihr im Dorf abwechselnd zur Jagd verwendet. Doch die Regierung erlaubt es nicht. Geht und redet mit dem D.O. (District-Officer, Untergebener des Residenten) *und der Company.»*

Darauf lud er uns zum Essen ein, und wir konnten Coca-Cola trinken. Wir gingen zurück zur Company. Deren Verwalter Pita Abong sprach: «Verbietet uns nicht das Land!» und verteilte Reis und Zucker an uns.

«Wir nehmen diese Nahrung. Doch ihr macht euch damit über uns lustig. Wenn ihr uns nicht Schadenersatz bezahlt, lassen wir euch nicht arbeiten.»

Die Company hörte nicht auf uns. Da kam ein Forst-Beamter und drängte mich, ein Papier zu unterschreiben – es sei eine gute Schrift. Darin werde ich am 19. September 1988 an den Gerichtshof in Limbang gerufen. Ich weigerte mich, meinen Daumen auf das Papier zu drücken. Warum haben sie nur meinen Namen auf die Liste gesetzt? Wir sind viele, die unser Land verbieten.

Stille Gestalt

Maleng (der Wegschmeißer), Mitte Vierzig, erhielt seinen Spottnamen, weil er sich einst dagegen gewehrt hatte, Speise fortzuwerfen. Nach langem Ledigsein lebt er nun mit Bulan zusammen, die von ihrem ersten Mann verlassen wurde und mit vier Kindern allein zurückblieb. Ihre jüngste Tochter Numi geht in Long Napir zur Schule, wenn nicht gerade die wilden Früchte reifen. Darum sind auch ihre Eltern versuchsweise in Long Napir seßhaft geworden. Doch die Kulturen waren nicht befriedigend, und meistens hält sich das Ehepaar im Dschungel auf, wo Nahrung zu finden ist. Maleng beginnt sein Tagewerk mit einem Gebet und hat die Hütte meist schon

Maleng mit erbeutetem Kurzschwanzmakaken-Männchen, dem das Schmausen von Würgfeigen zum Verhängnis wurde. Die Beripun-Blätter werden als Unterlage dienen, um die Beute darauf zu zerteilen.
Der Jäger hat dem getöteten Affen Unterarm und Schenkelknochen gebrochen, um den bösen Geist Pennakoh unschädlich zu machen, der sich oft in der Gestalt kletternder Tiere verbirgt und dem Schützen auflauert. Finger und Zehen werden durch Hautschnitte miteinander verbunden, und schon ist der Rucksack mit Trägern entstanden. Ein Blätterknäuel im Mund des Affen soll dessen Kiefer in geöffnetem Zustand erstarren lassen.

nach der Morgendämmerung verlassen. Mit Vorliebe geht er auf Jagd und erklettert Fruchtbäume. Auf einem Streifzug versteckte er einmal liebevoll einige Pellutan-Lianenfrüchte in einem Termitennest und verdeckte sie sorgfältig mit einem Blatt. Auf dem Heimweg holte er dann die leuchtend-orangen Kugeln sachte hervor – als Überraschung für sein Töchterchen Numi.
Eines Tages will er aus seiner Jagdhütte am Terasa-Bach einige Habseligkeiten holen. Doch er findet die ganze Umgebung gebulldozert. Seine Hütte ist verschwunden, und mit ihr auch seine zurückgelassene Pfanne, Axt, Moskitonetz, Hemd, Rock, Schlafmatte und eine Ration Zucker.

Brief von Spring, 1. August 1988

Bruder, es ist traurig festzustellen, was ich denke. Vielleicht wirst du sagen, ich habe meinen Quell verloren – doch es ist die Realität:

1. Die meisten meiner Stammesangehörigen haben gesehen, was Logging-Companies an anderen Orten getan haben, um die Eingeborenen für einen Moment ‹reich› zu machen. Da sie in der fruchtlosen Auseinandersetzung müde geworden sind, fragen sie nun nach Entschädigung. Hinter meinem Rücken deuten sie auf mich, der es nach der Gerichtsverhandlung abgelehnt hatte, 2 Ringgit pro m³ Kommission von der Company anzunehmen. In Wirklichkeit hatte die WTK-Co. mir privat 30'000 Ringgit für die Zusage offeriert. Doch ich hatte abgelehnt. So steh ich in der Klemme zwischen den Forderungen meiner Leute nach Entschädigung und jener der Penan nach der Bewahrung ihres Landes – und alle suchen sie meine Hilfe. Verlangen wir Schadenersatz, Gewinnbeteiligung, so geht die Zerstörung weiter. Wollen wir den Wald bewahren, kommen wir der Regierung in die Quere, die entsprechende Schritte gegen uns unternimmt. Viele Leute sagen, wir müßten zu einem Kompromiß und Ende kommen, ansonsten sei der Kampf fruchtlos. Sie klagen mich an, das Unmögliche zu wollen, den Wald.

2. In Zeiten der Not bin ich jeweils auf mich selbst zurückgeworfen, und alle versprochene Hilfe bleibt aus. Schau, seit Harrison Ngau, der Vertreter von SAM (Sahabat Alam Malaysia) unter ISA* festgenommen worden ist, hat man nichts mehr von der Organisation gehört, und keine einzige erneute Blockade wurde im Baram erstellt. Für zwei Jahre ist dem SAM-Sprecher jegliche öffentliche Tätigkeit verboten. Der Resident von Limbang hat dem Chef-Minister empfohlen, mich unter ISA festnehmen zu lassen. Vor Gericht gebracht zu werden, fürchte ich nicht, doch ISA würde bedeuten, daß ich meine Meinung nicht mehr frei äußern dürfte ...

---

* Internal Security Act: erlaubt Festnahme für zwei Jahre ohne Gerichtsverhandlung.

3. Unterstützung von Übersee, was hat sie gebracht? Sie hat die Regierung nur um so dickköpfiger gemacht gegenüber den Forderungen der betroffenen Eingeborenen. Sie vergeudet unsere Zeit mit Verhandlungen. Inzwischen wühlen die Bulldozer weiter. Sie klagen den sogenannten Champion der Eingeborenen an als Grund für langsame Entwicklung. Wir würden unseren Leuten nicht wirklich helfen, doch die Regierung wende unseretwegen den Sorgen der Eingeborenen den Rücken.

4. Obwohl wir korrekt sind, können sie den Kampf zu ihrem eigenen Vorteil wenden und uns so zu Sündenböcken erklären. Jene, die für den Wald kämpfen, sind verstreut und desorganisiert. Die Mehrheit der Betroffenen sitzt rum und schweigt. Wegen ihres Schweigens denkt die Regierung, sie würden den Kampf nicht unterstützen, und fährt weiter mit destruktiver Holzfällerei. Bruder, ich fühle, wie einsam es ist, den Weg der Gerechtigkeit allein zu gehen: Ich gebe nicht auf, aber ich versuche zu tasten und zu analysieren, in welche Richtung der Kampf deutet.

Ich will meine Zeit nicht weiter vergeuden. Erfolg kann nur kommen, wenn sich alle Eingeborenen vereinen, um den Wald zu bewahren.

Obwohl ich schwach zu werden scheine, mein Herz ist immer noch stark im Kampf. Ich habe Mühe, meine Hände ganz davon zu lassen. Ich fühlte tiefe Bitternis und Bedauern, falls ich nur so aufgeben würde. Ich bin bereit, meine Zeit und meinen Profit aus meinem Geschäft zu opfern, um den Leuten zu helfen. Ich möchte ausruhen, doch es scheint unmöglich. Ich suche Wege, meinen Stammesmitgliedern beizustehen, doch ich bin nur ein kleiner Fisch.

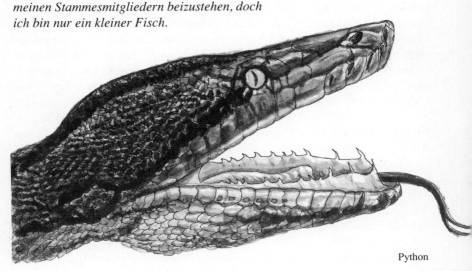

Python

«Polizei und Ministerium überwachen stets Entwicklungen in Umweltschutzgruppen und gewisse Individuen. Die Polizei macht keine Ankün-
digung, bevor sie gegen etwas handelt.»
Vize-Minister für innere Angelegenheiten, Datuk Megat Junid (28)

Japanische Brücken

Ende November 1988. Wie ein Dolch im Fleisch trifft mich die Botschaft, Bulldozer hätten nun den Tutoh-Fluß weiter talwärts überquert, um dem noch unberührten Gebiet der Nomaden am Ubung den Garaus zu machen. Der japanische Ingenieur Fujioka, eine Schlüsselfigur in dem Geschehen, baut nun eine
weitere Brücke, wohl seine fünfte, über den Magóh-Fluß – und öffnet der erbar-
mungslosen Maschinerie fortwährend den Lebensraum des Dschungelvolkes.
Um die 200 ansässige Penan haben sich in der Bedrohung nochmals vereint
und blockieren. Trotz neuem Gesetz, das jedem, der sich den Companies in den
Weg stellt, mit 6000 M$ Buße und zwei Jahren Gefängnis winkt. Doch für sie
ist es eine Frage des Überlebens. Dreimal beseitigt die Polizei ihre wiederer-
stellten Blockaden, weigert sich aber, Eingeborene festzunehmen.
In der Penansiedlung Long Napir erscheinen wöchentlich Regierungs-Vertreter
und verbieten Blockaden. Hilfe sei nahe, der Ministerpräsident würde die Lizenzen für Holzfällerei zurücknehmen. Man solle sich weitere drei Monate ge-
dulden. Aus dem Fonds für Penanhilfe wurde ein flottes Haus für Beamte gebaut. Weiter winkt den Ansässigen Gewinn: Für einige tausend Dollar Lohn
können sie einen Pfad zu ihrem Haus ausbauen, damit Regierungsbesucher im
glitschigen Gelände nicht auf dem Hintern landen. Man will nun jedem Penan
eine Identitätskarte geben und ihm mit einer Nummer bestätigen, daß er im bü-
rokratischen Sinn existiert und somit Wahlrecht hat. Trotz der Drohung des
Tuhan Forest Dennis in Long Napir: «Wer wieder blockiert, wird festgenommen und in die Ice-Box gesperrt!» wurde bei einem Treffen erneut eine Blokkade angesetzt.

Nichts zu verbergen

«Es ist unsere Hoffnung, daß Außenseiter sich nicht in unsere internen
Angelegenheiten einmischen, vor allem Leute wie Bruno Manser. Die
Regierung von Sarawak hat nichts zu verbergen. Wir haben eine offene,
liberale Gesellschaft.»   Chiefminister Datuk Taib Mahmud (29)

Publizität ist unerwünscht, Krisengebiete sind für Reporter gesperrt. Auch internationale Medien wie BBC und CNN erhalten keine Erlaubnis, aus erster
Hand von Blockaden zu berichten. Einige ausländische Reporter, die sich am

Thema Holzfällerei allzu interessiert zeigen, werden ausgewiesen, so u.a. zwei britische Journalisten (Sunday Star, 23.8.87).

Selbst ein Reporter des in Brunei gedruckten «Borneo-Bulletins» entschuldigt sich auf eine Anfrage: Sie hätten Anweisung, nicht über Blockaden von Eingeborenen zu berichten, ansonsten würde der Vertrieb ihrer Zeitung in Sarawak gestoppt. Ein Herausgeber der «Borneo-Post» wird entlassen, nachdem er einen Artikel abgedruckt hat, der die Logging-Politik der Regierung kritisiert.

Resolution

Das Europäische Parlament verabschiedet eine Resolution «über die katastrophalen Auswirkungen der großflächigen Abholzungen in Sarawak», in der beschlossen wird, Tropenholzimporte aus Sarawak einzustellen, bis erwiesen ist, daß sie aus Konzessionen stammen, die keine unakzeptablen ökologischen Schäden verursachen und die nicht die Existenz der einheimischen Bevölkerung bedrohen (siehe Anhang S. 272).

Vermutung

«Ich habe das heimliche Gefühl, daß die europäische Weichholz-Industrie, die fürchtet, Marktanteile gegen Tropenholz zu verlieren, hinter allem steckt. Einige blinde Idealisten und sogenannte Umweltschützer haben unwahre Gerüchte verbreitet und die mißliche Lage der Penan in Sarawak aufgebauscht, um Handelspartner für einen Boykott malaysischer Hölzer zu beeinflussen.»

Industrieminister Datuk Lim Keng Yaik (30)

Langer Marsch

Penan vom Baram. Umarmung.

Tränen stehen in Gissas Gesicht. Fünfundfünfzig Penan hatten sich zu dem monatelangen Marsch aufgemacht, um im Limbang-Gebiet an der Blockade teilzunehmen. Doch unterwegs hackte sich einer mit dem Buschmesser ins Knie, und ein anderer wurde von einer Giftschlange gebissen. Nur zweiundzwanzig erreichen das Ziel. Auch einige Frauen und Kinder sind dabei. Sie sind bereit, auf friedliche Weise eine Verhaftung zu riskieren, in der Hoffnung, die Bulldozer von ihrem Lebensraum fernzuhalten.

Einen Monat lang warten sie vergeblich auf Aktion. Die Initianten selbst säumen und sind nicht imstande zu organisieren. Die ansässigen Penan selbst stehen ohne Begeisterung dabei. Sie haben vergangene Blockaden wegen schwieriger Nahrungsbeschaffung und Erfolglosigkeit in schlechter Erinnerung. Die erste Blockade wurde nach acht Monaten gewaltsam beseitigt, ohne jegliche

Diskussion. Die zweite wurde von Teilnehmern selbst gegen klingende Münze geöffnet, ohne Zugeständnis, das Land betreffend. Auch der Dorfsprecher findet keine ermutigenden Worte. Bei den wenigen Verbleibenden sinkt das Vertrauen. Schweren Herzens machen sich die Penan vom Baram wieder auf den Heimweg, denn ohne Teilnahme der Ansässigen kann die Aktion nicht gelingen.

Dann erst fassen einige neuen Mut: Advokatenhilfe vom Tal sei garantiert; sie fällen ganz plötzlich den Entschluß. Kaum zwanzig Nasen zählt die Demonstration. Wenige Kelabit-Familien vereinen sich mit noch weniger Penan.

Beamte erscheinen an der Blockade und fordern schriftlich auf, diese bis in zwei Tagen zu öffnen, und laden zu einem Meeting im Tal ein. Die Teilnehmer weigern sich.

Da kamen plötzlich gegen Abend fünfzehn Autos voll bewaffneter Polizei. Ein Forest-Beamter ergriff kurzerhand eines unserer bei der Hütte aufgehängten Buschmesser und kappte die Rattanverschnürungen. Ich selbst, im Moment als einziger im Blockadengebäude, wurde grob beiseitegestoßen. Die Hütte wurde kurz und klein geschlagen und den Abhang hinuntergeworfen. Mit Motorsägen wurden die in die Straße gefällten Bäume beseitigt. Am nächsten Tag wurden wir verhaftet, je zwei Mann mit Handschellen aneinandergekettet. Sie weigerten sich, Frauen und Kinder zu fesseln. Gissa Paren, 27 Jahre, verheiratet

Verspätet

Ich war ins Dorf gegangen, um einige Bewohner als Verstärkung zur Blockade zu rufen. Nur zwei stimmten zu. Als ich am nächsten Morgen aufbrechen wollte, war der eine Feuerholz schlagen gegangen. Der andere fürchtete: «Dann werden sie Bomben auf uns werfen.» So machte ich mich allein auf den Weg. Da holte mich ein Wagen der Company ein, und lachend spotteten sie, die Blockade sei aufgelöst, deren Teilnehmer festgenommen. Ich stieg zu ihnen auf den Wagen und fuhr bis nach Limbang, um mich von der Polizei verhaften zu lassen. Unterwegs regnete es heftig. Nur im Lendenschurz schlotterte ich und umarmte meinen Vordermann, obwohl er ein mir fremder Chinese war.
Im Polizeigebäude in Limbang traf ich alle Blockadenteilnehmer. Ein Beamter sah mich zittern und fragte, ob ich friere. Dann brachte er mir ein Hemd und eine Büchse Coca-Cola. Doch die Polizei weigerte sich, mich zu verhaften. Die Festgenommenen wurden nach zwei Tagen gedrängt, ein Dokument zu unterschreiben. Sie taten es und wurden darauf auf freien Fuß gesetzt. Die Gerichtsverhandlung aber wurde angesagt, auf sieben Monate später. Und bis dann geht die Zerstörung weiter. Maleng

Legaler Diebstahl?

Bei der Entlassung der Verhafteten weigerte sich die Polizei, die konfiszierten Blasrohre und Gewehre wieder auszuhändigen.

«Gut, behaltet mein Blasrohr! Aber merkt euch meinen Namen: Ich bin Along Segá vom Adang. Ich werde nun zurückkehren in den Dschungel. Da sind genug Blasrohre und Giftpfeile. Am Ende der Logging-Straße, da werdet ihr wieder von mir hören!»

Da gaben sie den beiden festgenommenen Nomaden ihre Waffen zurück und baten, diese nicht gegen die Companies zu gebrauchen.

«Wenn die Holzfäller nicht ruhen, unsern Lebensraum zu zerstören, werden wir uns verteidigen.»

Auch Ngituns Gewehr wurde am selben Tag (29.11.88) beschlagnahmt, obwohl er es fernab der Blockade in seinem Dorf eingestellt hatte. Alle Versuche, seine Waffe, mit der er seiner Familie Wildbret verschafft, zurückzuerhalten, sind bisher (September 1991) gescheitert.

Neue Sitten

Keraji Nyagung, Mitte Vierzig, sieben Kinder, ist in Long Sembayang halbseßhaft geworden. Obwohl von zarter Gestalt, hat er schon manchen erlegten Bären auf seinem Rücken heimgebuckelt. Sein Vater war einer der letzten Magier, der seine Hand ohne Schmerz in die brennende Harzfackel hielt und der das letzte traditionelle Gottesurteil (Pesupa) berufen hatte, nach dem der Schuldige mit seinem Leben bezahlte.

Aji selbst hat ein immenses Gedächtnis und ist der Märchen- und Sagenerzähler des Gebiets. Stundenlang kann er aus seinen Schätzen schöpfen, bis der letzte und hinterste eingeschlafen ist. Doch das traditionelle Leben ist getrübt. Seine älteste Tochter wurde vom chinesischen Manager zum Waschen angestellt und lebt seither als dessen Konkubine samt einem Bruder im Camp, gegen alle Einwände der Eltern.

Aji beklagt all das Nutzholz, das von der LTL-Company versaut würde. Er könne zu etlichen Stämmen führen, die nach dem Fällen einfach liegengelassen wurden. Darunter ein Kapur-Stamm, über den man im Stehen gerade noch drübersehen kann (Ø ca. 160 cm).

«Warum verbietest du uns das Land?» wurde er einmal vom japanischen Projektleiter angesprochen. «Hab ich dir früher nicht geholfen? Wo wäre dein Kind nun, hätte ich es nicht damals hinunter ins Spital gefahren?»

«Wenn du in unser Land kommen willst, so komm! Lebe mit uns zusammen, pflanze mit uns Reis und geh mit uns fischen und auf die Jagd. Du kannst auch für immer bei uns bleiben und so leben wie wir.»

166

~ 900 ~

«Nein», entgegnete der japanische Manager, «ich bleibe nur fünf Jahre, bis meine Arbeit getan ist, dann ziehe ich wieder ab …»

Hier am Terasa-Fluß sind viele Begräbnisstätten meiner Verwandten. Da die Company nun in der Nähe arbeitet, bin ich hierhergezogen, um die Stellen zu hüten, und habe ein kleines Reisfeld erstellt. Bulldozerführer und Holzfäller versprachen mir, nicht in das mit dem Buschmesser gekennzeichnete und abgegrenzte Gebiet einzudringen.
Dann ging ich, meine verlassene Siedlung zu reparieren. Auf dem Rückweg von dort erkrankte ich. Als ich nach mehreren Wochen wieder gehen konnte und zu meinem Reisfeld kam, war die Company gerade daran, die Begräbnisstätte meines verstorbenen Bruders zu verwüsten. «Habt ihr einen Kopf ohne Ohren?! Seid ihr dumm?» hab ich sie gefragt. Der Manager weigerte sich, über den Vorfall zu sprechen, doch er hieß seine Angestellten weiterzuarbeiten. Sie hören nicht hin, aber sie wüten weiter. Während die Bäume fallen, jauchzen die Holzfäller und lästern uns Geschädigte. Bulldozerführer kümmern sich einen Deut um unsere Kulturen. Erde und Bäume fallen nun bis in Yats Reisfeld.

Klagen
Penan vom Apo, Layun, Tutoh, Magóh und Limbang klagen über zerstörte Grabstätten. Bei heftigen Klagen bezahlen Companies manchmal 300 Ringgit an die Angehörigen: «Es ist besser, du nimmst, was wir dir für die zerstörte Grabstätte anbieten, sonst bekommst du überhaupt nichts.» … um für denselben Preis alle weiteren Gräber dahinzufegen. Denn das Nutzholz von einem solchen Ort mag im Wert zwischen 10'000 und 100'000 Ringgit schwanken.
Der Penan fürchtet aber die Rache der gestörten Totengeister. Kein einziger Fall ist bekannt, daß Grabstätten der Penan geschont wurden. Eine Umfrage in Long Napir ergab:

Zerstörte Grabstätten*
Der Name von Verstorbenen wird bei Penan nicht ausgesprochen, aber umschrieben, wie der Vater von …, die Mutter von …
Tamen = Vater / Tinen = Mutter / Anak = Kind / Do = Ehefrau / Pade = Bruder, Schwester / Tepun = Großvater, Großmutter / Ba = Fluß / I-ot = Quellgebiet / Long = Flußmündung / Payáh = Bergregenwald
LTL = Limbang Trading Limbang, im Besitz des Umweltministers.
WTK = Wong Tung Kwang Company

---

* Die Liste ist unvollständig und soll nur als Beispiel aus einem Dorf gelten.

	Grabstätte von	Standort	Company	Entschädigung/ Ringgit
1.	Tamen Geneng	Payáh Sipai	WTK	600
2.	Tinen Payun	Ba Seladíh	WTK	-
3.	Pade Bulan Tewai	Ba Seladíh	WTK	-
4.	Tinen Bulan Tewai	Ba Paking	WTK	-
5.	Anak Lakei Nyape	Ba Runund	WTK	-
6.	Anak Toi	Ba Seluin	WTK	300
7.	Pade Tipong (2)	I-ot Magóh	WTK	-
8.	Pade Kiki (2)	I-ot Tarum	WTK	600
9.	Tamen Selai	Ba Zele	LTL	-
10.	Do Toi	Payáh Sipai	LTL	-
11.	Tinen Tá	Long Bilung	LTL	-
12.	Tamen Along	Ba Payau	LTL	-
13.	Anak Along (2)	Ba Sembayang	LTL	600
14.	Tepun Along	Ba Sen	LTL	-
15.	Pade Along	Ba Terasa	LTL	-
16.	Dulit Puding	I-ot Sen	LTL	-
17.	Anak Ngo	Payáh Sipai	LTL	-
18.	Pade Ngo	Patáh Benuá	LTL	-

Pfeilgift und Fruchtbäume

Pfeilgiftbäume (Tacem) sind für den Penan lebenswichtig, es ist traditionell verboten, sie zu fällen. Die Giftmenge eines einzigen Baumes kann theoretisch viele tausend Tiere töten und hat somit den Wert von ebensovielen Patronen. Für ihre Qualität bekannte Stämme können bis in 15 m Höhe angezapft sein.

	Baum	Standort	Zerstört von
1.	Tacem	Long Bilung	LTL
2.	Tacem	I-ot Kopit	LTL
3.	Tacem	Ba Zele	LTL
4.	Tacem	Long Penú	LTL
5.	Tacem	Long Selana	LTL
6.	Tacem	Ba Pejek	LTL
7.	Tacem	Bateu Nyiwung	LTL
8.	Tacem	Ba Belebo	LTL
9.	Tacem	Ba Sipai	LTL
10.	Tacem (9)	Ba Sen	LTL

11.	Tacem (3)	Ba Kelian	WTK
12.	Tacem	Ba Belengang	WTK
13.	Tacem	Ba Bateu Leta	WTK
14.	Medang djá-au	Long Bilung	LTL
15.	Tungen	I-ot Zele	LTL
16.	Nakan	I-ot Zele	LTL
17.	Nakan (2)	I-ot Seladíh	LTL
18.	Bela	Ba Sembayang	LTL
19.	Bela	Ba Sen	LTL
20.	Alim	I-ot Paking (Sauá A-lim)	LTL
21.	Nakan	Saua Belawan (Ba Yap)	WTK
22.	Durian (2)	I-ot Peluin	WTK
23.	Durian	Ba Penalang	WTK
24.	Durian	Ba Belengang	WTK
25.	Durian	I-ot Zele	LTL
26.	Nakan (Viele)	Ba Nu-an	LTL
27.	Nakan/Alim	Bateu Nyiwung	LTL

Posong, La-it und viele andere, hunderte Fruchtbäume und Blasrohrhölzer wie Nyagang, Pa, Nyuwei, Tanyit wurden zerstört; sie alle den Bergen und Quellen nach aufzuzählen würde der Company LTL Kopfschmerzen verursachen. LTL bezahlte den Penan von Long-Napir 1989 eine einmalige Entschädigung von 4700 Ringgit. Nach Tipong Rigung, Long Napir.

Von LTL-Company zerstörte Reisfelder (Long Napir)

	Besitzer	Ort	Jahr	Entschädigung
1.	Lejo	Tokong I-ot Bilung*	1986	-
2.	Pangho	«	1986	-
3.	Ibung	«	1986	-
4.	Yeng	«	1986	-
5.	Lakei Petujek	Ba-Seladíh	1988	-
6.	Nyerua	«	1988	-

* Berg der Leopardenquellen

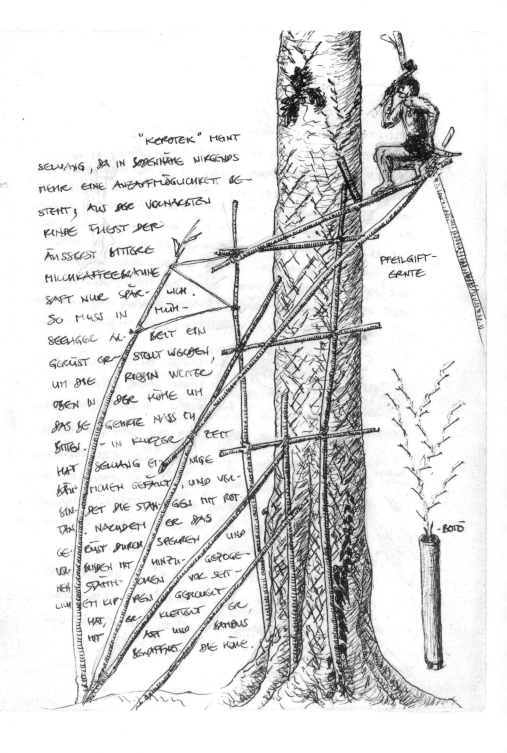

"KEROTEK" MEINT
SELUANG, DA IN SODENNÄHE NIRGENDS
MEHR EINE ANZAPFMÖGLICHKEIT BE-
STEHT; AUS DER VERNARBTEN
RINDE FLIESST DER
ÄUSSERST BITTERE
MILCHKAFFEEBRAUNE
SAFT NUR SPÄR- LICH.
SO MUSS IN   MÜH-
SEELIGER AR- BEIT EIN
GERÜST ER- STELLT WERDEN,
UM DIE   RIESIN WEITER
OBEN IN DER HÖHE UM
DAS BE GEHRTE NASS ZU
BITTEN. - IN KURZER ZEIT
HAT   SELUANG EI- NIGE
BÄU- MCHEN GEFÄLLT, UND VER-
BIN- DET DIE STAN- GEN MIT ROT-
TANG. NACHDEM   ER DAS
GE- RÜST DURCH SPERREN UND
VER BINDEN MIT HINZU- GEZOGE-
NEN STÄMM-   CHEN VOR SEIT-
LICH-   ETT KIP- PEN GESICHERT
HAT,   ER   KLETTERT ER,
MIT   AXT UND   BAMBUS
BEWAFFNET   DIE HÖHE.

PFEILGIFT-
ERNTE

- BOTO

TIGERGEIST

"EINE FRAU GING NACH LAI-FRÜCH-
TEN SCHAUEN. SIE HÄNGTE IHR
KIND IM ABALI[1] AN EINEN AST
DES BAUMES UND KLETTERTE AUF-
WÄRTS. DORT KAPPTE SIE MIT
DER AXT DIE FRUCHT-TRAGENDEN
ÄSTE. - DA HÖRTE SIE DIE STIMME
DES SICH NÄHERNDEN TIGERGEISTES[2].
DIESER GING SOFORT ZUM SÄUGLING,
UM DESSEN KOPF ZU VERSCHLINGEN. SCHNELL
KLETTERTE DIE MUTTER ABWÄRTS UND SPALTETE
MIT DER AXT DEN SCHÄDEL DES TIGERGEISTES.
DIESER WAR SOFORT TOT. DIE FRAU ABER NAHM
IHR KIND UND GING NACH HAUSE.

SEIT JENER ZEIT FÜRCHTET SICH DER TIGERGEIST
VOR DER AXT. - WENN DU EINER LAI-FRUCHT BE-
GEGNEST, OHNE DEREN STAMM ZU SEHEN, ISS SIE NICHT!
SIE IST OFT DER KÖDER DES TIGERGEISTES[3]."

ALONG SEGA, ADANG

LAI   1:½
BAUM AUS DER DU-
RIANFAMILIE. STAND-
ORT BERGWÄLTS,
∅ < 70 cm. -
FRUCHT BIRGT
IN 5-7 SEGMENTEN
JE 3-6 VON
NAHRHAFT-SÜSSEM,
ETWAS SCHLIERIGEM
FRUCHTFLEISCH UM-
GEBENE SAMEN.

KEIMENDER
SAME
1:½

---

1 KINDGETRAGGESTELL AUS BAUMRINDE UND RATAN

2 TEPUN ; MENSCHENFRESSENDER GEIST, NACH DER SAGE VERWANDELTER PENAN

3 SIENG ;

Militärische Truppen

«Verrate uns nicht den Penan!» baten heimlich nach Pa-tik eingeschleuste Soldaten, als nachts ein Kelabitjäger über ihr verstecktes Camp stolperte.

Seit September 1988 hat die malaysische Regierung Kommandotruppen in unserem Siedlungsgebiet stationiert, allein am Kuba-an um die 80 Mann. Immer wenn wir das tiefe Brummen eines großen, schwarzen Hubschraubers hören, fürchten wir uns. Sie behaupten, es seien Kommunisten im Gebiet des Batu Iran, obwohl sie den Ort nie erreicht haben. Wir Einwohner selbst aber wissen, daß da nirgends Feinde durch den Dschungel streifen. Sie zeigen uns Granaten und schüchtern uns ein, daß sie uns mit ihren Gewehren töten könnten. Wir fühlen uns bedroht und verlangen, daß die Truppen abziehen. Denn sie stören auch unsere Nahrungsquellen: Tagelang stank es nach toten Fischen, nachdem sie diesen mit Bomben nachgestellt hatten, und sie schießen Hirsch und Reh in unserer Siedlungsnähe.

T.K. Melai Ná, 43 Jahre, 6 Kinder; von Pa-tik

‹Helfer›

Der Veteran Kassim Ali vom malaysischen Festland hatte sich selbst und einige seiner kräftigen Jungs als «Volunteer Medical» getarnt, die in einer Mission den Penan helfen sollten. Über Spritze und Medikamentenkiste wollten sie das Zutrauen der Eingeborenen finden. Doch uniformierte Soldaten selbst deuteten auf ihn als ihren Boß, und als er von einem Penan in der Stadt in Montur eines Kriegsfachmanns erkannt wurde, während er sich durch Limbang chauffieren ließ, wandte er sich verlegen ab. Ausrüstung seiner medizinischen Helfer bilden neben Medikamenten Feldstecher, Funkgerät und Pistole, und Armeehelikopter stehen zu Transporten zur Verfügung. Nach sonntäglicher Andacht im Gebetshaus fand der Dorfsprecher von Pa-tik seine Habseligkeiten von einem der ‹Helfer› durchstöbert. Finden diese nicht volle Unterstützung bei Einwohnern, lagern sie in Dorfnähe versteckt an Pfadmündungen.

«Ja – auch wenn er Bärenkralle und Armreife trägt und ein Buschmesser gürtet und uns viele Fotos von benachbarten Penan zeigt, denen er angeblich geholfen habe, so glauben wir ihm nicht!» meint ein Sprecher.

In Wirklichkeit sollte die ‹Gang› in einer Langzeitaktion Kontrolle über das Krisengebiet gewinnen, Opposition von Eingeborenen gegen Logging versanden lassen und des gesuchten weißen Mannes habhaft werden.

Stimmen

Ich bin weder Häuptling noch Komitee, noch waren es mein Vater und Großvater. Doch ich lebe wie wir alle in diesem Land, darum spreche ich.

Nein – ich habe keine Angst vor der Polizei. Das sind Menschen wie wir, haben einen Mund und können sterben. Würde ich festgenommen, wenn ich anderen den Hals abgeschnitten hätte, würde ich mich fürchten. Doch sie wollen uns einschüchtern: «Tu's nicht wieder – und wir lassen dich nach Hause.» Und dann bringt dich der Wagen, der gleichzeitig Diesel für die Company transportiert, heim – und alles ist beim alten.

Das ist, wie wenn wir mit den Hunden auf die Jagd gehen: «Hm, hm», humpelst du mit einer Fußverletzung davon und hörst die Hunde in der Ferne Wild verbellen. Das Wildschwein entkommt, und du kehrst nach Hause – hungrig – und hast dazu noch Schmerzen. Doch du gibst nicht auf. Erst dann bist du befriedigt, wenn Hirsch und Wildschweinfleisch in deinem Mund landen.

Wir Menschen sind nicht wie Hunde. Diese erbrechen sich und verschlingen das Erbrochene ein zweites Mal. So ist es gut, wir werfen schlechte Rede fort. Für immer.   Aiai, 30 Jahre, kinderlos, verheiratet; Pa-tik

Herr und Knecht

Ihr in der Stadt lebt von Geschäften, seid Toke oder Kuli. Darum heißt ihr andere arbeiten oder arbeitet für andere. Wir aber sind ein freies Volk und leben vom Land. Unser Wald gibt uns Leben. Wird er zerstört, so sterben mit ihm unsere Sitten …

Wie der liebe Gott. Als Lohn für Leiden schenkt er das Paradies. Zuerst Leiden – dann Belohnung. Er gibt's nicht Müßiggängern und Faulenzern.

Berehem, 42 Jahre, ledig; Pa-tik

Vom Mut

Da hat einer ausgerufen: «Und wenn sie nicht auf uns hören, so geh ich und brech ihnen Arm- und Schenkelknochen!» Doch er ist niemals aus dem Dschungel gekommen, mit uns eine Blockade zu erstellen. Und ein anderer Führer hat gedroht: «Wenn ihr mit euren Bulldozern weiter in unser Land dringt und nicht stoppt, so werdet ihr meinen Giftpfeil riechen! Wo ist Tabak? Ich will rauchen!» Auf diese Weise werden wir unser Land nicht bewahren.

Wenn wir verteidigen wollen, sag nicht am Tag, an dem wir losziehen wollen: «Oh, mein Fuß schmerzt – oh, meine Sagotasche ist leer! – Ich hab Angst vor Hochwasser und Polizei – und wenn sie uns ins Gefängnis werfen?» Wir müssen einmütig werden, samt Frau und Kindern – mit gleicher Stimme. Selbst wenn Soldaten kommen und drohen, eine große Bombe zwischen uns zu werfen – gut, wir antworten ihnen: «Tut es ruhig.» Dann können wir gewinnen. Doch wenn sie kommen und drohen, ein Rauchbömbchen zu werfen, um unsere Augen schmerzen zu lassen – und wir ihnen angstvoll entgegnen: «Aih, tut's nicht!

UNSER MUND,
UNSER BAUCH, UNSER LAND
IST UNSER MINISTERPRÄSIDENT,
AUF DEN WIR HOFFEN. WENN
UNSER LAND ZERSTÖRT IST,
HABEN WIR KEIN LEBEN.
BOREHEM

Öffnet die Blockade und nehmt unser Land», dann wird unsere ganze Arbeit nichts wert sein, und wir fangen besser gar nicht an.

Kuia, 42 Jahre, 6 Kinder; Pa-tik

Vision

Wir Penan leben in Frieden miteinander, doch wenn da Chinesen, Malaien, Iban und viele Fremde in unser Land kommen, werden sie mit uns streiten. Wenn sie unser Land zerstört haben, wollen sie Kakao, Tee und Ölpalmen pflanzen, und wir sollen ihre Sklaven werden. Dann hast du einen Vorarbeiter, einen Manager, der dir jeweils sagt, was du tun mußt. Vielleicht schmerzt dein Fuß oder dein Kopf, vielleicht möchtest du einen Tag ausruhen. Doch dann hörst du früh am Morgen die Glocke, die dich zur Arbeit ruft. Und auch wenn du keine Lust hast, so gehst du, um nicht getadelt zu werden.

Leben wir weiterhin in den Tag hinein, so haben wir's leicht wie in der Sage von der Heuschrecke und der Ameise:

Die Heuschrecke hüpfte hierhin und dorthin und sprach: «Ich hab ein gutes Leben.»

Die Getungan-Ameise aber baute sich eine Wohnung in der Erde: «Tu nicht so», sprach sie zur Heuschrecke, «sammle dir Nahrung! 's kommt die Re-genzeit, dann wirst du Schwierigkeiten haben.» – «Oh nein», er-

widerte die Heuschrecke, «so wie ich lebe, ist's gut», und sie lachte und hüpfte hierhin und dorthin.

Doch dann kam die Regenzeit. Die Getungan-Ameise hatte genügend Sago und machte es sich in ihrer trockenen Behausung gemütlich. Da kam die durchnäß-te Heuschrecke: «Oh, gib mir wenigstens eine Handvoll Sago!» «Nein, das geht nicht an. Darum habe ich dir einst gesagt, sei bereit!»

Galang Ayu, 32 Jahre, 1 Kind; Pa-tik

Eindrücke

Als die Company den Pellutan-Fluß erreichte, erlaubten die Einwohner ihr nicht, im Gebiet des Sengaian Bäume zu fällen. Dies sei das Land, das der Ge-meinschaft Nahrung und Leben gebe. Der Manager kam ein zweites Mal, brachte Zucker und Biscuits und versprach Wellbleche und Hilfe in Schwierig-keiten. Da stimmte das Dorfoberhaupt zu, und es erhält seither Monatslohn.

176

Viele der Bewohner folgten der Company und entrindeten im Akkord Bäume.
Auch ich selbst folgte ihr beim Prospektieren und Farbeanbringen.
Da wurde eines unserer Mitglieder, ein älterer Kenyáh-Mann, vom Fieber ge-
packt und wollte sterben. Wir trugen ihn durch den Dschungel an die Logging-
Straße. Als ein Vorarbeiter mit dem Wagen passieren wollte, baten wir ihn, uns
ins Tal zu bringen. Er lehnte ab und hieß uns, auf ein Fahrzeug in jene Rich-
tung zu warten. Nach einer Stunde konnten wir einen Wagen bis an die nächste
Kreuzung nehmen, von wo uns nach weiteren zwei Stunden Wartezeit jemand
ins Camp brachte. Doch der Manager wollte uns nicht ins Tal bringen und hieß
uns, einen Vorarbeiter zu fragen. Erst in der Nacht konnten wir einen Tankwa-
gen finden. Der Kranke wurde in der Führerkabine untergebracht, während wir
uns bei Nacht und Regen auf holpriger Straße außen am Fahrzeug festhalten
mußten. Da wurden wir wütend und fühlten uns behandelt wie Hunde.
... und wenn du da im wirrigen Schlachtfeld, das die Company zurückläßt, auf
Jagd gehst – wie viele Male du auch auf Wild triffst – es wird dir im Dickicht
entwischen. Und folgst du den Bulldozerwegen bei Regenwetter – das ist, wie
in Wildschweinsuhlen zu gehen, wo du bis an die Knie im Matsch einsinkst.
Und folgst du der Loggingstraße bei trockenem Wetter, verbrennt dir die Son-
ne Gesicht und Rücken, und die Füße schmerzen vom scharfkantigen Gestein.
Nein! Wir wollen keine Company in unserem Land dulden.

Henry Nyareng, 33 Jahre; Long Kerong

Klage

Die Regierung hatte uns beauftragt, einen Pfad von Lio Mato nach Long Lel-
leng zu bauen. Vier Dorfschaften beteiligten wir uns an der Arbeit und sollten
dafür einen Anteil von 43'000 Ringgit Entlöhnung erhalten. Im Juli 1988 war
das Werk vollbracht, und zuständige Behörden kamen zur Inspektion. Bis heu-
te, Mai 1989, haben wir keinen Cent erhalten.

T.K. Bilung Oyoy, 35 Jahre, 3 Kinder; Long Sa-it

Von der Freiheit

Früher kostete ein Hemd 50 Cent, heute 30 Ringgit. Aber unser Land gibt uns
frei Nahrung, auch ohne einen Cent in der Tasche werden wir satt. Da heißt uns
niemand zu unterschreiben oder fragt nach der Nummer der Identitätskarte.
Und wenn ich an Kinder und Enkel denke; lebendes Land ist es, an was ich
glaube. Wie ist das mit den Leuten in der Stadt in ihren Geschäften? Warum
befestigen sie Windpropeller in ihrer Wohnung? Sie leben in der Hitze, weil sie
ihr Land zerstört haben. Bei uns unter den großen Bäumen ist kühler Schatten.
Wir wollen nicht mit ihnen tauschen.

*In meinem Land schau ich selbst zu meiner Pflanzung. Ich heiße nicht die Re-
gierung vom Tal, meine Kulturen zu hüten. Hat einer vom Tal Schwierigkeiten,
so sind das seine eigenen, in seiner Arbeit, im Büro, mit seinen wievielen Dollars auf der Bank – das geht mich nichts an. Doch gerade er ist es, der mich an
meinem Ort, in meiner Pflanzung stört. Diese ist der dürftige Lohn meiner eigenen Muskeln und Schweißtropfen, weil ich Frau und Kinder ernähren will.*

T.K. Pellutan, 46 Jahre; Ba-Pulau

Mutig

*Wenn Polizei und Militär kommt, Bomben auf unser Land zu werfen, was soll
das? Gut, sie legen die Bombe in meinen Mund! Wofür geht die Polizei ins Trai-
ning, wenn sie auf Bäume und in die Luft schießt? Gut, ich entledige mich meines Hemdes, damit sie auf meinen Körper schießen. Oder besser noch: Ich geb
ihm mein Buschmesser, damit er mir den Hals abschneide, anstatt Patronen zu
verwenden. «Schlag mir bei allen Augenzeugen hier den Kopf ab und bring ihn
als Zeichen bis zu euren Großen ins Tal. Wenn du es nicht tust, so geh nur wieder heim!» Wenn ich blockiere, dann werden meine Frau, meine Schwiegerel-
tern und all meine Hunde folgen bis dorthin. Doch nicht ich allein – alle Dorfschaften vereint müssen wir ans Werk gehen.*

Semion, 47 Jahre, kinderlos, verheiratet; L. Kerameu

Wie ein Kleinkind

T.K. Saund Bujang, Long Benali; Ulu Baram. Der Dorfsprecher, Mitte Dreißig,
Vater von sechs Kindern, erzählt:

*Die Bulldozer nähern sich unserem Lebensraum vom Patah-Fluß her. Wir, rund
ein Dutzend Dörfer, haben uns schon besprochen und wollen klarstellen, daß
wir der Holzfällerei in unserem Land nicht zustimmen. Wie ein Kleinkind weint
und weint, solange es nicht die Mutterbrust erhält, so sollten wir uns nicht
durch sogenannte Projekte ablenken lassen. Erst dann, wenn unser Land zugesichert ist, werden wir schweigen und zufrieden sein.*

*Aus der Geschichte der Kenyáh von Long San (Baram) können wir lernen: Das
Land des dortigen Kelame-Flusses war unter dem einstigen Tamagung Lauai
zum Reservat erklärt worden. Doch nach dessen Tod drangen die Bulldozer in
das Gebiet. Als sich die Bewohner bei den Behörden beschwerten, das Reservat sei schriftlich festgehalten worden, machten sich die Beamten auf die Suche
nach dem Dokument, von Marudi bis Kuching. Sie fanden es nicht, denn es
wurde verheimlicht.*

*Darauf taten sich einige Kenyáh-Dorfoberhäupter zusammen und verlangten
in einem unterzeichneten Dokument Schadenersatz für zerstörtes Land und*

178

Kulturen. Darin wurden u.a. für einen gefällten Durianbaum 100 Ringgit ver-
langt. (Das edle Gewächs trägt pro Saison Früchte im Wert von rund 1000
Ringgit.) *Doch die Behörden stimmten nicht zu. Sie sandten ein neu aufgesetz-*
tes Papier, worin der Schadenersatz auf die Hälfte gekürzt war. Die Tua Kam-
pong unterschrieben ...

Köder

Vergangenes Jahr wurde ich zu einem Meeting nach Long Lelleng gerufen. Da
sprach Rajá Bala* zu mir: «Wir wissen, ihr Penan führt ein armes Leben. Hier,
ich helfe euch. Sieben Schachteln Patronen geb ich, wenn du diesen Brief un-
terschreibst. Wenn die Company kommt und arbeitet, wirst du Anteil erhalten.»
Doch ich weigerte mich, meinen Daumen aufs Papier zu drücken, da ich weder
lesen noch schreiben kann und den Brief nicht verstand.

Lauai Turai, 48 Jahre; Long Kepang, Ulu Aka

* Oberhaupt in einem der größten Logging-Camps am Baram, Long Temala

SPOTTVERSE

LEH TANA LALUN
PAKAI A-WET TALUN
LÁH INÁH SUKET PENAN MÚ-UN.
MEĐÄ PÉH A-WET TONG PÚ-UN PÁ-AN, KUN SAYAU
ASAN KÁ-AN PÚ-UN, JAĐI MURIP TELLALAU.
BABUI, PAYAU, TELLÁ-O
TAI AHÉ BETÉ AWÉ BESO.
KON GRUMEH, I-OK UIT NGAN LIAT,*
JANG TAHO, KETIPAN NGAN SAT.
NGORENG, NGGRINGON, NYAPÉ, NGEJAJAN
LÁH INÁH URIP SENANG
URIP NGIĐĂ
BARI LEH SERUGÄ.

TAPI HUNITEU TANA TASSÄ
UWUT KUBÄ
JAKÁH KUBÄ
TACEH KUBÄ
ĐULAN KUBÄ
KÁ-AN KELAP
ĞÄ LITUT
AHÉ BARA : „ŞÉ PATUT !"**

TAPI AHÉ PENAN ĞÉ OHOK KOMPLAIN : LÁ-AU
UBAH PÚ-UN PIKÄ JIN KOMPANI : JÁ-AU !
JÁH PAKU TEĐENG
JÁH BENGAN PIKOK
JÁH ŽIN TRIFEN
ĐUÁH PERESIN !

* Grumen: Blut und Fett frischer Jagdbeute, mit Sago vermischt und im Blattpaket in der Glut gebacken.
I-ok uit: im Blattpaket gebackene Därme.
Liat: Grumen mit gehacktem Palmherz gemischt; Speise, mit der die Göttin Bungan frisch verstorbene Penan im Paradies erwartet.
** Patut: auf der Wasserfläche treiben, nicht untergehen.

180

1. Im jungfräulichen Wald
Den Bastschurz um die Lenden gewickelt
Dies ist unsere Tradition.
Reibt der Lendenschurz auch am Oberschenkel beim Tanz
Wenn's nur Wild hat, ist dies ein lustiges Leben
Wildschwein, Hirsch und Reh
Gehn wir jagen, bis wir satt sind
Essen in Blättern gebackene Speisen
Gebratenen Halsspeck, knusprige Schwarte und Palmherz.
Wir spielen Maultrommel, blasen auf der Flöte
Zupfen Sapesaiten und singen
Dies ist ein leichtes Leben
Ein fröhliches Leben. Wie im Paradies.

2. Doch nun wird das Land zerstört
Sagopalmen fallen
Pfeilgiftbäume fallen
Durianbäume fallen
Das Wild flieht
Der Fluß wird verschmutzt
Wir sagen: Das geht nicht an!

3. Doch wir Penan können
nicht klagen: hungrig
Denn da ist Hilfe von der
Company: Riesig!
Ein rostiger Nagel
Ein krummgesägtes Brett
Ein durchlöchertes Wellblech
Und zwei Pfennige!

Sapespieler

Spottlied

1. Die jetzige Zeit ist eine wirklich sorgenvolle
Wegen unersättlichen Menschen wie Datuk J.W.
Der mit dem dicken Bauch
Macht Erdrutsche
Zerstört unser Land bis ans Ende
Er selbst lebt in Festen
Doch wir Penan, beraubt, sind hungrig.

Refrain:
Drum sagen wir: Unsere Regierung ist die allerbeste.
Sie kommen, schon zuvor mit vollem Bauch
Und essen die Früchte unseres Landes
Eine einzige Lepeso* – lassen sie übrig
Und geben uns als Anteil – die leeren Schalen.

2. Sam-ling, Tsa-tsing
WTK, Limbang Trading
Dies sind die Namen der Companies
Die das Leben von uns armen Menschen stören.
Gott
Nimm alle Laster und Bulldozer
Alle Verwalter, Vorarbeiter und Manager
Abwärts, dorthin, wo der Teufel haust.

3. Polizei von unten – Polizei von oben
Rek-rek tönen die entsicherten Gewehre da und dort
Soldaten links – Soldaten rechts
Mit wem wollt ihr kriegen?
Sucht ihr Menschen, die das Leben stören?
So ergreift den Manager
Und zieht ihm die Ohren lang!

4. Wir bitten um Verzeihung – ihr greift uns an
Wir verlangen Gespräch – ihr zeigt mit Gewehrläufen
Auf unsere hungrigen Frauen und Kinder.

* Äußerst saure Frucht, die sogar von den Affen verschmäht wird!

Ist dies Sitte von großen Menschen?
In eurer Sprache: große Menschen
In unsrer Sprache: Diebe!
Unsere Blockade, in unserem Land
Um Augen und Ohren unserer Regierung zu öffnen
Dreimal seid ihr im Unrecht!

KRONE DER LEBENSLUST IST
DER TANZ DER PUPPE:
DIE SAITEN ZUPFENDE UNUN
HAT SICH MIT LENGUREP-WACHS
EIN LANGES HAAR AN DEN
NAGEL DES ZEIGEFINGERS GE-
KLEBT. EINE GEHILFIN HÄLT
DAS ANDERE ENDE UND STÜTZT
DEN PAGANG-KLANGKÖRPER.
    IN LUSTIGEN SPRUNGEN
        TANZT

DARAN
DAS PUPPCHEN
AUS DEM STEN-
GELMARK DER
UNUNPALME IN
LEICHTIGKEIT AUF
UND AB UND HIN
UND HER UND
RINGSHERUM UND
ENTLOCKT SCHALLENDES
    GELÄCHTER

Verhaftet

Als wir im Januar 1989 blockierten, brachte uns die Polizei nach Marudi, wie sie sagte, zu einem Treffen. Dort sperrten sie uns, 24 Mann von Long Bangan, auf dem Polizeiposten ein und fütterten uns ärmlich:

Um 7.00 Uhr gaben sie uns eine Tasse Kaffee, um 13.00 Uhr eine Handvoll Reis. Wir mußten auf Zement schlafen, ohne Matten und zum Teil ohne Decken, und wir froren. Dann kamen die Polizisten nach uns schauen und lästerten: «Na? Ist das schön? Nicht schlecht? Weil ihr blockiert, habt ihr's so. Wenn ihr nicht blockiert, werdet ihr nicht so behandelt!»

Einige von uns hatten nach dem Schlafen auf Zement Zahnschmerzen, andere Leibschmerzen. Wir verlangten einen Arzt. Doch die Polizei sagte, da sei keine Medizin nötig. Erst am dritten Tag brachten sie jene mit Zahnschmerzen in die Klinik. Sie sagten: «Das ist nicht möglich, daß ihr alle krank seid.»

«Wir sind nicht gewohnt, ohne Decke und ohne Hemd auf Zement zu schlafen.» Da brachten sie uns in Handschellen ins Spital. Der Polizist sagte zu jenen: «'s ist nicht nötig, daß ihr die Penan verarztet, damit sie's wissen!»

Dann erhielten wir Medizin und wurden zurück auf die Polizei gebracht. Der Polizist Ngau Lian sprach:

«Na, ihr Penan blockiert. Wo bleiben all jene von hinter dem Berg, die euch helfen? Ihr habt keine Regierung und keine Chance. Wo die Fahne von Sarawak flattert, da hat die Regierung von Sarawak das Wort. Ihr seid im Unrecht und habt keinen Verstand! Wenn ihr unseren Anweisungen folgt und die Company nicht stört, dann habt ihr's nicht wie jetzt! Geht nach Hause und tut's nicht wieder!»

Da wollten wir weinen, diese Worte zu hören. Denn wir waren bereits wie angekettete Jungtiere im Gefängnis, ohne Chance. Da dachten wir, wenn man die Regierung geschwind wechseln könnte, wie ein Ding oder etwas, das man mit seinen Händen fertigt – wir würden sie sogleich fortwerfen, weil wir denken, ihre Sitte ist unrecht und falsch. Wir sind keine bösen Menschen, doch man wirft uns ins Gefängnis. In Wirklichkeit müßten nach dem Gesetz die Manager, Polizei und Forest (Herren des Fortwirtschafts-Departementes) *festgenommen werden. Darum sind wir zornig; doch wir haben ein langes Herz. 125 von uns wurden verhaftet. Einige wurden bis nach Marudi gebracht, andere weiter bis nach Miri und ins Gefängnis dort.*

Wir waren 14 Tage in Haft. Der Polizeichef von Sarawak behauptete damals am Radio, es seien keine Penan festgenommen worden. Das sei nur ein Gerücht, um die Regierung schlecht zu machen. Doch das ist, als wenn er sein Gesicht verstecken möchte.

Jueng Lihan, Mitte Dreißig, Familienvater; T.K. Long Bangan

184

„DIE REGIERUNG HAT GESAGT, SIE
BRINGE ENTWICKLUNG. DOCH UNSERE
ERFAHRUNG IST NICHT ENTWICKLUNG,
SONDERN ZERSTÖRUNG!"

JUENG LIHAN, LONG BANGAN

17.1.89, 57 Penan verhaftet:

> «Die Blockierenden erhielten eine Frist von drei Tagen, sich zu verstreuen, aber sie blieben dickköpfig. Da ihre Aktion den Holztransport behinderte, hatten Polizei und Forstdepartement zu handeln. Wir hatten keine Alternative, denn die Verhaftung sollte eine Lehre für die übrigen sein.»
>
> Leo ChaiChia Liang, Direktor des Forstdepartements (31)

Magere Kinder

Sie zerstören unser Land, all unsere Medizinen, unsere Nahrung. Und kommt die Polizei, die alle Einwohner unterstützen sollte – sie hilft einzig und allein der Company, die ihr Geld gibt. Doch wir sind hungrig, auch die Kinder. Man verweigert uns Transport talwärts, um Kranke behandeln zu lassen, und einige von uns sind ohne Medizin gestorben. So zerstören sie unsere eigenen Heilpflanzen und verweigern uns darauf ihre.

Die Regierung heißt uns, sauber zu sein. Doch wie können wir gesund sein? Da kommen die Companies und verschmutzen all unsere Flüsse und Quellen, und wir müssen Milo-Brühe* trinken! Wie können wir's leicht haben? Und wenn wir krank sind, so sagen sie: «... weil ihr nicht sauber seid!»

* Nestlé-Getränk wie Ovomaltine, weit verbreitet in Asien

Wir gingen nach Kuching, und sie hießen uns, ihre Pflanzungen anzuschauen. Doch wir haben niemals behauptet, all die großen Städte im Tal, Miri und Kuching, seien arm. Was wir sagen: In unserem Land haben wir Schwierigkeiten, verursacht durch die Companies. Man hat das 25jährige Jubiläum Malaysias gefeiert und dessen Aufstieg zum Wohlstand. Das ist, als Gleichnis, wie eine elektrische Lampe, die nur in einem einzigen Haus leuchtet. Der Wohlstand ist nur in ihren eigenen Städten und Geschäften, während wir Bergvolk um so ärmer gemacht werden.

Zur Zeit der Briten erhielten wir Gewehre, da war Wild, und unser Land wurde nicht gebulldozert. Selbst Frauen und Kinder konnten in fünf Minuten einen Fisch angeln und sich mit Leichtigkeit Nahrung beschaffen. Heute, selbst wenn ich tags wie nachts mit Lampe und Gewehr auf Jagd gehe, habe ich in zwei Tagen nicht einmal ein Mausreh, geschweige denn Großwild erbeutet.

Was wir erhoffen, ist eine Sonne, die für alle scheint. Das heißt, eine Regierung, die uns Leben gibt, die Lizenzen für unser Land zurückzieht und die Companies stoppt. Uan Sope, Mitte Dreißig, Long Kevok; Layun

Klage

Sind wir Penan schlecht oder gut? Falsch oder im Recht? Haben wir ein langes Herz? Was denkt die Regierung? Wenn wir das Leben der Regierung, ihre Pflanzungen und Hennenhütten und ihre Wasserbüffelweiden zerstören würden? Sie würden uns gut und recht ins Gefängnis werfen und bestrafen.

Doch Uwut, Jakáh und Lessey (wilde Sagopalmarten) – *das ist* unser Ballau (kultivierte Sagopalme). *Unser Eisennagel ist der Rattan. Unser Reis wildes Sago. Unser Büffel der Hirsch. Unser Schaf das Reh. Unsere Hennen sind die Vögel des Waldes. Doch nun sind diese Tiere verschwunden, und wir haben es schlecht.*

Ich hier bin ein alter Mann, der nicht mehr ausdauernd auf Jagd geht. Ich warte auf Menschen, die gehen. Ich bitte um Verzeihung von der Sohle bis zum Scheitel und bitte um Hilfe. Hört uns geschwind an und findet Leben für uns

alle, Kinder, Frauen und Männer. Wir sind wie ein angebundenes Affenkind. Der Manager der Company am Melana hat uns gedroht:
«Wenn ihr wieder blockiert, werdet ihr ausbluten, und wenn euch die Luft ausgeht, so beschuldigt uns nicht!» Einer sagte wegen der Blockaden: «Wenn man sie festnimmt, so soll man sie nicht bis ins Tal bringen, sondern sie unterwegs schlagen und wenigstens einen von ihnen töten – dann werden die Penan eine Lehre daraus ziehen.» Darum haben wir ein schweres Herz. Was wir suchen, ist eine Regierung, die uns unser Leben in grünen Wäldern zugesteht, wo wir die Stimme des Tekuhuds, des Argusfasans, des Nashornvogels, des Languraffen und Gibbons hören können. Nicht lange, und unser gesamtes Land wird zerstört sein. Weit sind wir gelaufen, unsere Füße schmerzen, und wir haben Frauen und Kinder ohne genügend Vorräte zurückgelassen, weil wir an unsere Schwierigkeiten denken.
Wir alle vom Stamm der Penan verlangen, daß die Lizenzen von den Companies in unserem Lebensraum zurückgezogen werden. Auch damit die Füße und Zungen der Führer nicht vergeblich schmerzen von all den Meetings, ohne ein erfolgreiches Leben zu haben.
Früher hörte man den Flügelschlag der Nashornvögel. Heute, denke nicht daran, mit dem Blasrohr Beute zu machen oder deine Hunde Wild verbellen zu hören oder dich am klaren Wasser des Flusses zu freuen. Ist es nötig, daß wir reden? Seht ihr es nicht selbst vom Flugzeug aus? Früher waren die Berge grün, nicht rot wie jetzt.
Wir hoffen auf Gott, und daß ihr uns jemand geben könnt, der wie unser Vater ist. Wenn ihr zu lange wartet, wird es zu spät sein für das Leben unserer weinenden Kinder und Frauen!   Ayat Lirong, Mitte Sechzig, Long Kevok; Layun

Zurückweisung
«Versuchtet ihr in Miri all ihre Dinge zu stören, wie sie euren Frieden quellwärts stören, dann würden sie wütend», sprach der Gefängniswärter zu mir. Sie verhafteten mich und banden mir die Hände mit Handschellen auf den Rücken.
«Bist du Penan?»
«Ja, ich bin Penan.»
«Du bist falsch.»
«Nein, wir sind nicht falsch.»
«Was blockierst du Sengiang (Manager einer Holzfäller-Gesellschaft)*?»*
«Ich blockiere Sengiang, doch nicht Sengiangs Dorf. Er arbeitet in meinem Land. Ich verlange, daß er die Arbeit einstellt. Ich töte keinen Menschen und habe keine Schuld.»
Wer unser Leben gut sehen will, der komme schnell! Und sie sagen «Ringgit».

188

Nur das Ohr hört es, doch niemand gibt dir in die Hand. Selbst wenn es eine Million wäre, wenn unser Land zerstört ist, wenn alle Bäume gefallen sind, haben wir Penan, Frauen und Kinder kein Leben.

So weit kommen sie von den Städten, von Kuching, von Miri, bis in unser Land, es zu zerstören. Wo ist Marudi, Miri, Kuching von uns zerstört, daß sie es wagen, uns festzunehmen? Dies ist ihr Unrecht!

Din Angun, Anfang Fünfzig;
Long Latei

Gnadenlos

Der Manager Sengiang kam zu uns und sprach: «Ich habe bereits die Lizenz von der Regierung. Ihr könnt uns das Land nicht verbieten.» Und sie eröffneten die Arbeit bei uns in Long Kidáh.

Der Manager Mestango sprach: «Ich habe viele Samseng-Kulis (gewalttätige Banditen). Wenn ihr uns das Land verbietet, heiße ich sie, euch mit Buschmessern niederzumetzeln.»

Eine unserer Begräbnisstätten haben sie trotz unseres Protestes gebulldozert, bis die Knochen von Tamen Kallas verstorbener Frau ans Licht kamen – und sie bulldozern weiter. Uwut und all unsere Nahrung. Sie stoßen es ohne Gnade um und wollen unser ganzes Land zerstören.

«Keinen einzigen Block geben wir euch, denn wir haben dieses Land schon von der Regierung gekauft!»

«Du bringst Samseng und Polizei. Wir heißen dich nicht, sie zu bringen. Dies ist das Land, das wir verbieten.»

«Flieht! Geht auf die andere Seite des Ubung-Flusses in den Nationalpark. Dort hält die Regierung Land für euch bereit.»

«Das ist das Land, das die Regierung für sich selbst bewahrt. Hier ist das Land, wo wir von alters her leben. Hier hat es genug Sagopalmen, Wildschweine und Nahrung.»

Zwei Companies dringen in unseren Wald: Maylen-Timber und Sengiang. Sie sind Kontraktoren und sagen: «Euer Land ist nicht groß. Wir erstellen Wege, fällen und extrahieren sogleich.» An die 40 Bulldozer sind beim Wühlen. Vergangenes Jahr wurden wir zu einem Meeting nach Miri gerufen. Da war der Resident, Steven Juseh, der Besitzer der Company und Toke Aho, der Polizei- und der Waldchef. Dieser sagte:

«Wir geben euch zwei Block Land als Sago fürs Herz.»

«Nein, wir lehnen ab. Ihr arbeitet zwei Blocks für euch. Doch das Land gehört uns», erwiderten wir.

«Nein, die Bulldozer müssen arbeiten, um bezahlt zu werden.»

«Das ist nicht unsere Schuld.»

«Wir geben eurem Führer 100 M$ Monatslohn, dem Komitee 50 M$, sofern wir Profit haben.»

Doch wir lehnten das Angebot ab. Darauf beschimpfte uns der Inhaber der Company wegen unserem Widerstand.

«Wir Penan besitzen von alters her das Land – ihr tragt dem nicht Rechnung.»

«Genug der Worte! Wenn die Regierung sagt: Da ist kein Land für euch, so hat es keines!» So haben Resident und D.O. in Miri zu uns gesprochen.

Raymond Paren, Mitte Zwanzig; Long Kidáh

Wie Regen, der vom Himmel fällt, sind unsere Tränen, wenn wir an das Leben
unserer Kinder denken. Die Krankheit in unserem Land ist nicht vom lieben
Gott verursacht, sondern von Menschen – von unserer Regierung. Wir sagen,
wir sind im Recht. Doch sie beschuldigen uns, gegen das Gesetz zu verstoßen.
So machen wir Blockade, werden verhaftet, wieder freigesetzt – ohne daß uns
jemand anhört.
Wir selbst allein haben keine Hoffnung. Nur wenn große Menschen bei Verhandlungen beistehen und zeugen, werden wir nicht übergangen. Ansonsten
verlieren wir im Gefängnis.   Along Segá, Long Adang, Juni 1989

Die Company ist wie ein großer Keiler. Er hat sich eine dicke Fettschicht angefressen und gar seine eigenen Frischlinge verspeist. Aber einmal wird er
selbst Opfer und gefressen werden.   Agan, Nomade von Baa Magóh

Juni 1989: Anklage

Kayan vom Uma Bawang prozessieren gegen die Regierung wegen illegaler Lizenzierung ihres Landes an Logging-Companies. Die Klage wird am 25. Juni 1990 vom hohen Gericht (High Court) in Kuching zurückgewiesen, da die Anklagefrist verjährt sei. Die Bewohner hätten innert drei Jahren Einspruch erheben sollen, als ihre Heimat 1976 zum für Holzfällerei ‹geschützten Wald› erklärt und lizenziert wurde. Der Fall soll ans höchste Gericht (Supreme Court) weitergezogen werden.

Juli 1989: Deklaration

Alle erreichbaren Penansippen im Ulu Baram, Ulu Tutoh, Ulu Limbang und Vertreter der Kelabit von Long Napir (insgesamt 40 Dorfschaften) fordern in einem mit Daumenabdrücken unterzeichneten Dokument

1. den Chiefminister Sarawaks auf, die Logginglizenzen für ihre Gebiete zurückzuziehen.
2. von Japan und anderen Ländern, die Holz aus der Region beziehen, solchen Handel einzustellen, der ihre Landrechte auslöscht.
3. Hilfe von den Regierungen aller Länder und von internationalen Organisationen, die sich um Menschenrechte und Naturschutz kümmern, bevor die noch verbleibenden Gebiete zerstört sind. (s. Anhang S. 270)

Beharrlich

Blockaden von Long Napir, Ulu Limbang:
Juli 1986, Januar 1987, April 1987, September 1987 (Long Selidong), Mai 1988, November 1988, September 1989.

Wieder haben sich Ureinwohner des Ulu Limbang vom Stamm der Penan und Kelabit zu gemeinsamem Widerstand vereint und die Zufahrtstraßen für die Tankwagen und Laster des Umweltministers und der WTK-Company gesperrt. Und wieder kommen täglich die Fremden vom Tal, steigen aus ihren Wagen, knallen die Türen und halten Reden. Pegá, von kleinem, sehnigem Körperwuchs und bekannt für sein ungewöhnlich hitziges Temperament, schreitet eines Tages auf den verantwortlichen Forst-Beamten zu, der die Gestalt eines Bullen hat.

«Du, Herr des Waldes! Dies ist nicht dein Land! Dort, in der Stadt lebst du. Dort ist dein Land! Dort, wo dein Vater und deine Mutter begraben sind!» Er stupst ihn: *«So dick ist dein Bauch! Nicht fett von irgendwo; fett von unserem Wald!»* Da schwillt der Kopf des Beamten rot an, er will sich wütend auf Pegá stürzen. Schnell treten die Umstehenden dazwischen und bremsen die beiden Streitenden.

Gegen Abend verhaftet uns die Polizei. Bei heftigem Regen steigen wir Männer, Frauen und Kinder auf ihre Wagen. Wir frieren, und vielen von uns wird es auf dem Transport schlecht. Tipungs schwangere Frau muß erbärmlich erbrechen. Einige ängstliche Nomaden, die sich vor der angekündigten Verhaftung entfernt haben, beobachten, wie Polizei und Angestellte der Company jauchzend unsere Absperrung beseitigen.

Auf dem Polizeiposten von Limbang werden wir Männer ausgesondert, man nimmt unsere wenigen Habseligkeiten weg. Einzig Pegá behält sein Hemd und seinen Halsschmuck, da er sich vehement gewehrt hat, sie von sich zu geben. Zu fünft werden wir in eine Zelle gezwängt. Ohne Hemd und Decke können wir auf dem Zement nicht schlafen. Moskitos sind da, es riecht nach Scheiße.

Am nächsten Tag werden wir in Handschellen ins Gefängnis gebracht. Abu hat Fieber. Unsere Moral sinkt von Tag zu Tag, wir sind noch nie zuvor in unserem Leben wochenlang eingesperrt worden. Da kein Advokat zu unserer Hilfe ins Gefängnis kommt, sehnen wir uns danach, wieder auf freien Fuß gesetzt zu werden. Vor allem die Nomaden klagen. Einige Murut* beweisen uns Sympathie und gewähren Kaution. Zwei Wochen nach der Festnahme werden wir freigelassen. Die Verhandlung wird auf ein halbes Jahr später angesagt (5.3.90).

Kellawet, Long Napir

Frauen unter sich

Auf dem Polizeiposten von Limbang wurden unsere Familien getrennt. Man sperrte unsere Männer in die Zellen nebenan, während wir in einem Korridor auf dem Boden saßen. Ein Polizist sprach zu uns:

«Ihr Frauen und Kinder, hier ist's schlecht! Geht ins Hotel übernachten!»

«Du heißt uns, ins Hotel zu gehen? Wie ist's bei unseren Männern da drüben? Schön?»

«Oh, wir haben Mitleid mit euch.»

«Mitleid mit auferstandenen Geistern! Ihr habt uns hierhergebracht, hier bleiben wir!»

Ale spielte Theater und weinte bitterlich. Ein Polizist brachte Reis und Konserven. Ale aß und weinte wieder.

Am nächsten Tag kam Ngituns Schwager, ein Forstbeamter, und hieß uns, in seinem Haus zu übernachten. Da die Polizei versprach, uns am nächsten Morgen dort abzuholen und zurück zu unseren Männern zu bringen, willigten wir ein.

---

* Die Murut sind die östlichen Nachbarn der Kelabit. Die Kultur der beiden Stämme, die das schwer zugängliche Landesinnere Borneos bewohnen, ist beinahe gleich. Waren die Murut früher für ihre Reiswein-Saufgelage bekannt, hat bei ihnen die christliche Mission am stärksten Fuß gefaßt.

Nun sprach der Beamte heftig auf seine Schwester ein: «Was folgst du den Penan blockieren! Ich hab gedacht, du denkst an mich! Du störst meine Arbeit! Hast du kein Herz für mich? Warum tust du das?»

Sie antwortete: «Warum soll ich den Penan nicht beim Blockieren folgen? Wenn das Land zerstört ist, wo leben wir? Gibt es auch später Lohnarbeit für die Kinder, so leben sie nicht vom Geld allein. Auch du, wenn du einmal Kinder und Enkel hast und das Land zerstört ist, wo leben sie? Darum blockieren wir.»

Sie sprachen, bis Ngituns Frau weinte.

Am nächsten Morgen kam die Polizei, doch sie brachte uns nicht wie versprochen zu unseren Männern, sondern transportierte uns gegen unseren Willen einfach zurück nach Long Napir und beachtete unseren Protest nicht.

Libai und ich verlangten, daß sie uns bei der Blockade absetzten, widerwillig taten sie es: «Nehmt euch in acht vor Kopfjägern!» verabschiedeten sie sich.

Tags darauf errichteten wir wieder eine kleine Absperrung, und wieder kam die Polizei: «Wir kommen nicht, um euch schlecht zu machen. Wir kommen nur, um zu sehen, ob ihr oder die Company sich schlecht benehmen.»

Libai: «Ihr verfaulte Polizei, die ihr die Company unterstützt!»

Schweigen. Polizist: «Geht nach Hause!»

Iteng, ein junger Nomade, war dazugetreten und sprach: «Wo werden die Frauen nach Hause gehen? Sie sind wütend, weil ihr ihre Ehemänner verhaftet habt. Dies ist nicht unser Männerwerk, die Frauen tun so.»

Das kleine Mädchen Numi trug eine Rattan-Tasche mit unreifen Tobo-Früchten. Bulan, seine Mutter, sprach die Polizisten an: «So arm sind wir! Seht selbst unsere hungrigen Kinder! Wo eßt ihr unreife Tobo-Früchte wie diese hier? Schaut her!»

Ein Polizist, der die Früchte sah, wandte sich ab. Dann ging er zum Auto und kam mit einer Dose Coca-Cola zurück, die er vor das Kind stellte. Dieses entgegnete, ohne die Büchse anzurühren: «Wenn wir Coca-Cola trinken, wieviele Tage, wieviele Monate können wir trinken?» und sprang davon.

Polizei: «Können wir auf die andere Seite der Blockade gehen, um die Angestellten der Company samt Bulldozern zurückzurufen?»

Frauen: «Ja, aber wenn ihr uns anschwindelt und sie nicht heimkehren, werden wir mit euch schimpfen!»

Auch Danels Frau kam vom Dorf und bat: «Laßt mich durch zu meinem Mann, damit ich ihn zurückrufe. Seht selbst, ich folge ihm nicht bei der Arbeit im Camp wie andere Frauen, doch er hört nicht auf mich.»

Dann kamen auch die andern Frauen wieder zur Blockade, und wir fällten zusammen einen Baum über die Straße. Mehrmals kam Polizei und forderte uns auf, zurück ins Langhaus zu gehen, damit wir nicht hungern müßten. Doch wir antworteten: «Wenn wir auch nach Hause gehen, dort ist keine Nahrung. Darum sind wir hier, um im Dschungel Sago und wilde Früchte zu suchen. Schau, diese Jakáh-Palme dort verarbeiten wir vom Langhaus. Darum erlauben wir nicht, daß unser Wald zerstört wird.»

«Ja, ihr sprecht wahr. Wir von der Polizei und die Company sind im Unrecht. Darum verhaften wir euch nicht wirklich und legen euch nicht in Handschellen und führen nur dem Namen nach unsere Anweisungen aus, damit unsere Vorgesetzten nicht wütend werden. Geht nach Hause!»

Frau: «Nur, wenn unsere Männer auf freiem Fuß sind.»

Polizei: «Habt keine Sorge um eure Männer; sie werden gut verpflegt im Gefängnis.»

Darauf gab uns die Polizei Reis und Lebensmittel.

Dann erhielten wir Kunde vom Besuch des Managers und des verantwortlichen Forstbeamten. Als wir am nächsten Tag Motorengeräusch hörten, gürteten wir Frauen unsere Buschmesser und ergriffen die Blasrohre. Vier Autos und zwei Polizeiwagen näherten sich, wir klatschten freudig in die Hände und gingen ihnen entgegen. Als sie uns schon von weitem fotografierten, trat Libai aus der Menge, setzte sich demonstrativ mit gespreizten Beinen vor sie hin und krempelte den Rock hoch. Dann gingen wir wie die Vögel, die den heimtückischen Kauz Sepopong auspfeifen, auf den Manager und Forstbeamten zu und redeten, bis die Köpfe hitzig wurden und schmerzten:

SEPOPONG

„KUK – KUKUK", „KUK – KUKUK" RUFFTS VON EINEM AQUI-BAUM, UND DA IST EIN GEZWITSCHGE UND VÖGEL GEFLATTGE. DER ZWERGKAUZ "SEPOPONG" HAT SICH WIE EINE FLEDERMAUS AN EINEM AST AUFGEHÄNGT,* MIT SEINGE EIGENARTIGEN ERSCHEINUNG LOCKT GR ALLGRLEI FEDERVOLK.** KOMMT IHM EINGE DER NEUGIERIGEN GEFLÜGGLTEN ZU NAHE, SO MAG GR DIE SCHARFEN KRALLEN SEINES FREIEN FUSES IN DAS OPFGR SCHLAGEN, MIT DER BEUTE EIN STÜCK ABWÄRTS FALLEN UND SOGLEICH AUF EINEM BENACHBARTEN AST LANDEN, UM SEINEN FANG ZU RUPFEN UND ZU VERSPEISEN.

«Balei aseou kinan lotok kóh! Bé ame medai!» (Der Hundegeist fresse eure beiden Ärsche, wir haben keine Angst!)

«Sprecht nicht in Penan, sprecht malaysisch!»

«Hier ist nirgends und war niemals eines eurer Geschäfte vom Tal. Laßt uns in Ruhe!»

Polizei: «Oh, das sind ja alles Frauen! Wofür kommen wir hierher, wenn wir ihre Sprache nicht verstehen?»

Die Frauen umringen den Manager: «Du, Pita Abong*! Der König! Der Unbesiegbare! Der Belian-Pfahl**! Die Felssäule! Du verarmst unsere verhafteten Männer im Gefängnis. Wir Frauen und Kinder sind hungrig! Dich, Pita Abong, lassen wir nicht nach Hause gehen. Ganz klar, du bleibst hier bei uns. Dort ist die Jakáh-Palme, die wir morgen zusammen verarbeiten werden!»

«Nein, ich bleibe nicht. Heißt den Forstbeamten.»

«Wir lassen weder dich noch den bulligen Weißkopf springen. Ihr beide bleibt hier und folgt uns. Nachdem ihr zwei das Palmmark geschlagen habt, werden wir Frauen die Fasern treten. Und nach der Sagoernte, hier ist das Blasrohr, geht auf die Jagd und sucht uns Nahrung!»

«Nein, wir bleiben nicht!»

«Ihr seid schön und gut! Doch dies ist nicht euer Land! Schämt ihr euch nicht? Schämt euch! Uns armes Volk zu stören! Du hast es leicht.» Sie schubsen den Manager von links und rechts. «So fett ist dein Bauch! Guck dir unsere Bäuche an! Erst wenn unsere Ehemänner heimkehren, um unsere Nahrung zu suchen, lassen wir euch springen. Wenn wir gebackenes Sago essen, eßt auch ihr beide gebackenes Sago. Wenn wir Wasser trinken, werdet ihr vom selben schmutzigen Wasser trinken, das ihr uns verursacht!» deuten wir auf den Lehmmatsch am Straßengraben.

Manager: «Genug!»

Frauen: «Nein, erst dann ist es genug, wenn ihr mit euren Bulldozern abzieht und uns in Ruhe laßt.»

Manager: «Genug!»

Frauen: «Wenn du sagst ‹genug›, so laß uns beten!» Sie ergreifen die Hand des Managers, während alle Versammelten sich gegenseitig die Hände reichen, um im Kreis eine Stunde lang zu beten.

«Wenn sie ein gutes Herz haben und uns und unser Land in Ruhe lassen, sollen sie ein leichtes Leben haben bis zum weißen Haar. Wenn sie weiterhin unser Land stören, sollen sie bald sterben.»

---

* Der Manager der LTL-Co. ist der Schwager des jetzigen Umweltministers D.J. Wong.

** Belian (malaysisch) = Taua (Penan): begehrtes wetterbeständiges Hartholz der Tropen.

Selbst ein gläubiger Polizist betet mit. Nach zwei Wochen wurden unsere Män-
ner aus dem Gefängnis entlassen, und wir gingen zurück ins Dorf.
Um weniger Ärger mit uns zu haben, hat nun der Umweltminister seine Bull-
dozer ins Tuan-Gebiet und ins Gebiet des Sembayang abgezogen (wo die Regierung ein Biosphären-Reservat für nomadische Penan versprochen hat).

Bericht nach Maleng/Bulan u.a.

Dritte Blockadenwelle

September 1989. Ungefähr 4000 Menschen sind an einem Dutzend Blockaden
beteiligt im Ulu Baram, Limbang, Belaga. In Long Belingan, Ulu Aka, werden
alle Blockadenteilnehmer, Männer, Frauen und Kinder festgenommen. Auf hal-
bem Weg greift man 27 Männer heraus und transportiert sie auf dem Baramfluß
nach Marudi, während man die fassungslosen Frauen und Kinder mitten in der
Nacht heimschickt. «Wir wollten weinen ...»
Vom 15.–21. September werden 117 Menschen verhaftet. Obwohl kein Grund
für eine Untersuchungshaft besteht, werden alle 14 Tage gefangengehalten. 83
Penan bleiben über 60 Tage im Gefängnis ohne Untersuchung und Verhandlung. Viele haben zu Hause Frau und Kinder, die bei dem ohnehin schon knap-
pen Nahrungsangebot doppelt Mangel leiden.
Nomaden von Magóh werden verhaftet und nach Limbang, Miri und Marudi
gebracht. Nach einer Woche werden sie entlassen. Die Polizei weigert sich, für
die Heimreise der Mittellosen Geld aufzubringen. Ein Bewohner von Long
Latei klagt, die Polizei habe Blasrohre und Giftpfeile konfisziert, und damit
seien zwei ihrer Jagdhunde erschossen worden. Obwohl niemand durch sie
bedroht worden sei, hätten sie ihre Jagdwaffen auch nach sechs Monaten noch
nicht zurückerhalten.

Auf Geheiß von euch Langnasen?

Regen prasselt aufs Dach. Aji, 43 Jahre alt, Vater von sieben Kindern, spricht.
Seine Rede wird von den Rufen Sipis, seines jüngsten Töchterchens, und jenen
eines Adlerkindes begleitet.
Ich spreche jetzt, da ich vielleicht bald nicht mehr dazu fähig sein werde. Mein
Bauch schmerzt seit längerem, und ich scheiße Blut; und wenn ich auf Jagd gehe,
kehre ich schon am frühen Nachmittag nach Hause, da ich mich schwach fühle.
Da ist kaum mehr ein Ort, wo wir in Ruhe Nahrung suchen können. Täglich
heulen Motorsägen, und Bäume fallen rings um unsere Siedlung bis in die
Pflanzungen. Reden wir mit Holzfällern, so legen sie an diesem Tag die Arbeit

nieder. Doch am nächsten kommen sie wieder. Und selbst unsere geliebten Fruchtbäume wie Alim fällen sie. Auch den Rattan, den wir ihnen verbieten, töten sie, und die Begräbnisstätten unserer Verwandten schänden sie ohne Erbarmen. Die Geister der Verstorbenen sind erzürnt.

Mein Bruder Abau wollte talwärts gehen, um nach Medizin zu fragen. «Auch wenn du zehn Tage hier wartest, so nehme ich dich nicht mit», erwiderte ein Chauffeur der LTL-Company*. Auch der Manager gibt uns nur unwillig nach vielem Bestürmen Transport.

Ein Beamter hat uns gesagt, man wolle uns umsiedeln nach Batu Bungan. Dem stimmen wir nicht zu. Hier, wo wir von alters her leben, da ist unser Heim.

Die Regierung sagt, das Land gehöre ihr, und spricht uns Eingeborenen jegliche Rechte ab. Der Chefminister Taib Mahmud hat unsere Sorgen seit Anbeginn niemals angehört und ist dabei reich geworden. Wir hätten Hilfe – sagen sie – doch wir leiden an Hautausschlägen und Schwellungen, denn unsere Quellen sind verschmutzt. So lange reden wir schon, und einige von uns fragen sich: Töten die Companies unsere Bäume etwa auf Geheiß von euch Langnasen, daß niemand auf uns hört? Wie sonst wären sie so mutig, auf unrechte Weise all unsere Forderungen zu mißachten? Ist ihr Ohr verstopft? Ihr Hirn verfault?

Unsere Geduld ist am Ende, unsere Herzen sind erhitzt. Wenn du uns anrätst zu kämpfen, so kämpfen wir bis zum Tod. Erlaubt ihr uns nicht, Giftpfeile zu gebrauchen, so handelt jetzt, sonst wird es zu spät sein.

Allein sind wir wie Tiere ohne Knochen, wie ein von seiner Mutter gefallenes Affenkind. Ohne unseren Wald werden wir zu Waisen, und jene, die ihn morden und ihn uns nehmen, machen sich zu unseren schlechten Stiefeltern.Wir verlangen ein Gottes-Urteil**.

Früher haben wir gelacht bei all unseren Tätigkeiten. Erbeuten wir heute ein fettes Wildschwein oder ernten Früchte, kann unser Herz sich nicht mehr unbeschwert freuen, da wir mit ansehen, wie all das zugrundegerichtet wird, was uns lieb und Leben ist.

Trotzdem – wenn du unsere Sape-Klänge hörst, tanze! Denn wir wollen fröhlich sein, solange wir leben.   Long Sembayang, Ulu Limbang, 5.7.1990

Mißhandlung

26. Juli 1990, Long Geng;

Die Polizei verhaftet zehn Keniáh bei ihrer Blockade. Vier von ihnen werden

---

* Im Besitz des Umwelt-Ministers
** Pesupa: Magisches Gericht, nach dem der stirbt, der weiter Unrecht verübt.

am nächsten Tag in einen Raum des Umas Kem Tengah gebracht. Zusammen mit einem anderen Polizisten schlägt und tritt Inspektor Lee Chiew Sang die vier in Bauch und Oberschenkel, während ihre Hände mit Handschellen auf den Rücken gebunden sind. Ikat, einer der Mißhandelten, wird ins Kapit-Spital gebracht und später freigelassen. Die anderen müssen sich vor ihrer Freilassung zu guter Führung verpflichten (nach I.P.K.). Sim Kwang Yang, Parlamentarier von Kuching, verlangt eine Untersuchung des Vorfalls (NST 4.8.1990). Als die Bevölkerung von Long Geng am 26. November wieder blockiert, feuert die Polizei fünf Warnschüsse ab.

«Es ist nichts Menschliches hinter den menschlichen Blockaden – sie sind reine Belästigung.» (32)   Chiefminister Datuk Taib Mahmud

Wie ein Spielzeug
Jedes Dorf hat einen Häuptling, selbst diese werden festgenommen, wenn sie gegen Holzfällerei opponieren. Wir wollen nicht Leute von der Stadt, die kommen und über unser Land bestimmen. Können wir nicht ebenso unseren Chiefminister festnehmen, da er unser Land zerstören läßt? Wir fühlen uns wie ein Spielzeug der Regierung.   Wan Kong, Long Kidáh, Januar 91

Heilmittel für das wirkliche Übel
Aus dem Penan-Entwicklungsfonds von 4,4 Millionen Ringgit hat die Regierung Leute vom Tal Häuser für sechs Familien in Long Sembayang erstellen lassen. Niemand hat nach dem Projekt gefragt, und die Häuser stehen leer, da die halbseßhaften Familien ein Leben nahe ihrer Nahrungsquellen im Wald vorziehen.

Kurau von Long Kidáh meint zu solchen Projekten:
Ich habe kein Haus von der Regierung verlangt. Was nützt uns ein Haus, wenn der Fluß schmutzig ist? Löst das unsere Sorgen, wenn die Zerstörung weitergeht?

Belästigung
Die Logging-Straße hat nun schon mein Dorf Long Kerameu erreicht: Die Company zerstört nicht nur den Wald und die Flüsse, die Holzfäller belästigen ständig uns Frauen. Mein Herz schlägt beinahe täglich in Angst. Ich kann nicht verstehen, wie ein moderner Staat mit all seinen verrückten technischen Errungenschaften einfach in unseren Wald fällt und all unsere Rechte für Land und Leben, die seit Generationen zu uns gehören, einfach aufhebt. Das Leben in den Quellgebieten verschlimmert sich. Letzthin verhörte mich die Polizei und stellte viele Fragen.   Liz Paren, Februar 1991

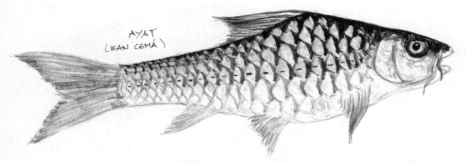

AYAT
(IKAN CEMÁ)

DER AYAT (IKAN CEMÁ) IST EIN TYPISCHER FISCH DER KLAREN
BERGBÄCHE, DIE GEFÄLLE ZEIGEN, WO STROMSCHNELLEN MIT
TÜMPELN WECHSELN. IN DEN LEHMBRAUNEN FLÜSSEN DES
TIEFLANDES FEHLT ER.

GROSSE EXEMPLARE VON 10-15kg WERDEN LANGSAM SELTEN.
SCHON ZUVIELE MENSCHEN SPANNEN NETZE VON 20cm
MASCHENWEITE IM TUTOH- UND MATOHFLUSS. BEI NIEDRIG-
WASSER WANDERN DIE FISCHE TALWÄRTS, UND BLEIBEN
IN DEN QUER ÜBER DEN GANZEN FLUSS GESPANNTEN
NETZEN HÄNGEN. DER HOHE VERDIENST (100-200$ PRO
FISCH) IST ANSTECKEND. EINE WEILE WURDE GAR
ELEKTRISCH GEFISCHT... DIE NATUR SPENDET UND DER
MENSCH NIMMT. UND GIBT SIE NICHT FREIWILLIG, SO HOLT
MAN SICH'S MIT GEWALT.

BALLAU
(KELL:LAND ITAH. L:20-30cm)

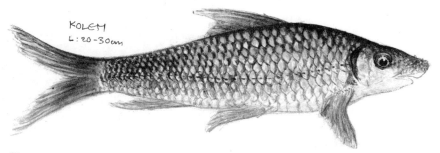

KOLEH
L: 20-30 cm

Tarnung

Die Quellgebiete des Limbangflusses wurden 1987 als Wildschutzreservat vorgeschlagen (153 km²). Sie bergen dank ihrer Abgeschiedenheit und schweren Zugänglichkeit paradiesischen Fischreichtum. Nachdem die einstigen Kelabit- und Murut-Siedler vor vielen Jahren von der Adang-Mündung talwärts nach Long Napir gezogen sind, leben heute nur noch wenige Penanfamilien in der Gegend. Auswärtige Besucher waren hin und wieder Politiker von Kuching, die mit Helikoptern zum Fischereivergnügen nach Long Adang ausflogen (siehe auch Seite 48).

1990 wurde dort ohne vorherige Konsultation der Einwohner ein sogenanntes Forschungszentrum für Fischzucht gebaut. Obwohl der begehrteste Süßwasser-fisch Malaysias, der Ikan Cemáh, der sich von Kleintieren und Früchten ernährt, je nach Nahrungsangebot nur 1–2mal pro Jahr laicht, werden seit Beginn des Projekts das ganze Jahr über, auch außerhalb der Laichzeit, tonnenweise Fische gefangen und nach Kuching geflogen.

Die in Long Adang professionell ausgeübte Fischerei bedroht nicht nur eines der letzten intakten Öko-Systeme Sarawaks, sondern auch die Nahrungsbe-schaffung der Kelabit und Penan, die auf diese Eiweißquelle angewiesen sind. Diese verlangen einen sofortigen Stop des Projekts.

Along Segá erzählt von Long Adang:

Datuk Alfred Jabu kam und sagte, dies sei das Land der Regierung, die er repräsentiere. Er forderte uns auf, seßhaft zu werden, nur dann würden wir Hilfe bekommen. Er nahm mich bei der Hand und sprach:

«Schau, wir zerstören euer Land nicht, wir machen nur einen Fischtümpel.»

«Dies sind nicht deine Fische! Dies ist nicht dein Fluß! Du hast kein Recht, hier zu sein! Ich werde dein Office niederbrennen, denn es ist aus unsern Bäumen gemacht. Selbst das Boot dort werde ich niederbrennen, auch es ist aus unserem Holz gemacht!

Ihr kommt ohne Voranmeldung, wie Diebe. Warum bleibst du nicht in deinem Büro in Kuching?»

Along klagt, daß sie nicht nur viele Fische, sondern auch Wild und Vögel mit Netzen fangen.

Dann hieß mich Datuk Jabu, meine Arme auszustrecken, und legte einen Sack Salz und einen Sack Zucker darauf und hieß mich still zu stehen, während er ein Bild knipsen wollte. Ich schmiß die Säcke auf den Boden und sagte: «Wir wollen nicht, daß du uns fotografierst, um dann zu sagen, dies sei die Hilfe, die wir wollten, wenn wir einzig unser Land begehren. Ich werde diesen Sack Reis und deine Kamera ins Wasser schmeißen.»

Die anderen Beamten forderten mich auf, mit einer so großen Persönlichkeit nicht so zu sprechen.

«Wenn ich falsch bin, soll ich auf der Stelle umfallen. Trinkt ihr vom Wasser des Adang-Flusses, der nun von der Company verschmutzt ist!»

Darauf wurde uns ein Treffen mit A. Johari, dem Vorsitzenden des Penan-Komitees, angesagt, doch während drei Wochen warteten wir vergeblich.

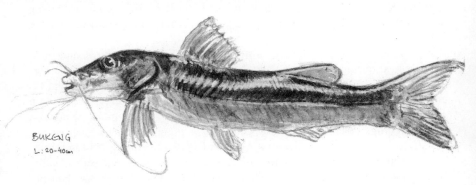

BUKENG
L: 20-40cm

Botschaft

Wir sind unglücklich. In der kurzen Zeit, seit du Malaysia verlassen hast, wurde unser Land am Kidáh, Lesuan- und Ubung-Fluß zerstört. Es ist nun schwierig, einen Platz zum Leben zu finden. Wir sind jetzt im Gebiet des Nationalparks. Bruno, erinnere dich an deine Familie hier und kämpfe für uns.

Wir fragen den Chiefminister: «Warum kommst du nicht, unser zerstörtes Land zu sehen? Wir wollen, dass du uns besuchst, anstatt nur vom Büro aus zu reden, daß wir zusammen zu Fuß unter der heißen Sonne gehen und zusammen unsere Nahrung suchen. Dann wirst du mit uns die Erfahrung des Leidens machen.»

Uee Salau, der Sippenälteste von Ubung, 1. Januar 1991

202

Von der Wahrheit

Die Regierung sagt, wir seien glücklich. Ist es nötig, daß wir reden? Kommt und schaut selbst, und ihr werdet die Wahrheit sehen. Als ich die Holzfäller unsere Fruchtbäume fällen sah, ging ich zu ihnen, um sie zu hindern. Doch sie hörten nicht auf. – Wenn jemand im kommenden Jahr getötet werden sollte, so ist es, weil sie uns töten wollen.

Kang Kalo, seßhaft gewordener Penan; Long Livuk

Wenn du mir ins Gesicht schaust, während ich rede, und wir einander anblikken können, wirst du um die Wahrheit wissen: Drei von uns in Long Leng starben schon an Hunger. Wir fragen die Company, was wir essen sollen. Sie antworten nicht ...
Unser Trinkwasser ist verschmutzt. Die Fische sind verschwunden. Wir sind wie Tiere in der Falle. Die Gebiete, die die Regierung zu schützen versprochen hat, sind nun schon zerstört. Hier ist nirgends ein Reservat. Wenn ihr von der Außenwelt uns glücklich sehen wollt, stoppt die Companies. Wenn ihr nicht bald handelt, wird nichts mehr übrigbleiben. Sie fällen und fällen und lassen viele Bäume liegen.

Rajá Jemale, Long Palo, 1. Januar 1991

«Wenn Logging gestoppt wird, werden Tausende arbeitslos und viele Familien hungrig werden.»

Chiefminister Tan Sri Haji Abdul Taib Mahmud (33)

Nach einer Studie des WWF, 1986, sank der Normalverbrauch der Dayak von Fleisch, Wild und Fisch von 54 kg pro Person und Jahr nach dem Logging auf 2 kg pro Person und Jahr. Auch Dr. Tatsuo Hayashi (Japan, IVC) beobachtete einen deutlichen Mangel an Nahrungsmitteln, die Eiweiß enthalten. Die weite Verbreitung von Darmparasiten deute auf zunehmende Fälle von Amöbenruhr und Unterernährung. Dr. Ron Aspinall (Kanada) schreibt die hohe Verbreitung von Infektionskrankheiten der Konzentration ursprünglich nomadischer Penan in größeren Siedlungen zu.

«Die sarawaksche Regierung verbraucht ein bis zwei Milliarden Ringgit jedes Jahr, um den Lebensstandard der Penan zu steigern.»

Chiefminister Tan Sri Haji Abdul Taib Mahmud (34)

Im meiner Hand sind keine 10 Cent der Regierung, geschweige Millionen. Unser Ohr hört, doch unser Auge sieht nicht. Der liebe Gott mag mich schlagen, wenn ich nicht die Wahrheit spreche.

Kurau, Long Kidáh

Repression

Markus Lawai, Kelabit von Long Napir und Blockadenmitglied, heiratete am 12. Dezember 1990 die Japanerin Reiko Chuzenji auf dem Standesamt von Limbang. Ungeachtet der Tatsache, daß sie nun die gesetzmäßige Ehefrau war, wurde sie ohne Begründung zur verbotenen Immigrantin erklärt und des Landes verwiesen.

Als Bürger von Sarawak ist Markus gezwungen, sein eigenes Land zu verlassen, um mit seiner Frau zu leben, die inzwischen jenseits der Landesgrenze ihr Kind geboren hat. (Malaysia hat die UNO-Menschenrechtskonvention über die Nationalität verheirateter Frauen unterzeichnet.)

Hotels im Penanland

Wir in Batu Bungan sollen ein Beispiel sein für die Unterstützung durch die Regierung. Doch sie hilft uns nur nach ihrem eigenen Herzen, und unsere Meinung ist nicht gefragt. Seit unser Land zum Nationalpark erklärt wurde, müssen wir ausserhalb von diesem siedeln. Hotels und ein Flughafen wurden auf unserem Land gebaut. Weder haben sie uns entschädigt, noch geben sie uns Arbeit. Alles Nutzholz in unserer Siedlungsnähe wurde für Stege und Hotelbauten geschlagen.

Am 18.2.91 verlangten wir Genugtuung für die zerstörten Grabstätten von Jeluman Lian, Lupung Jeluman, Loban Nyapun, Jakaria, Ning, Ayim. Da drohte die Polizei, uns festzunehmen. Nyók Nyapun; Batu Bungan, April 1991

Einmischung in innere Angelegenheiten

Ein junger Schweizer, Denis Jaquenoud aus Genf, hatte von der schwierigen Situation der Penan gehört und wollte mehr tun, als nur zuzuhören: Er reiste gleich selbst nach Sarawak. Er berichtet nach seiner Rückkehr:

«Am 17.10.1990 meldete ich mich auf einem Meeting von Behörden mit der Holzindustrie in Kuching zu Wort. Darauf folgte mir die Polizei und forderte mich auf, das Land unverzüglich zu verlassen. Als ich später in Limbang fliehe, werden mein Bargeld, 10'000 Ringgit, mein Fotoapparat und Tonbandgerät konfisziert. Während Monaten lebe ich heimlich mit den Penan. Obwohl ich nie gewalttätig war, wurde bei drei Begegnungen mit Polizei und Kommandos geschossen (23.11.90, Long Seridan, 19.12.90, Kuba-an, 25.4.91, Lovang Payau).

Als am 10.12.90 ein Helikopter in Pa-tik landet, um eine Malaria-Equipe abzuholen, liegt dort ein Penan, der sechs Tage zuvor von einem Baum gefallen ist und sich nicht bewegen kann (möglicherweise querschnittsgelähmt). Der Transport des Verletzten wird vom Gesundheitsteam aus Platzgründen verweigert.

204

Trotz deren Versprechen, sofort einen Doktor zu schicken, liegt der Verletzte nach einer Woche noch am selben Ort.

Da Penan wegen meiner Anwesenheit bedroht wurden und am 5.5.91 beim Mulu-Nationalpark gar eine Frau vergewaltigt wurde (die aus Scham auf keinen Fall genannt werden will), stellte ich mich am folgenden Tag der Polizei; diese hatte mich schriftlich dazu eingeladen, nicht nur mit dem Versprechen der Straffreiheit, sondern gar einer Verlängerung meines Visums. Im Gefängnis wurde ich unzähligen Verhören über mögliche Verbindungen zu Umweltschutzorganisationen unterzogen. Da mir direkte Kontaktnahme mit der Schweizer Botschaft verweigert wurde, begann ich einen Hungerstreik. Meine Schwester kam nach Sarawak, um zu vermitteln, doch wir konnten uns nur einen Augenblick sehen und kaum ein Wort wechseln.

Nach einem Monat Haft mit zwölf Tagen Hungerstreik wies man mich am 5.6.1991 wegen Verletzung des Immigrationsgesetzes aus. Von meinen konfiszierten Habseligkeiten habe ich bis heute nichts zurückerhalten.» (12. Juli 1991)

Illegales Logging

Eine sarawaksche Holzfäller-Company übertrat die Landesgrenze von Brunei und drang drei Kilometer in das Ölscheichtum ein, bis sie vom dortigen Militär vertrieben wurde. Es gibt auch Berichte über unerlaubte Grenzübertritte westmalaysischer Companies von Kelantan nach Thailand.

Dies zeigt, daß die operierenden Companies bei knapp werdenden Ressourcen nicht davor zurückschrecken, eigene Interessen vor die geltenden forstwirtschaftlichen Vorschriften zu stellen und gar fremde Wälder zu plündern.

Sichere Arbeitsplätze

«Für die Hälfte der Bevölkerung brachte die Holzindustrie die Überwindung der Armutsgrenze. Wir entwickeln große Logging-Projekte, welche Straßen von Tausenden von Kilometern, Hunderte von Brücken und gleichzeitig Anstellung für die lokale Bevölkerung auf einer sicheren und anhaltenden Basis schaffen.» Chiefminister Taib Mahmud (35)

Da niedrige Löhne keine Alternative zum unabhängigen Leben in der traditionellen Landwirtschaft sind und nicht genügend Einheimische anzulocken vermögen, decken die sarawakschen Sägemühlen ihren Mangel an Arbeitskräften aus Indonesien und den Philippinen. Weltweit verzeichnet die sarawaksche Logging-Industrie mit Abstand die höchsten Unfallraten (zwanzigmal mehr als Kanada). 1973–1990 mußte sie 20'000 Unfälle mit ernsthaft Verletzten, Verstümmelten und 881 Todesopfern verbuchen. Nur wenige Holzfäller haben eine

Ausbildung, Schutzvorkehrungen und Unfallentschädigung sind ungenügend. Für größtmöglichen Profit in kurzer Zeit wird während Trockenperioden Tag und Nacht gearbeitet. 1989 wurden 94 Arbeiter getötet. In den ersten drei Monaten des Jahres 1991 bezahlten 18 Dayak, 9 Malaysier und Melanau und 6 Chinesen ihren Einsatz mit dem Leben*, d.h., die sarawaksche Forstwirtschaft forderte ca. jeden dritten Tag ein Menschenleben.

Endlose Proteste?

15.–21. Juni 1991. Fünf Murut- und Tabunhäuptlinge reisen im Auftrag des Residenten von Limbang nach Long Napir, um die Dorfbewohner von einer geplanten Blockade abzubringen. Die Logging-Company werde als Gegenleistung die Dorfstraße ausbessern und Bauholz zur Verfügung stellen. Uian und Ngitun werden je 200 Ringgit Monatsgehalt offeriert, wenn sie ihre Leute überzeugen, nicht zu blockieren. Die Behörden würden diesmal hart durchgreifen; Uian wird eingeschüchtert von der ausgesprochenen Drohung, in einen Sack verschnürt und verprügelt zu werden. Der Forstbeamte Encik Jeli nimmt Rajá Langid allein zur Seite und bietet ihm persönlich 20'000 Ringgit an und weitere 20'000 zum Verteilen an die Penan. Er solle seine Wünsche aussprechen. Wenn er offiziell zum Penghulu ernannt werden wolle, könne er ihn dem Residenten empfehlen.

Am 25. Juni 1991 werden 23 Blockadeteilnehmer verhaftet und ins Tal gebracht. Bei dieser Gelegenheit sagte der Forstbeamte stolz: «Die Holzfällerei wird trotz aller Proteste weitergehen.» Along wird als einziger eine Nacht hinter Schloß und Riegel gebracht, da er sich weigert, sein Buschmesser abzugeben. Bei Long Ajeng (Ulu Baram) haben sich seit dem 20. Juni über 500 Penan aus den umliegenden Dörfern zu einer Blockade zusammengeschlossen. Rattan wurde bereitgestellt, um Beamte, die gegen traditionelle Gesetze verstoßen, zu binden; selbst eine kleine Gefängniszelle wurde errichtet, sozusagen als ausgleichende Gerechtigkeit zu den Gerichtshöfen im Tal. Die Behörden drohen, die Blockade mit Gewalt aufzulösen. Anfang November hält der Protest immer noch an und bewirkt einen vorläufigen Halt der Logging-Aktionen. Zwei Lebensmittel- und Medikamententransporte für bedürftige Penan werden kurz vor dem Ziel von Behörden zur Umkehr gezwungen.

Mr. Sim Kwang Yang (DAP), Politiker von Bandar-Kuching, bestätigt, daß Logging die Wasser- und Nahrungsmittelvorräte der ansässigen Bevölkerung

* Polizeisprecher in Sarawak Tribune, 10.4.1991

zerstört hat. Da ihr Überleben in Frage gestellt sei, habe sie keine andere Wahl, als sich mit Hilfe von Blockaden zu wehren, um sich Gehör zu verschaffen. (13.7.91)

Opfer und Verbrecher

150 Familien von elf Iban-Langhäusern haben in den vergangenen 2 $^1/_2$ Jahren 20–30 Blockaden erstellt, um ihr angestammtes Land gegen die Company Daya Malaysia (der japanische Konzern Mitsubishi besitzt 30% ihrer Aktien) und Shin-Yang-Co. zu schützen.
Am 4. August 1991 werden acht Iban vom Tatau-Gebiet, alle Familienväter, wegen ihres friedfertigen Widerstandes gegen Holzfällerei zu 6–9 Monaten Gefängnis verurteilt; dies sind bis anhin die höchsten Strafen unter dem neuen Forstgesetz.

Fruchtloser Widerstand?

Nachdem die Polizei die Blockaden aufgelöst hat, nehmen die Holzfäller-Gesellschaften ihre gewohnte Arbeit sofort wieder auf, sie ruhen weder nachts noch sonntags. Verhaftete Blockadenteilnehmer werden in der Regel gegen eine Kaution von 500–3000 Ringgit auf freien Fuß gesetzt. Die Gerichtsverhandlung wird auf 6–10 Monate später angesagt. In der Zwischenzeit müssen viele Eingeborene miterleben, wie ihre letzten Wälder um so schneller der Logging-Industrie zum Opfer fallen. Der Weg der Nomaden zur Gerichtsverhandlung ist weit und mühsam – sie erhalten weder Unterstützung für die Anreise noch Verpflegung –, oft werden bei ihrer Ankunft die Verhandlungstermine kurzfristig um einige weitere Monate verschoben. So wurden Kelabit und Penan, die im November 1988 verhaftet und gegen Kaution wieder freigelassen worden waren, insgesamt dreimal (Juli 1989, Dezember 1989 und September 1990) nach Limbang vor Gericht zitiert, bis sie endlich im dritten Anlauf freigesprochen wurden. Maleng meint:
Ich werde nicht mehr an den Gerichtshof in der Stadt gehen, auch wenn man mich ruft. Wie oft haben sie nun schon Verhandlungen verschoben, ohne Lösungen zu finden. Ich bin kein Krimineller und bekenne mich unschuldig. Wenn sie Gericht halten wollen, sollen sie das in unserem Land tun, und wir werden bei Gott auf die Wahrheit schwören. (11.9.1991)
Trotz der Blockaden in den letzten Jahren wurde mehr als die Hälfte der von Penan bewohnten Wälder für den Export gefällt. Der friedliche Widerstand der Waldvölker konnte die Zerstörung ihres Lebensraumes nur verlangsamen, aber nicht verhindern. Solange Tropenholz bei Käufern Absatz findet, die sich nicht um Menschenrechte kümmern, stehen Waldvölker auf verlorenem Posten.

Foto: Yasuo Ota

«Überreichliche natürliche Vegetation ist der lebende Beweis des wachsamen und sorgfältigen Wirtschaftens mit den Ressourcen durch das Forstdepartement.» (36)

Foto: Yasuo Ota

Foto: Mutang

Das Gebiet des Ubung bietet einen trostlosen Anblick. Die Straßen haben große Wunden in die Berge und Wälder geschlagen. Drei Monate Trockenzeit erlaubte den Companies, Tag und Nacht zu arbeiten. Da gibt es kein Erbarmen. Das Volk im Apo/Tutoh hungert: Keine Früchte, kein Wild, trocken und heiß. Niemand ist im Langhaus geblieben, alle suchen sie nach Nahrung. Agans Nomadensippe vom Magóh-Fluß möchte ins benachbarte Adanggebiet gehen, da sie im ihrem schon zerstörten Wald kaum etwas Essbares findet.

SOS – SOS – ohne schnelles Handeln wird nichts übrigbleiben. Bitte, macht sofort eigene Aktionen und übt Druck auf unsere Behörden aus, damit wenigstens ein Teil unseres Waldes geschützt wird.

Aus einem Brief von Spring, September 1990

Aus den forstwirtschaftlichen Bestimmungen
Fällen in Gebieten steiler als 60% und direkt an Flußufern ist verboten.
Fällen und Extraktion von Holz kann nur ausgeführt werden, wenn die
Straße anständig erstellt und vom Forst-Direktor bewilligt worden ist.
(Forest Engineering Plan)

Foto: Mutang

Die Politik des Sarawak-Forst-Departements:
«1. Genügend Wälder für das Wohl der gegenwärtigen und
     zukünftigen Bevölkerung des Landes zu bewahren.
 2. Die Produktionswälder mit größtmöglichem Profit bei
     nachhaltigen Einschlägen zu bewirtschaften.» (37)

Foto: Alberto Venzago

«Macht euch keine Sorgen wegen der Companies. Die gefällten Bäume wachsen wieder nach», wird uns erklärt. Warum kommen sie denn in unser Land? Und gehen wir ins Tal, sehen wir nirgends dicke Bäume – nur Rodungsdickicht.
Bala Tingang, Nomade

Die Abschlachtung der Regenwälder geschieht im Auftrag der Industrienationen, die sowohl die Technik liefern als auch (bis jetzt) Abnehmer für Tropenholz sind. Der Deutsche Motorsägenhersteller «Stihl» ist führend auf dem Weltmarkt und trägt durch den Vertrieb seines Qualitätsproduktes eine große Verantwortung: Nicht nur die Wälder der Penan fallen seinen Schwertern zum Opfer, sondern auch Baumriesen von Borneo, Kamerun, bis nach Brasilien.

Foto: Hansjürgen Burkhard

Foto: Aila Ziegler

Bulldozer schlagen zum Abtransport der Stämme alle 100 Meter eine Schneise in den Primärwald. Kleinere Schleppwege werden schnell überwuchert. Je breiter die Straßen und Schneisen und je steiler das Gelände, desto schlimmer werden die Schäden, v.a. in der Regenzeit.

Selektive Holzfällerei im Ulu Limbang, Konzessionsgebiet des jetzigen Umweltministers und Vorsitzenden des Komitees für Flora und Fauna, Datuk James Wong:

> «Vor 15 Jahren warnten einige, die industrielle Holzfällerei würde bis heute die letzten Wälder zum Verschwinden bringen. Aber jedermann kann heute nach Sarawak kommen und überall Dschungelgrün sehen.»
>
> «Holzfällerei heißt nichts anderes, als den Wald zu ernten. Dieser kann sich selbst regenerieren, da stets Mutterbäume und Sämlinge vorhanden sind. Ein geloggtes Gebiet ist schon nach fünf Jahren kaum mehr vom Primärwald zu unterscheiden.»

Foto: Aila Ziegler

«Es kann später wiederum geloggt werden. Nach der Holzfällerei wachsen sogar mehr Dschungelfrüchte als vorher.»

«Wir müssen etwas tun, unsere Flora und Fauna zu schützen. In Sarawak haben wir noch 76,6% bewaldete Gebiete, in Holland sind es nur 8%! Die Holzfällerei in den Hügeln verursacht keinen bleibenden Schaden; wenn, so schädigen die Jäger die Fauna und die traditionellen Bauern die Flora.» (38)

Professor S.C. Chin (University Malaysia) warnt:

«Die Situation ist kritisch geworden. Es ist nötig, die Probleme der Degradation und der Zerstörung ehrlich zu betrachten. Bei gegenwärtigen Fällquoten werden die letzten Primärwälder in sieben bis acht Jahren verschwunden sein.»

Chief-Minister Datuk Taib Mahmud argumentiert:

«Der Staat Sarawak verdient jährlich 600 Millionen Ringgit aus dem Logging. Wir können die Holzfällerei jetzt nicht stoppen, da wir ein Entwicklungsland sind.» (39)

Foto: Alberto Venzago

Fünf große Brücken, von japanischen Konzernen gebaut,
eröffneten den Bulldozern der Holzindustrie den Lebensraum
der letzten Nomaden Sarawaks, hier bei Long Kaua
über den Tutoh-Fluß. Wie lange noch stoßen die Bitten und Proteste
der Eingeborenen um absoluten Schutz ihrer Wälder auf taube Ohren?

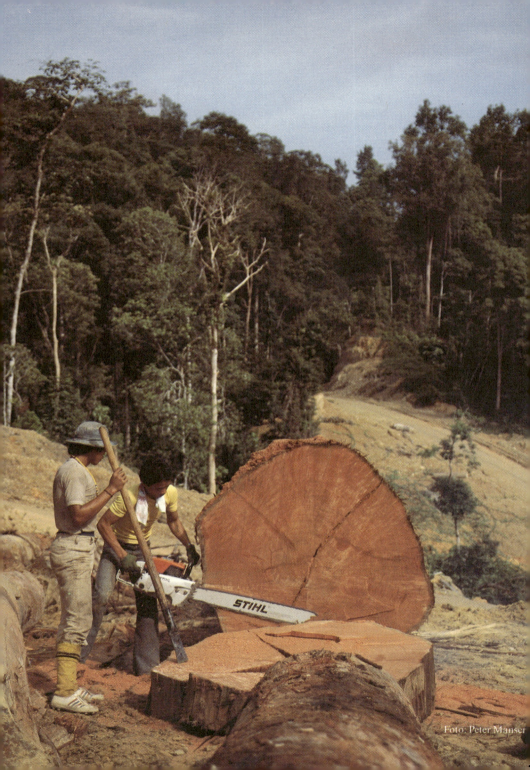

Foto: Peter Manser

Sarawak im internationalen Rampenlicht

Prinz Charles von England verurteilt in einer Rede die Menschenrechtsverletzungen an den Yanomami in Brasilien und an den Penan in Sarawak:
«Selbst heute, wo in Sarawak die Penan ins Gefängnis gesteckt werden, da sie ihre eigenen Stammesgebiet verteidigen ... geht dieses schreckliche Muster gemeinsamen Völkermords weiter.» 6.2.1990 (40)

Welttour von Eingeborenen (8.10.1990–24.11.1990)
Dank finanzieller Hilfe und Unterstützung vieler Organisationen und einzelner Menschen erhielten drei Vertreter von Sarawaks Urvölkern Gelegenheit, vor der Weltöffentlichkeit ihre Sorgen und Nöte auszusprechen. Während sechs Wochen bereiste die Delegation* 25 Städte in Australien, Kanada, USA, Europa und Japan und brachte ihre Anliegen bei Politikern (aus Parlament, Senat, Ministerien), bei Vertretern nationaler wie internationaler Organisationen (UNO, UNESCO, ITTO, WCC, WWF u.a.) sowie in Interviews mit Medien vor. Durch den persönlichen Kontakt zu Nachkommen von Ureinwohnern und Minderheiten anderer Kontinente, die ebenso um Anerkennung ihrer traditionellen Landrechte und um Schutz ihres angestammten Lebensraumes kämpfen, fand sich Solidarität.
Anthony Brooke**, der letzte weiße Rajah von Sarawak (bis 1946), besuchte die Delegation in Australien und gab ihr seinen Segen mit auf die Reise:
«In dieser Zeit des weit verbreiteten Elends sind wir aufgerufen, eine Welt zu bauen, die von der Kraft des Mitleids und der Liebe regiert ist, eine Welt mit friedfertigen Beziehungen zwischen Menschen mit der Natur, wo sich soziale Gerechtigkeit durchsetzt. Wir sehen diese neue Welt schon sichtbar werden durch Änderungen in einzelnen Menschen ... Wir entdecken die Kräfte und höheren Werte, die jedem von

---

* Initiant und Direktor der Tour war der Kanadier Thom Henley, der sich im eigenen Land für den Schutz der Queen Charlotte-Inseln verdient gemacht hat. Delegation aus Sarawak: Unga Paran (Penan), Mutang Tu'o (Penan), Mutang Urud (Kelabit). Ferner nahmen teil: Beth Lisheron (Logistik; Kanada u. Japan), Bruno Manser (Übersetzer, Schweiz), Dai Roberts, Duane Foerter (Buchhaltung, Dokumentation; Kanada).
** Anthony Brooke, geb. 1912, leitet mit seiner Frau Gita die Organisation «Peace Through Unity», die sich für den Weltfrieden einsetzt und am Schutz der Antarktis arbeitet.

uns innewohnen und bis jetzt nicht genügend Ausdruck fanden ... Nun ist es Zeit, diese Qualitäten aus unserem Innern voll blühen zu lassen. Die Verschiedenartigkeit der Kulturen dieser Erde zu feiern, im Bewußtsein der grundlegenden Einheit der Schöpfung, ist ein sicherer Weg, den Grundstein zu legen für die globale, demokratische Gemeinschaft von Menschen, nach der wir uns sehnen ... Möge die Kraft der Liebe euch um die Erde begleiten.»

Mutang Tu'o von Long Iman, Mitte Zwanzig, ledig, von der SIB-Mission ausgebildet, beschreibt die Situation:
Wir fühlen uns wie Fische in einem ausgetrockneten Bachbett. Die Sonne scheint heiß. Wir wollen ins kühle Wasser fliehen und nach Nahrung suchen, doch wir sind in unserem Tümpel gefangen. Unsere einzige Hoffnung ist Regen. Ihr, die ihr euch um uns sorgt, könnt uns Regen bringen.
Wir haben unsere Speise in Blätter gewickelt. Plötzlich kommen Fremde und essen unsere Nahrung weg. Was sie für uns zurücklassen, sind die leeren Blätter. Doch auch wir haben einen Mund und einen Magen und wollen essen.
Wir haben zwischen zwei Dingen zu wählen: Hunger oder Sättigung. Logging in unserem Land bedeutet Hunger, darum wählen wir Sättigung.

Unga Paran von Long Bangan, Anfang Vierzig, vier Kinder, erklärt:
Welches Land auch immer weiterhin Holz aus Sarawak importiert, verursacht uns Penan Hunger und beteiligt sich an der Zerstörung unseres Lebensraumes.
Unga schaute in Washington und Tokio fassungslos den schmutzigen, obdachlosen Gestalten auf der Straße nach, an denen Männer im grauen Anzug und mit Aktenkoffer achtlos vorbeiliefen. In Ungas Dorf werden die Güter des Waldes untereinander geteilt. Für ihn ist es unvorstellbar, daß sich der reiche, gebildete Mensch nicht um seinen Nächsten kümmert.

Mutang Urud, Kelabit von Long Napir, Anfang Dreißig, ledig, stellt am Schluß der Aktion fest:
Wie ein kleines Kind, das verzweifelt in den reißenden Fluß springt, um seine ertrinkende Mutter zu retten, in dieser Haltung habe ich an dieser Welttour ‹Stimmen für den Urwald Borneos› teilgenommen. Hunger und Ratlosigkeit im Gesicht meines Volkes rufen nach sofortiger Hilfe.
Es war ein Privileg, Menschen anderer Länder und Kulturen, mit anderer Hautfarbe und Religion, zu treffen, mit ihnen zu teilen und zu erfahren, daß wir auf diesem Planeten Brüder und Schwestern haben. Obwohl verschieden,

scheinen wir doch alle gemeinsam darum besorgt zu sein, dem Pfad der Liebe und des Teilens zu folgen, und somit das Böse zu verwandeln.

Andererseits stimmt es traurig, daß Vertreter von Behörden oft persönlich Verständnis ausgedrückt haben, doch unfähig oder machtlos scheinen, innerhalb ihrer Institution zu handeln. Weshalb sollte dies nicht möglich sein, wenn Leben und Kulturen auf dem Spiel stehen?

Ich weigere mich zu glauben, daß die Menschen von 13 großen Nationen, die wir besucht haben, nicht in der Lage sein sollten, die schlimme Situation von uns Eingeborenen in Sarawaks Wäldern zum Besseren zu wenden.

Foto: Vario-Press

Bonn, Oktober 1990. Der deutsche Umweltminister Dr. Klaus Töpfer stimmt Unga Parans Forderungen nach Tropenholzverzicht lächelnd zu. Die Bundesrepublik importierte 1990 1,2 Millionen m^3 Tropenholz, $^1/_3$ davon aus Malaysia.

227

US-Resolution

Die erste sichtbare Frucht unserer Bemühungen zeigt sich als Resolution im US-Senat durch Herrn Senator Albert Gore (26. Oktober 1990, s. Anhang S. 273). «Es sollte die Politik der USA sein, die Regierung von Malaysia aufzurufen, sofort für den Umweltschutz in Sarawak zu agieren, indem die unkontrollierte Ausbeutung der Regenwälder beendet wird und indem die traditionellen Landrechte und international festgelegten Menschenrechte all seiner Urvölker anerkannt werden, und es sollte die Politik der USA sein, die Regierung von Japan aufzurufen, die Aktivitäten landeseigener privater Unternehmen zu untersuchen, die die Zerstörung der letzten Primärwälder verursachen, und darum die Kultur und letztlich das Überleben der Urvölker Sarawaks bedrohen.»

Menschenrechte und Logging in Sarawak

Industrielle Holzfällerei zerstört die Ökonomie und Kultur der Penan und übrigen Dayak, indem sie direkt oder indirekt deren lebensnotwendige Ressourcen dezimiert und Hunger verursacht. Klagen liegen vor wegen:

1. Überjagung von Wild (Hauptproteinlieferant) durch Holzfäller und Auswärtige;
2. Dezimierung des Fischbestandes durch Pollution und Überfischung durch Holzfäller und Auswärtige;
3. Dezimierung von Sagopalmen (Hauptstärkelieferant der Penan);
4. Dezimierung wilder Fruchtbäume wie Durian und Nakan (Hauptnahrung in der Saison);
5. Verschmutztes Trinkwasser durch Erosion, Maschinenöl, Giftstoffe (aus Rinden gefällter Bäume ausgewaschen);
6. Dezimierung von Rattan (wichtigste handwerklich verwendete Pflanze);
7. Dezimierung von Pfeilgiftbäumen – unentbehrlich für die Jagd;
8. Extraktion von Blasrohrhölzern – unentbehrlich für die Jagd;
9. Zerstörung natürlicher Vegetation, die traditionelle Jagd mit Blasrohr beinahe verunmöglicht;
10. Extraktion und Dezimierung von Hölzern, die dem Wild Lebensraum, Brutstätte und Nahrung spenden;
11. Extraktion von Hölzern, die Harze (Fackelbrennstoff) liefern;
12. Extraktion und Dezimierung von Hölzern, die von Eingeborenen für Haus- und Bootsbau benötigt werden;
13. Zerstörung von Kulturland (Reisfelder, Maniok, Pflanzungen, Fruchtbäume) und Privatbesitz (Hütten, Vorräte);
14. Versperren traditioneller Pfade und Flüsse als Transportwege;
15. Zerstörung von Grabstätten.

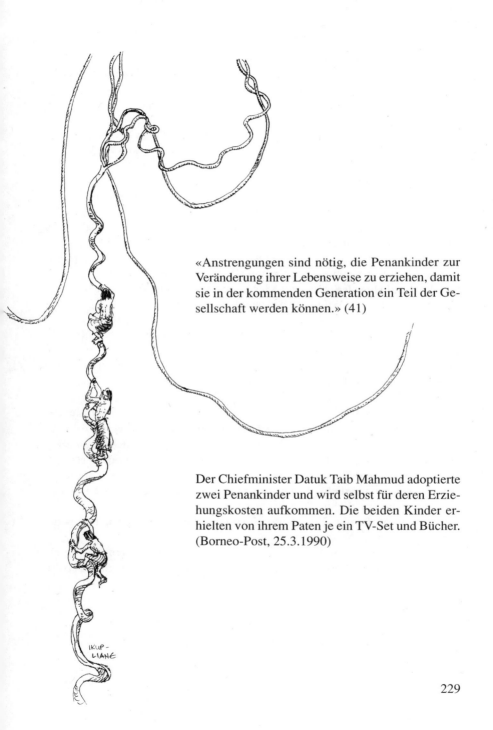

«Anstrengungen sind nötig, die Penankinder zur Veränderung ihrer Lebensweise zu erziehen, damit sie in der kommenden Generation ein Teil der Gesellschaft werden können.» (41)

Der Chiefminister Datuk Taib Mahmud adoptierte zwei Penankinder und wird selbst für deren Erziehungskosten aufkommen. Die beiden Kinder erhielten von ihrem Paten je ein TV-Set und Bücher. (Borneo-Post, 25.3.1990)

IKUP-LIANE

229

Internationale Konventionen

Der erste Artikel der UNESCO-Erklärung für Grundsätze internationaler Zusammenarbeit lautet:

Jede Kultur hat ihre Würde und Werte, die respektiert und erhalten werden müssen.

In den Menschenrechten der Vereinten Nationen (Fact. Sheet No. 5) heißt es:

Alle möglichen Mittel sollen Anwendung finden, um indigenen Völkern zu erlauben, ihre Kultur zu erhalten und zu entwickeln.

Internationale Organisationen wie UNO, UNESCO, ILO (Internationale Arbeitsorganisation) bemühen sich, über Konventionen den Menschenrechten Respekt zu verschaffen. Wie weit die Organisation der Vereinten Nationen dazu fähig ist, obliegt jedem einzelnen ihrer 161 Mitgliedstaaten. Von 24 Menschenrechtsverträgen haben zum Beispiel Malaysia 2, Burma 4, USA und Japan 7, Schweiz (als Nicht-Mitglied) 8, Guatemala 14, Deutschland, Kanada, Australien, UK 16, Schweden, Finnland 18, Norwegen, Jugoslawien und Ungarn 19 unterzeichnet.* Es ist zu hoffen, daß baldmöglichst alle Konventionen von der Mehrheit aller Staaten nicht nur auf dem Papier unterzeichnet, sondern in der Praxis auch befolgt werden, um die verschiedenen Nationen unserer Erde wirklich im Dienst des Menschen zu vereinen.**

Innerhalb der UNO untersteht dem «Wirtschafts- und Sozialrat» (ECOSOC) die «Menschenrechtskommission», und dieser die «Unterkommission zur Verhinderung von Diskriminierung und zum Schutz von Minderheiten». Ihr untergeordnet tagt seit 1982 in Genf jedes Jahr die «Arbeitsgruppe für indigene Bevölkerungen», die an einem Entwurf grundsätzlicher Rechte von Urvölkern arbeitet. Als einzige UN-Konferenz sind bei ihr unabhängige, nicht von Behörden entsandte Organisationen (NGO's) als Redner zugelassen. Die Interventionen von wenigen anwesenden Vertretern der etwa 300 Millionen Mitglieder verschiedener Urvölker aller Kontinente und Hautfarben zeigen ihre weltweit gleichen Probleme: Mißachtung traditioneller Land- und Nutzungsrechte und Mißachtung des Rechts auf Selbstbestimmung in eigener Kultur und Entwicklung.

Reaktionen von Seiten der Regierungsbeobachter variieren von totaler Zurückweisung von Anschuldigungen (z.B. Burma) über Stillschweigen bis zu positiver Dialogbereitschaft (z.B. Australien).

---

* Vollständige Liste siehe: UN – Human Rights, Status of int. Instruments, 1.3.90
** So hat die Schweiz z.B. die Konvention über Rechte des Kindes, politische Rechte der Frau und die Konvention gegen rassistische Diskriminierung noch nicht unterzeichnet.

August 1990

Kein malaysischer Beobachter ist bei der Arbeitsgruppe anwesend, um zu einem Vorstoß im Sinne der Penan und übrigen Dayak in Sarawak Stellung zu nehmen. In einer Intervention von Advokaten (Human Rights Advocates, USA) vor der Unterkommission werden im Fall der Penan Verstöße gegen das internationale Menschenrechtsgesetz aufgezeigt, so gegen das Recht auf Leben, gegen das Recht auf Gesundheit und genügend Nahrung und sauberes Wasser, gegen das Recht auf eigene Kultur, gegen die Rechte auf Freisein von Diskriminierung, willkürlicher Enteignung und erzwungener Ansiedlung.

Der Unterkommission wird empfohlen,

1. einen speziellen Berichterstatter zur Untersuchung zu bestimmen;
2. Malaysia zu unverzüglichem Schutz der nomadischen Penan und ihrer Gebiete aufzurufen;
3. die Schaffung eines Biosphären-Reservates zu unterstützen.

Aus einem Schreiben der malaysischen Botschaft, Bern

Ref: SR (376) 100/28

«Der Regenwald in Malaysia, der oft als eine grüne und zeitlose Welt beschrieben wird, ist eine riesige, wunderbare Schönheit. Es bereitet uns Freude, in Harmonie mit der Umwelt zu leben, und wir sind nicht ohne Rücksicht auf den Segen der Natur. Malaysia kann nicht im Namen von anderen Ländern sprechen, die tropisches Nutzholz produzieren. Was Malaysia gemacht hat, und was es weitermachen wird, bildet ein lehrreiches Beispiel der systematischen Forstverwaltung, die von sozialem und wirtschaftlichem Nutzen für das Land sein kann, während sie die Stabilität der Umwelt pflegt ...

Die verschiedenen vom Staat eingeführten Schutzmaßnahmen zeigen deutlich unsere starke Verpflichtung zu der andauernden Verwaltung unserer Wälder für den langfristigen Nutzen unseres ganzen Volkes ... Das Holzfällen in steilen und anderen Gebieten, die zur Auswaschung neigen, ist verboten. Das Holzfällen in Sarawak gefährdet also die Umwelt nicht. Die gefällten Wälder können noch funktionieren, überleben und sich erholen.

Die Waldindustrie liefert dem Staat rund die Hälfte seines gesamten Einkommens. Von der Totalbevölkerung S'AKS von 1,5 Millionen sind etwa 1 Million Ureinwohner und von ihnen nur noch 299 nomadisch im Wald lebend, während 45'000 Ureinwohner in der Holzindustrie arbeiten. Die Staatsregierung und die Bürger von Sarawak haben sich immer um das Wohlergehen der 299 Penan-Nomaden im Wald gekümmert und haben sie in verschiedenen Weisen ermutigt und geholfen, einen ständigeren Lebensstil zu akzeptieren ...

Die traditionellen Landrechte der Ureinwohner werden nie von Holzfällerarbeiten ignoriert oder bedroht (wie es in einigen ausländischen Kreisen behauptet wird) …

Die Behauptungen, die vor kurzem offenbar auf Malaysia gerichtet wurden, daß wir unsere Wälder ohne Rücksicht verwüsten, zeigen Unkenntnis und Verständnismangel – wir schätzen unsere Wälder und bemühen uns, ihr Bestehen zu fördern. Kämpfe gegen den Gebrauch von Tropenholz sind über Malaysia fehlgeleitet worden. Es muß zu diesem Zeitpunkt ganz klar gemacht werden, daß wir als verantwortungsbewußte Leute die Sorgen der Welt um den Schutz des Regenwalds und des globalen Ökosystems teilen.

Wir nehmen gerne die Zusammenarbeit der Außenwelt entgegen, um die Erhaltung und die Wiederentwicklung unseres Tropenwalds zu erzielen. Aber negative Feldzüge werden nur unsere Bemühungen zerstören, das Gleichgewicht zwischen Waldschutz und der wirtschaftlichen Verwertung des Landes für den langfristigen Nutzen des Volks und der Welt zu erhalten.»

«Wir beabsichtigen nicht, die Penan in ‹menschlich-zoologische Musterstücke› zu verwandeln, die von Touristen tölpelhaft beguckt und von Anthropologen studiert werden, während der Rest der Welt an ihnen vorbeigeht. Die fraglichen Penan sind nur etwa 900 von 9000. Während der Großteil erfolgreich seßhaft geworden ist, führt der Rest noch ein nomadisches Leben. Es ist unsere Politik, alle Dschungelbewohner schließlich in den Hauptstrom des nationalen Lebens zu bringen. Es ist nichts Romantisches an diesem halb verhungerten und krankheitsgequälten Volk, und wir werden keine Entschuldigungen machen für unsere Bemühungen, seine Lebensbedingungen zu heben.»

Dr. Mahathir, malaysischer Premierminister (42)

—437—

LEUNG

Auf der Suche nach Lösungen

Forstexperten

Auf Einladung des Chiefministers Taib Mahmud sendet die Internationale Holzhandelsgesellschaft (ITTO) eine Kommission nach Sarawak, um die dortige Forstwirtschaft genauer unter die Lupe zu nehmen. Die ITTO ist eine Unterorganisation der UNO mit 43 Mitgliedstaaten und Sitz in Yokohama (Japan); ihr Ziel ist es, die Wälder der Erde als erneuerbare Holzressourcen zu pflegen. Innerhalb der ITTO geben Japan als grösster Importeur und Malaysia als grösster Exporteur den Ton an. Der Schutz der Tropenwälder soll durch die Nutzung für den internationalen Holzhandel garantiert werden. Da die ITTO den Wald nur unter dem Aspekt als Holzlieferant einstuft und Sekundärprodukte aus dem Wald wie Wild, Früchte, Harze, Rattan, Medizin etc. nicht berücksichtigt, zudem die traditionellen Landrechte der im Regenwald lebenden Menschen ignoriert, meldeten Organisationen, wie die «Gesellschaft für bedrohte Völker», ihre Bedenken betreffend der Neutralität der Untersuchungskommission an. In Sarawak ist die Gewährung von Landrechten wesentlich für den Erhalt der dortigen Regenwälder.

Die ITTO stellt in ihrem im Mai 1990 veröffentlichten Bericht fest:
- Kein Primärwald kann genutzt werden, ohne dem gesamten Ökosystem Schaden zuzufügen. Ganz wenige Tropenwälder werden wirklich nachhaltig genutzt (nach Duncan Poore weniger als 1%). Diese Tatsache würde einen Bann für sämtliche Tropenhölzer rechtfertigen (Punkt 13).
- In Malaysia würde ein internationaler Bann für den Handel mit Tropenholz die Fällquote um $^4/_5$ verringern, da nur 20% der Gesamtproduktion im eigenen Land verbraucht werden (Punkt 16).
- Holzfällerei in einem Gelände mit über 60% Neigung zu betreiben, verursacht einen nicht wieder gutzumachenden Schaden an der gesamten Umwelt (Punkt 122), Wasserscheiden und Ufergebiete sind solchen Aktionen schutzlos ausgeliefert, und sich lösendes Erosionsgeschiebe wird die Flüsse des Dschungels für Jahre ernsthaft belasten. Die bestehenden Vorschriften sind ungenügend (Punkte 70/162).
- Die bis anhin praktizierte Waldnutzung in Sarawak kann die Wirtschaft rein von den Ressourcen her auf die Dauer nicht sichern (Punkt 249).
- Sollte die Holzfällerei auch weiterhin im gegenwärtigen Tempo vorangetrieben werden, wird der übriggebliebene Primärwald bis in elf Jahren vernichtet sein (Punkt 126).

- Zur Sicherung der Holzressourcen ist eine Reduktion des jährlichen Holzeinschlags von 14 Millionen m³ auf 6,2 Millionen m³ bei selektivem Logging nötig oder eine Senkung auf 9,2 Millionen m³, wenn wirtschaftlich uninteressante Baumbestände und solche «ohne biologische Zukunft» zwecks Raumschaffung für gewinnbringende Arten mit Giften abgetötet werden.

ITTO empfiehlt:
1. Mehr Forstpersonal zur Überwachung der Vorschriften;
2. Eine Reduktion des jährlichen Einschlags auf 9,2 Millionen m³;
3. Ein Logging-Verbot in Wasserschutzzonen und Gebieten mit mehr als 60% Neigung (12'700 km²).

Die verantwortlichen Behörden in Sarawak wollen einer Reduktion der Fällquote bis auf 10 Millionen Kubikmeter pro Jahr erst bis in zehn Jahren nachkommen! Der Empfehlung, erosionsgefährdete Gebiete mit mehr als 60% Gefälle von Holzfällerei auszuschließen, wurde zugestimmt. Da jedoch weder Fachpersonal noch Kontrollen vorhanden sind, wühlen die Bulldozer in allen Bergregionen (z.B. Ulu Limbang, Ulu Magóh, Ulu Aka) bis zum heutigen Tag ungehindert weiter. Ferner regte die ITTO in ihrem Bericht an, Eingeborene vor der Ausbeutung ihres Landes zu konsultieren und Konfliktzonen (ca. 5000 km²) vorläufig auszuklammern, bis die rechtliche Situation geklärt sei. Die Regierung hat ein solches Vorgehen abgelehnt, mit der Begründung, daß diese Fragen bereits gelöst seien: Seit 1958 sollen die Eingeborenen nach geschriebenem Gesetz (NCR) kein Recht mehr auf ihre angestammten Wälder haben.

Das große Geschäft mit Dschungelriesen von 150 cm Durchmesser wird bald vorbei sein. ITTO empfahl deshalb, den minimalen Stammdurchmesser schlagreifer Bäume von 60 cm auf 45 cm herabzusetzen. Kann auf diese Weise der Zusammenbruch des Tropenholzhandels wegen schwindender Hartholzreserven hinausgeschoben werden? Dank dieser Maßnahme haben sich die Einschläge 1990 auf über 18 Millionen m³ erhöht, statt sich nach dem Versprechen des Chiefministers zu vermindern. Die Bulldozer fallen ein zweites Mal in den Dschungel ein und verwandeln ihn gleichsam in eine Buschlandschaft. Der malaysische Industrieminister Dr. Keng Yaik kommentiert, es gebe keinen Grund für eine Reduktion, da die Wälder nachhaltig genutzt würden (43).

Was bei einer auf schnelle Profite gezielten Ausbeutung ‹nachhaltig› bleiben wird, ohne sich auf seine alten Masse erholen zu können, ist das über die Hälfte dezimierte Holz-Volumen des geloggten Primärwaldes und seine entsprechend gesenkte relative Kronhöhe.

Sarawak hat somit seine Produktion in den letzten 30 Jahren auf das Fünfzehnfache gesteigert, mit täglichen Einschlägen von 51'000 m³ im Wert von 9 Millionen M$. Das heißt, in Sarawak werden jeden Tag 12 km² oder jede Sekunde 139 m² Regenwald für die industrialisierten Länder zerstört.

Computerfachleute interpretieren Satellitenaufnahmen der Wälder Sarawaks, daß 1990 mindestens 26 Millionen m³ Holz produziert worden sein müssen. Sollte diese Ziffer zutreffen, wäre die Gnadenfrist für die letzten Primärwälder Sarawaks erheblich kürzer als sieben Jahre (nach Angaben der ITTO). Wird der verbleibende, finanziell uninteressante Restbestand gerodet, würde das den Zusammenbruch des Oeko-Systems Regenwald und die Ausrottung vieler Arten zur Folge haben. Bis heute wurden über die Vielfalt in dieser Region kaum Studien gemacht. Forstexperten sind überfragt, wenn wir Auskunft über den Fruchtzyklus und das natürliche Lebensalter einer einzigen Hartholz-Baumart erhalten wollen! Qualitätsholz 1 bis 3 beinhaltet allein schon 785 tropische Baumarten, die ca. 23% der gesamten Flora ausmachen. Die Studie von ITTO hat bestätigt, daß Logging von Sarawaks Primärwäldern langfristig gesehen weder ökonomisch noch ökologisch vertretbar ist; Opfer der Mißwirtschaft sind nicht nur Urvölker, die als unmittelbar Betroffene auf die Barrikaden steigen, sondern ganz Sarawak mit dem Ausverkauf seiner Ressourcen.

Vorschlag für ein Lösungsmodell

Im Sinne der bedrohten Urvölker drängen sich folgende Maßnahmen auf:
1. Sofortiges Moratorium auf Logging in Penan-Gebieten sowie in übrigen Konfliktzonen (Blockaden, Verhaftungen);
2. Jagdbann für Auswärtige;
3. Biosphärenreservat in 4./5. Division (ca. 18'000 km²);
4. Abgrenzung und Demarkation traditioneller Territorien zusammen mit den Ureinwohnern, um deren Landrechte zu garantieren;
5. Moratorium durch Industrienationen.

1. Moratorium

Sarawaks Wälder schrumpfen täglich um mindestens 12 km². Besteht da für Realisten noch ein Hoffnungsschimmer, daß ein genügend großes Überbleibsel Regenwald zum Wohle seiner Bewohner gerettet werden kann? Die gesetzliche Abklärung von Landrechtsfragen bei verschieden gelagerten Interessen braucht erfahrungsgemäß viele Jahre, und bei allem Gerede könnte bis dann das Objekt der Diskussion unwiederbringlich geopfert worden sein. Auch als Biosphärenreservate vorgeschlagene Gebiete könnten bis zur endgültigen Abklärung und Demarkation geloggt worden sein.

Der letzte Rajah von Sarawak, Anthony Brooke, appelliert an den Chiefminister Datuk Patinggi Abdul Taib Mahmud (24.5.1991):

> «... Während das Brooke-Regime und die britische Kolonial-Regierung wie viele andere Regierungen es versäumt haben, die Grundrechte der Eingeborenenvölker klar anzuerkennen, frage ich mich, ob es nicht höchste Zeit ist, daß diese untolerierbare Situation von jenen, die jetzt an der Macht sind, bereinigt werden muß? Weltweite soziale Ungerechtigkeit, Gefährdung grundlegender Menschenrechte, Belastung der Umwelt erreichen bald den kritischen Punkt, wo alle Mitglieder der menschlichen Familie, ungeachtet ihrer Kulturen, Nationen und ihrer politischen Unterschiede sich vereinen müssen, um zusammen Gesundheit und Harmonie auf unserem gemeinsam bewohnten Planeten zu schaffen.
>
> Als Mitglied der menschlichen Familie bitte ich Eure Exzellenz, ein unverzügliches Moratorium für Logging auszusprechen, um nach Lösungen zu suchen und somit die unvermeidliche Auslöschung dieses schönen und von Grund auf friedfertigen Volksstammes (der Penan) zu verhindern.» (44)

Ohne sofortiges Moratorium im vierten und fünften Landesteil und allen andern Konfliktgebieten würden weitere Penan irreversibel ihrer Lebensgrundlage beraubt werden; alle 220'000 autarken Bauern und Jäger der Dayak-Urvölker würden zu Arbeitslosen.

Wo ein Wille vorhanden ist, öffnen sich auch Wege: Der Chiefminister von Sarawak hat nicht nur gesetzlich das Recht, Lizenzen zu vergeben, er kann sie auch jederzeit zum Wohle des Volkes zurücknehmen. Macht er von diesem Recht Gebrauch, ist der Lizenzinhaber verpflichtet, die Lizenz auszuhändigen, und die Logging-Company muß die Arbeit einstellen. Innert spätestens fünf Wochen kann ein Stop von Logging in Penanland oder sämtlichen Primärwäldern Sarawaks verwirklicht werden (Forstgesetz, Anhang 45). Der Chiefminister hat es in der Hand, durch rasche Durchführung dieser Maßnahme den Jubel der Penan und internationale Sympathie zu erhalten und als weiser Landesvater und Hüter der kostbaren Ressourcen Sarawaks in die Geschichte einzugehen. Doch Politik wird nicht in erster Linie von Sympathie, sondern von Ökonomie regiert. Wer stopft bei einem Stop von Holzfällerei das entstehende Finanzloch?

Westmalaysia beansprucht 95% der Profite aus den Erdöl- und Erdgasressourcen Sarawaks. Die im Ursprungsland verbleibenden 5% sind ungefähr gleich hoch wie seine sämtlichen Einkünfte aus den Holzexporten (612 Millionen M$, 1989). Ein Ausfall dieser Staatseinnahmen wäre leicht zu decken, wenn Westmalaysia bereit wäre, ‹nur› noch 90% der Profite aus Sarawaks Erdöl abzuzwacken.

Industrieländer, allen voran Japan und die EG, können bisherige Einnahmen aus dem Tropenholzhandel rückvergüten sowie den positiven Entscheid des Chiefministers zu einem Moratorium und wirksamen Schutz der Regenwälder durch Garantie eines mehrjährigen Fonds von Entwicklungshilfegeldern ermöglichen. Auf diese Weise ersetzte Staatseinnahmen können in positiver Zusammenarbeit Sarawaks und Malaysias mit den Industrienationen direkt für soziale Projekte im Sinn der Betroffenen verwendet werden:

- Direkthilfe bei Unterernährung;
- Im Gesundheitswesen (Spitäler, Wasserversorgung, Hygiene);
- Zur Arbeitsbeschaffung für rund 40'000 arbeitslos werdende einheimische Holzfäller;
- Zur Förderung alternativer ökologischer Wirtschaftsmethoden anstelle von destruktiver Holzfällerei, die langfristig gesehen für Sarawak ökonomisch interessanter sind und die unabhängige, traditionelle Wirtschaft der ansässigen Bevölkerung sinnvoll ergänzen: wie vielseitiger Land- und Gartenbau, Obstbau, Bienenzucht, Rattanpflanzungen;
- Für lokales Kunsthandwerk, Handel mit Sekundärprodukten wie Medizin, Früchte, Honig, Harze, Latex.

Caldecott (WWF 1986) schätzt, daß in Sarawak jährlich eine Million Wildschweine, 31'000 Rehe und 23'000 Hirsche erbeutet werden. Diese 35'000 Tonnen Wildfleisch entsprechen einem ökonomischen Wert von 320 Millionen Ringgit, wenn sie durch Fleisch von Aufzuchttieren ersetzt werden müßten. Zählt man noch die Flußfischerei als weitere kostenlose Eiweißquelle dazu und rund 31 Millionen Ringgit Erlös aus dem Export von Illipe-Nüssen für Schokoladenherstellung, entspricht der Gesamtwert bereits der Hälfte des Einkommens, das der Staat aus der jetzigen Waldabschlachtung bezieht. Nach einem Vorschlag des WWF Malaysia (1985) würden zum Beispiel Mangrovenwälder der Küstengebiete langfristig gesehen zwei- bis fünfmal höhere Beschäftigung und Gewinn abwerfen, wenn sie als Biotop erhalten und zur Krabben- und Krevettenwirtschaft genutzt würden, anstatt sie für die Papierschnitzelherstellung weiter kahlzuschlagen. Nach einer Studie der Weltbank (1991) liefern Wälder, die von Eingeborenen traditionell mit Jagd- und Sammelwirtschaft genutzt werden, jedes Jahr Nahrung im Wert von 154–600 Ringgit pro Hektar.

2. Jagdbann

Eine weitere Maßnahme, die der Chiefminister bereits 1987 verfügt hat, die aber nie respektiert wurde, ist der Jagdbann für Ortsfremde im Ulu Baram / Ulu Limbang, um die Dezimierung der Nahrungsquellen von Ureinwohnern durch Auswärtige einzudämmen. Der Jagdbann steht im Einklang mit dem traditionellen Adat-Gesetz, daß sämtliche Ressourcen eines Stammesterritoriums (wie Wild, Fisch, Rattan, Sago, Früchte, Kulturland) von Fremden geschont werden müssen.

3. Schutzgebiete – Biosphärenreservate

Seltene Tierarten wie Nashorn, Leopard, Bär, Gibbon und Nashornvögel sind schon heute, im knapp auf die Hälfte geschrumpften Primärwald Sarawaks, bedroht. Es ist geplant, diesen weiter für industrielle Holzfällerei und Plantagenprojekte dem Exporthandel zu opfern, und ihn bis auf 8% des Landes in Form von Nationalparks und Wildreservaten zu dezimieren (zur Zeit stehen erst 2% unter Schutz). In diesen Schutzgebieten ein Überleben seltener Tierarten zu garantieren ist unrealistisch. Denn mit der Zerstörung aller umliegenden Wälder schwinden die natürlichen Ressourcen der Dayak, und der Druck auf die Nationalparks wächst: Hungrig holt sich der Eingeborene dort Wild und Fisch, wo er dies noch findet, und am Ende werden die kleinflächigen Schutzgebiete Sarawaks nur noch Attrappen von touristischer Bedeutung. Man mache sich keine Illusion über die Wirkung strenger Gesetze gegen Wilderer, wo Gesetzeshüter selbst freveln: Ich weiß von Zibetkatzen, Leopard, Ameisenbär und gebombten Fischen, die auf das Konto von Parkwächtern, Polizei und Militär gehen, auch von gewissenlosen Händlern, die Eingeborene überreden wollen, die letzten Nashörner Borneos aufzuspüren und ihres Horns wegen zu erlegen. Wirklicher Schutz für Sarawaks Wappentier und die sarawaksche Wildnis mit all ihren Wundern an Tieren und seltenen Pflanzen kann nur in großen, zusammenhängenden Naturreservaten gewährleistet werden, die nicht durch noch mehr Straßen erschlossen werden.

In einem zum *Nationalpark* oder *Wildreservat* erklärten Gebiet verlieren Eingeborene ihre traditionellen Land- und Nutzungsrechte. Im Konzept des *Biosphären-Reservats* (UNESCO) ist der Mensch als ein Teil der Natur einbezogen; denn einerseits können Urvölker als solche nur überleben und ihre Kultur bewahren, solange ihre Umwelt intakt ist, andererseits sind sie der beste Garant für eine umweltfreundliche und sozial gerechte Wirtschaftsweise. Die von Sarawaks Behörden 1987 durchgeführte Studie stellt fest:

«Penan-Strategien für die Verwaltung und den Gebrauch des Waldes sind begründet auf dem Prinzip der nachhaltigen Bewirtschaftung, die den kleinstmöglichen Schaden an der Umwelt bewirkt.» (46)

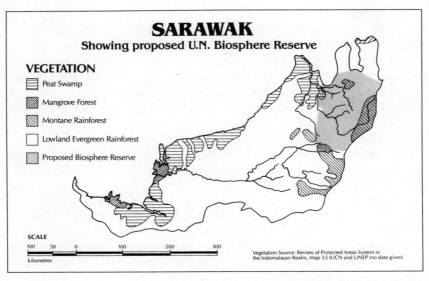

SARAWAK
Showing proposed U.N. Biosphere Reserve

VEGETATION

- Peat Swamp
- Mangrove Forest
- Montane Rainforest
- Lowland Evergreen Rainforest
- Proposed Biosphere Reserve

SCALE

100   50   0   100   200   300
kilometres

Vegetation Source: Review of Protected Areas System in
the Indomalayan Realm, Map 3.5 IUCN and UNEP (no date given)

Quelle: Penan, Davis & Henley

Zwei Biosphärenreservate wurden 1987 den nomadischen Penan versprochen (Ulu Magóh, 526 km^2 / Sembayang 8 km^2). 1990 verkündete der Chiefminister Datuk Patinggi Tan Sri Haju Abdul Taib Mahmud selbst die Gründung eines weiteren Biosphärenreservats (Melana, 400 km^2). Die Betroffenen stellen fest, bis jetzt weder Leute gesehen zu haben, die die Gebiete markieren, noch je um ihre Meinung gefragt oder informiert worden zu sein, und daß die Gebiete mittlerweile schon teilweise erschlossen oder geloggt worden sind.

Nomadische Penan in ein kleines Gebiet umsiedeln zu wollen, zeugt von Unkenntnis, denn bald würden die Ressourcen wegen Überbeanspruchung erschöpft sein. In Sarawak herrscht kein Bevölkerungsdruck, der die Umsiedlung und Konzentration von Volksstämmen rechtfertigen würde. Viele Penanstämme leben schon heute unter ärmlichsten Bedingungen, da ihre Territorien zerstört worden sind und sie keine Ausweichmöglichkeiten haben, denn Grenzverletzungen zu Nachbarstämmen würden in Streit enden und werden vermieden. Ein großflächiges, zusammenhängendes Biosphärenreservat (ca. 18'000 km^2), das von weiterem Straßenbau und dem Weltmarkt verschont wird, schafft eine gute Voraussetzung nicht nur für das Überleben der Penan und eines Stücks sarawakscher Kultur, sondern auch für die letzten Leoparden und für die Artenvielfalt des Regenwaldes. Die Regierung könnte in Zusammenarbeit mit UNO und UNESCO Richtlinien ausarbeiten und Hilfe bieten, wo Eingeborene sie

240

wünschen. Die Verwaltung der einzelnen Territorien würde nach traditionellem Adat-Gesetz den jeweiligen Volksstämmen obliegen.

4. Landrechte und Demarkation

Das grundlegende Menschenrecht auf Nahrung, Selbstbestimmung und eigene Kultur ist in der Achtung von traditionellen Landrechten begründet. Wer ein Stück Land besitzt und ein Leben lang von ihm abhängt, wird Sorge dazu tragen und nicht den Ast absägen, auf dem er sitzt. In diesem Sinne sind eingeborene Völker Garanten für naturverträgliche Bewirtschaftung. Die kolumbianische Regierung hat beispielhaft 1989 unter Präsident Barco den Eingeborenenvölkern im Amazonas 180'000 km² Land zugesichert und in der Konstitution festgehalten: Privatbesitz hat eine ökologische Funktion (Art. 58). Das Gesetz erkennt das Recht indigener Völker auf ihr Land an (Art. 72). Innerhalb ihrer Territorien haben Eingeborene das Recht auf eigene Amtssprache, auf eigene Behörden. Sie können ihre Ressourcen selbst bewirtschaften und am Staatseinkommen teilhaben (Art. 10/287/329/330). Acht südamerikanische Länder haben in einem Pakt über indigene Angelegenheiten bestimmt, daß Demarkation von Eingeborenenländern bei enger Zusammenarbeit mit den Eingeborenen erste Priorität hat.

Politische Systeme, die auf Landenteignung und entwurzelten Menschen beruhen, haben kurze Lebensdauer. Die Landrechte der Penan und übrigen Dayak können nur durch Demarkation ihrer Territorien klar definiert werden.

5. Moratorium durch die Industrienationen

Es liegt in der Souveränität Sarawaks, innerhalb seiner Landesgrenzen Menschenrechte zu achten oder nicht, Eingeborenen wie den Penan Landrechte und Dialog zu verweigern – oder positiv mit ihnen zusammenzuarbeiten, Korruption durch ein System zu fördern, in dem Politiker durch Kontrolle über Lizenzen die Ressourcen des Landes für private Interessen ausschöpfen, oder dies zum Wohle der Bevölkerung zu ändern.

In der Souveränität von Sarawaks Handelspartnern liegt es, auf Importe von Produkten, die Umweltschäden verursachen und mit Menschenrechtsverletzungen verbunden sind, zu verzichten. Das Europäische Parlament* hat seine Verantwortung wahrgenommen und 1988 in einer Resolution «über die katastrophalen Auswirkungen der großflächigen Abholzungen in Sarawak» beschlossen, Tropenholzimporte aus Sarawak einzustellen, bis sichergestellt werden kann, daß sie aus Konzessionen stammen, die keine unakzeptablen

---

* Es untersteht der Europäischen Kommission, die selbst dem Rat der Minister untersteht.

ökologischen Schäden verursachen, und die nicht die Existenz der eingeborenen Bevölkerung bedrohen. (Siehe Anhang S. 272)

Da kein Mitgliedstaat die Resolution in die Tat umgesetzt hat und sich die Situation seither täglich verschlimmert, wurde im Bericht über Südostasien die Europäische Kommission aufgefordert, endlich Restriktionen für Tropenholzimporte in die Tat umzusetzen, und die Wichtigkeit eines unverzüglichen Moratoriums für Holzimporte aus Sarawak wurde ausdrücklich betont. (A3-0219/91, 13/14).

Internationale Kräfte vereinigen sich; Parlamentarier Japans, der EG und US-Senatsmitglieder verlangen als überparteilicher Zusammenschluß «GLOBE» von ihren Regierungen ein Import-Moratorium auf Hölzer von Sarawak.

Der internationale Tropenholzhandel

Zehn kleine Negerlein ...

Die größten noch zusammenhängenden Primärwaldgebiete finden sich in den Tropen als Regenwälder in Südamerika (Amazonas), Zentralafrika (Zaire) und auf der Insel Borneo (Malaysia/Indonesien).

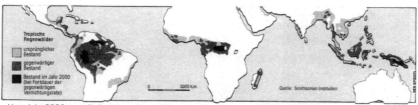

Vom Jahr 2000 an will die Internationale Tropenholz-Organisation (ITTO) den Regenwald schonen.

Bedroht durch Brandrodung, Staudämme und Tropenholzhandel schrumpfen sie zur Zeit jährlich um 200'000 km² (WWF-D). Brandroder aus der ärmsten Bevölkerungsschicht werden oft als Sündenböcke hingestellt, obwohl sie mehrheitlich selbst Opfer von Machtstrategen eines sozial ungerechten Handels sind.

Erst vor etwa 30 Jahren begannen die Industrienationen der nördlichen Hemisphäre systematisch, die reichen Holzressourcen der Tropenwälder industriell zu erschließen. Urvölker als weise Verwalter ihres Lebensraums wurden entmündigt, und auswärtige Staatsagenturen und fremde Entwicklungshilfeorganisationen übernahmen eigenmächtig die Kontrolle über Wohl und Wehe der Wälder. Damit begann das Drama. Ein Land nach dem anderen wurde und wird seiner Primärwälder beraubt. Der einst größte afrikanische Tropenholzexporteur Nigeria ist heute selbst auf Importe angewiesen. Die Philippinen sind nur noch von ¹/₁₆ der ursprünglichen Wälder bedeckt. Thai-

Tropenholzexporte in die Industrienatonen (1989) (in Rundholzäquivalenten)	
Herkunft	Millionen m³
Malaysia	33'168
Indonesien	23'526
Brasilien	1'960
Elfenbeinküste	1'583
Philippinen	1'304
Papua Neu-Guinea	1'260
Chile	1'049
Gabun	1'030
Übrige (30 Länder)	5'327
Total	70'207

Quelle: FAO 1989

243

land hat nach großen Unwettern mit Überschwemmungskatastrophen, verschlimmert durch die Folgen der Entwaldung, seit 1989 Logging verboten. Dafür fressen sich die Kettensägen thailändischer Companies heute auf Einladung der benachbarten Militärregierung von Myanmar (Burma) in die Wälder der Karen und anderer Volksstämme und beteiligen sich damit an einem Völkermord. 1985/86 folgten Westmalaysia und die Philippinen dem Beispiel Indonesiens und verboten den Export von Rundholz, um mehr Profit und Arbeitsplätze im eigenen Land zu sichern. Trotz sogenannt nachhaltiger Nutzung schwinden die Primärwaldreserven, und schon heute sind Sumatra auf Importe aus Kalimantan, Westmalaysia auf Importe aus Sarawak und Sabah angewiesen, um ihre Sägemühlen zu füttern. Malaysia bestreitet heute als weltweit größter Produzent rund die Hälfte des internationalen Tropenholzhandels und exportierte 1990 täglich 24 Millionen m³ Holz, im Jahr insgesamt für 8,93 Milliarden M\$.

Vier Fünftel des weltweit gehandelten tropischen Rundholzes stammen aus Borneo (1987).

Export von tropischen Harthölzern in Rundholzäquivalenten*:

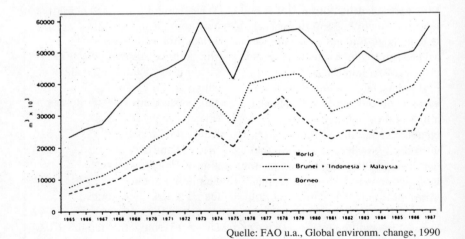

Quelle: FAO u.a., Global environm. change, 1990

* Rundholzäquivalent: Für die Produktion von 1 m³ Sperrholz benötigt man rund 2,3 m³ Rundholz; für 1 m³ gesägtes Holz braucht es 1,5 m³ Rundholz.

Handelsströme

Etwa 60 Millionen m³ Tropenholz werden zur Zeit pro Jahr gehandelt. Hauptimporteure sind Japan und die EG.

Die EG importiert Rundholz aus Afrika, Schnitt- und Sperrholz vor allem aus Südostasien. Frankreich ist der größte europäische Tropenholzimporteur. Holland mit nur noch 7% bewaldeter Fläche deckt 80% seines Bedarfs mit Tropenhölzern.

Die Schweiz importierte 1987 55'000 m³ tropisches Rundholz (0,12% des weltweiten Anteils), 1990 noch 11'879 Tonnen Rundholz und 18'774 Tonnen Schnittholz im Wert von 34 Millionen sFr. Davon wurden 63% über Zwischenhändler importiert, vor allem via Frankreich und Deutschland.

Die Rolle Japans

Seit den Siebzigerjahren dominiert Japan den Weltmarkt. Neben 15,7 Mio m³ Tropenholz importierte es 1987 47,1 Mio m³ Holz v.a. aus den USA, Kanada, UDSSR und deckte damit ²/₃ seines Verbrauchs von 95 Mio m³ aus dem Ausland. Japan importiert vor allem tropisches Rundholz (77%) aus dem südostasiatischen Raum, das in eigener Industrie verarbeitet wird. Seit die philippinischen Wälder beinahe verbraucht sind, hat sich der Handel auf Malaysia verlagert, jener von Neuguinea und den Salomoninseln wird erschlossen, und der Amazonas winkt. Sollte Tropenholz noch knapper werden, stehen die Wälder Sibiriens und der USA bereit! Japan ist mit 10 Milliarden US$ Entwicklungshilfegeldern (1990) der größte Investor in der Dritten Welt. Es entwickelt damit vor allem seine eigene Wirtschaft, indem es eigene Exporte in die Entwicklungsländer fördert und sich

Die größten japanischen Tropenholzimporteure (1987)

C. Itoh & Co.*	1,04 Mio. m³
Marubeni Corp.*	1,03
Yuasa Sangyo	0,95
Sumitomo Ringyo	0,88
Ataka Mokuzai	0,83
Nissho Iwai Corp.	0,79
Nichimen	0,73
Mitsui & Co.*	0,47
Mitsubishi Corp.*	0,47
Tomen	0,38
Kawasho	0,35
Meiwa Sangyo	0,25
Nozaki Sangyo	0,25
Sumitomo & Co.*	0,25
Okura & Co.	0,25

Diese 15 Konzerne tätigen 64% der japanischen Tropenholzimporte

* Mit Projekten in Malaysia.

Quelle: WWF int.

Foto: Fred Hoogervorst

Holländische Aktivisten lassen einen Baumstamm auf ein Mitsubishi-Auto donnern. Über Boykott-Aktionen sollen gewisse Firmen gedrängt werden, ihre Hände vom Tropenholz zu lassen. Ein Experte für japanische Ökonomie rät, Boykottmassnahmen ohne lange Begründungen einfach auszuführen – nur dann würden sie ernst genommen.

Zugang zu deren Öl, Aluminium, Zellulose und Fischgründen verschafft.* In dieser Weise finanziert Japan auch die Erschließung der letzten unberührten Primärwälder Ostmalaysias und schluckt 89% von dessen Rundholzexporten (1987).

Der Import von Tropenholz ist weitgehend unter Kontrolle der ‹Sogo Shoshas›: Diese Kartelle stehen im Zentrum der japanischen Wirtschaftsstruktur und beteiligen sich an Joint-Venture-Projekten, an der Holzfällerei in den Produzentenländern, sie organisieren den Import, sie verarbeiten das Holz und vertreiben es in Japan.

Japanische Firmen sind keine selbständig handelnden Einheiten im freien Wettbewerb; die einzelnen Firmen sind in Gruppen organisiert. Innerhalb einer jeden Gruppe entsteht durch Aktienbeteiligungen ein dichtes Netz. Die für die

* Nach R. Forrest.

246

Regenwaldvernichtung verantwortlichen Firmen sind Handelsfirmen innerhalb einer solchen Gruppe. Da diese Handelsfirmen selbst nichts produzieren und vermarkten, sind sie für den Verbraucher nicht erreichbar. Dafür aber um so besser andere Firmen aus derselben Gruppe, also solche, die bei uns Konsumgüter vermarkten. Indirekt am Raubbau beteiligte, bei uns bekannte Firmen sind: Nissan, NEC, Mitsubishi, Toshiba, Canon, Toyota, Sharp, Nikon, Sanyo, Pentax, Fuji, Isuzu, Daihatsu, Hoya.

Japan, mit 2,5% der Erdbevölkerung, verbrauchte 1989 rund $^1/_3$ (35,6%) des weltweit gehandelten Tropenholzes und $^1/_5$ (19,5%) aller weltweit gehandelten Laubhölzer.* Selbst Edelhölzer werden zur Papierfabrikation zerschnitzelt. Je rund die Hälfte des tropischen Schnittholzes wird für den Hausbau bzw. für Möbel und Verpackungsmaterial (Fast-food-Schachteln, Wegwerf-Eßstäbchen, Container, Paletten etc.) verwendet. Edelhölzer werden auch zu Sperrholz verarbeitet; 30% davon verwandeln sich in Möbel, 56% in Betonverschalungen, die nach 1–2maligem Gebrauch vernichtet werden. Das in der japanischen Bauindustrie jährlich verschwendete Sperrholz würde ausgebreitet rund 437 km^2 Fläche abdecken und aufgeschichtet sich 1100mal höher in den Himmel türmen als der Mount Fuji (3776 m), das Wahrzeichen Japans.

Warum Tropenholz?

Die meisten Gegenstände aus Tropenholz umgeben uns heute nicht etwa, weil wir eine innige Beziehung zu ihm hätten, sondern ganz einfach, weil es oft billiger ist als vor der Tür gewachsenes Buchenholz; so billig, daß wir es nicht zu beachten brauchen. Vielleicht wurde der Mehrpreis für unser Tropenholz bereits von Ureinwohnern, die um ihr Überleben kämpfen, bezahlt. Vielleicht klebt an unserem Meranti und Teak gar Blut, da in Sarawak durchschnittlich alle paar Tage ein Holzfäller bei der Arbeit getötet wird und das burmesische Militärregime mit seinen Holzexporten den Krieg gegen die eigene Bevölkerung finanziert.

Bis ein uralter Merantibaum aus dem Regenwald Borneos als Fensterrahmen in unseren Häusern landet, sind über zwanzig verschiedene Parteien an Verarbeitung, Transport und Vermarktung gewinnbringend beteiligt. Trotzdem, und selbst bei erhöhten Transportkosten, kann es bei uns billig angeboten werden, da es im ‹Niemandsland› Dschungel als ein Diebesgut gilt, das man ungeachtet seines wirklichen Wertes einfach nehmen kann.

Nach der internationalen forstwissenschaftlichen Beratungsstelle in Edinburgh (IFSC) verdient das Importland von Tropenholz mehr als der Produzent. Vom

---

* Berechnet nach Angaben FAO, 1989 (Rundholzäquivalent 1,82)

Preis einer bei uns gekauften Mahagoni-Tür deckt weniger als 1% den Roh-
holz-Preis im Ursprungsland, während der größte Teil des Profits von Impor-
teuren, Wiederverkäufern und der Regierung des Importlandes in Form von
Steuern eingesteckt wird. Beim Export von Schnittholz fließen nur 10,5% zurück ins Produzentenland, beim Export einer fertigen Tür 35%. Am wenigsten
verdient der Produzent beim Export von Rundholz, wie im Fall Sarawak, wo
weniger als 1% der zurückfließenden Gelder theoretisch für die betroffene Bevölkerung im Regenwald bestimmt wäre.

Wohin das Geld geht, das beim Kauf einer Tür aus Tropenholz bezahlt wird.

8,5% Profit und Produktionskosten im Exportland   2% Steuereinnahmen im Exportland

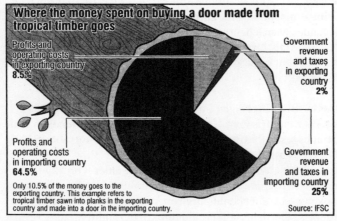

Quelle: IFSC 1991

64,5% Profit und Produktionskosten im Importland   25% Steuereinnahmen im Importland

Nur 10,5% des Geldes fließt zurück ins Exportland. Das Beispiel betrifft Tropenholz, das im Ursprungsland zugesägt und im Verbraucherland zum Endpro-
dukt Tür verarbeitet wird.

Der Tropenholzhandel verringert nicht Armut im Ursprungsland, sondern vergrößert sie!
Waldarme Länder wie Holland sind auf Importe angewiesen. Warum reduziert
es nicht seinen Bedarf und deckt diesen allein mit europäischem Holz? Bauern
in Norwegen klagen über Absatzschwierigkeiten wegen billiger Tropenholzimporte. Und die Schweiz? Die Schweizer verbrauchen angeblich 7,5 Mio m³

Holz pro Jahr, von denen sie 4,5 Mio m³ aus eigener Produktion deckt. Im Schweizer Wald verrotten 1 ¹/₂ Mio m³ Holz wegen Unternutzung, da Arbeitskräfte zu teuer sind. 70% des Schweizer Buchenholzes werden exportiert, während für 34 Millionen Franken Tropenholz eingeführt wird (1990).

Zusammengefaßt sind die Gründe für den hohen Tropenholzverbrauch in den Industrieländern ökonomischer Art:
1. Niedriger Preis bei guter Qualität;
2. Importsteuereinnahmen;
3. Hohe Produktionskosten für einheimisches Holz;
4. Mangel an eigenen Holzressourcen;
5. Verschwenderischer Verbrauch.

Richtlinien für eine ethische Politik zum Schutz der Tropenwälder
Achtung grundlegender Menschenrechte unter Anwendung umweltgerechter Wirtschaftsformen muß als Grundsatz aller Handelsbeziehungen gesetzlich (GATT, General agreement on tarifs and trade) festgelegt werden: Gleichheit, Freiheit, Brüderlichkeit!

78 Organisationen der BRD verlangen im Regenwaldmemorandum (1989):
- Unantastbarkeit der langfristigen Überlebensrechte der traditionellen Kulturen und Stammesgesellschaften sowie aktive Unterstützung aller Bemühungen, ihre Rechte zu sichern.
- Absoluter Schutz der noch verbliebenen Primärwälder vor sämtlichen menschlichen Eingriffen, mit Ausnahme traditioneller und nachgewiesen nachhaltiger, ökologisch unbedenklicher Nutzungsformen.
- Verbot des Imports sämtlicher Güter, die direkt oder indirekt zum Verlust weiteren Primärregenwaldes beitragen.
- Finanzielle Unterstützung für die Realisierung eines Abbaustops im stark gefährdeten Ökosystem Primärwald und in Territorien von Eingeborenen und für naturverträgliche Bewirtschaftung bereits degradierter Wälder in Absprache mit der lokalen Bevölkerung.

Von unserer Verantwortung
Positive Kräfte in internationalen Gremien bemühen sich, ethische Grundsätze durchzusetzen: So hat die Weltbank die Finanzierung von Projekten zur Erschließung von Primärwäldern gestoppt. Doch oft fehlt es bei den Verantwortlichen wegen privater Interessen am politischen Willen. Die internationale Tropenholzorganisation (ITTO) will das Abschlachten der letzten Primärwälder

noch bis zum Jahre 2000 erlauben, auch wenn es ökologisch unverantwortbar ist. In der Vorbereitungskonferenz für RIO 92 (PREPCOM, August 1991) wollen Mitgliedstaaten nur einer legal unverbindlichen UNO-Konvention über Tropenwälder zustimmen … darüber hinaus will der Weltforstkongreß in Paris (September 1991), neben schönen Worten, unilaterale Handelsbeschränkungen verbieten, selbst wenn sie aus Gründen der Menschenrechtsverletzungen notwendig sind. Daraus zeigt sich klar, daß das Los der letzten Wälder dieser Erde nicht einigen wenigen Graukitteln überlassen werden darf, die kurzsichtige ökonomische Interessen gegen alle Vernunft und Menschlichkeit ausspielen.

Eine Bürgerin von Malaysia schreibt:

«Es ist der Konsument von Tropenholz, der den Schlüssel für die Zukunft von Sarawaks Wäldern hat. Der Markt bricht zusammen, wenn die Nachfrage nachläßt.»

Als Konsumenten haben wir es in der Hand, persönliche Opfer zu bringen und jene Politiker zu unterstützen, die das Herz auf dem rechten Fleck haben. Das ‹Klima-Bündnis› zum Erhalt der Erdatmosphäre ist ein solches Zeichen. Alle Befragten, vom Produzenten bis zum Konsumenten, vom Tropenholzhändler bis zum Industriellen, zeigen sich über die Zukunft der Regenwälder besorgt und wollen sie schützen. Wunderbar. Bei dieser grundsätzlichen Einigkeit ist die Realisierung des gemeinsamen Anliegens gewiß! Doch bevor wir Wälder aktiv schützen können, müssen wir wohl aufhören, ihre Zerstörung über Tropenholzimporte weiter zu finanzieren. Der Schweizer Bundesrat Adolf Ogi hat ein Heilmittel bereit: «In erster Linie steht wohl Verzicht oder zumindest Zurückhaltung bei der Beanspruchung von Ressourcen dieser Gebiete … Jeder einzelne ist aufgerufen, verantwortungsbewußt zu handeln.» (24.9.1990, Antwort auf Anfrage von A. Kooreman)

Verfolgen wir den Weg des Tropenholzes vom Produzenten bis zu uns, sehen wir, daß das Maß an Verantwortung vom Konsumenten bis zur Regierung massiv ansteigt: Wenn Schreiner und Möbelindustrie kein Tropenholz verarbeiten, erscheint es nicht als Produkt auf dem Markt; ohne Importeure kein Angebot für die Industrie, und ohne Bewilligung des Bundesrates keine Importe! Je höher wir in der Hierarchie steigen, um so höher werden bei einem Verzicht die finanziellen Ausfälle.

In Deutschland verzichten bereits über 400 Gemeinden und Städte auf Tropenholz. Der Schweizer Bundesrat René Felber versprach bei einem Treffen mit Eingeborenen Sarawaks im Februar 1991, Direktiven zu geben, daß in Bundesbauten auf Tropenholz verzichtet werde. Dagegen soll ein Herr aus dem Finanzdepartement opponiert haben, weil öffentliche Bauten so billig wie möglich erstellt werden sollten.

Wie erkenne ich Tropenholz?

AstfreieTropenhölzer werden unter den verschiedensten Namen gehandelt und sind oft, wie Eiche und Nußbaumholz, von nadelartiger Struktur. Es gibt sehr schöne dunkle Arten wie Palisander, rötliche wie Rosenholz und helle Arten von beige bis rötlich wie Meranti, das oft gefärbt wird. Tropische Hölzer wachsen gleichmäßig und bilden kaum sichtbare Jahrringe aus. Das Spiel von Sommer und Winter, Wachstum und Ruhe spiegelt sich bei einheimischen Hölzern als Jahrringe wider und verleiht schon gewöhnlichem Tannenholz eine lebhafte Maserung.

Der einfachste Weg, Tropenholz zu erkennen, ist, uns beim Schreiner zu beraten und aus Abfallstückchen eine Mustersammlung als Kinderspielzeug anzulegen, um auch die einheimischen Holzarten unterscheiden zu lernen.

Massivholz ist bei uns meist einheimisch, während Furniere und Sperrholz in der Regel tropischen Ursprungs sind. Oft wird auch einheimisches Holz wie Ahorn, Buche und Esche dunkel gefärbt, um Tropenholz vorzutäuschen: Eine unauffällige Probe mit dem Taschenmesser gibt Aufschluß. Es gibt praktisch für jeden Verwendungszweck einheimische Hölzer.

Bei uns verwendete Tropenhölzer

Außenbau:	Azobe (Bongossi), Bankirai (Balau)*, Doussie (Afzelia, Apa), Niangon
Gartenbau:	Azobe (Bongossi), Bankirai (Balau)*, Doussie (Afzelia, Apa), Ramin*, Iroko
Fenster:	Framire, Iroko, Khaya, Lauan*, Merbau*, Meranti*, Niangon, Sipo, Teak
Türen:	Khaya, Koto, Lauan*, Limba, Makore, Meranti*, Niangon, Okoume (Gabon), Sapelli, Sipo
Innenausbau:	Abachi, Dibetou (Lovoa), Framire, Koto, Lauan*, Limba, Makore, Meranti*, Niangon, Ramin*, Sapelli, Sipo, Wenge
Parkett:	Iroko, Limba, Niangon, Sapelli, Sipo
Möbel:	Abachi, Afrormosia, Dibetou, Iroko, Khaya, Lauan*, Limba, Makore, Ramin*, Sapelli, Sipo, Wenge

Die hier aufgeführten Handelsnamen sind die bei uns gebräuchlichsten. Daneben werden, je nach Herkunft, aber noch zahlreiche andere Handelsnamen verwendet, was nicht selten zu Verwirrung führt.

Quelle: GFBV Schweiz, 1990

* malaysische Exporthölzer

Einheimische Hölzer und ihre Verwendung

Verwendung	Weide	Ahorn	Birke	Birne	Rotbuche	Hainbuche (Weißbuche)	Douglasie	Eiche	Roteiche	Erle	Esche	Fichte/Tanne	Edelkastanie	Roßkastanie	Kiefer	Lärche	Kirsche	Linde	Pappel	Pflaume	Robinie*	Ruster (Ulme)**	Nußbaum	Weymouthskiefer	Eibe***
Fenster					●			●			+	+					●								
Türen (innen)	●	●	●		○	●		+	●		+	○					○					●			
Tore (außen)					●	●		●			+	+					●								
Wände/Decken (innen)	●	●	●		●	○	●	●	●		+	●	+	○	●	●	●		○		●	●	●	●	●
Treppen	+			+	●	+	+	●			●	●					○		●		●	●			
Fußböden/Parkett	+	●	●	+	●	○	●	●	●		●		+	●	●		○		●		●	●			
Möbel	●	+	+	+	+		●	◆	+	●	+	+	●		+	●	●	●	●	◆		●	●	●	●
Schiffbau					●	+		●			●		+						+	●					
Zäune/Parkbänke					+			−			−	+					+								
Werkzeugteile/Gebrauchsgegenstände	●	●	●		+	+		●	●		+					●	+		●	●					
Leisten/Rahmen	●	●	●	●	●		○	●	+	●	●	●		+	●	●	●		●		●	●			
Außenverkleidungen					●	○			−			●	+		●		○								
Schnitzerei/Kunst/Drechseln	●	+	+	●	●		●	●	+	+	●	+	●	●	+		●	●	●	●	●	●	●	●	●
Brücken					+						−	●					+								
Spundwände/Deichbau					●	+					−	●					+								
Schwellen			−		+	−					●						+	−							
Möbel/Ausstattungsfuniere	●	●		●	●	●	+	●	+	●	●	●	●		+	●	●	+	○	+	+				
Industrieholz	●		●	+	●			●		+	●		+		●	+						●			
Konstruktionsholz					+	◆	●	+			+	+			+	+					◆	●			
Tischplatten	●	●	●	●	+		○	●			●		●	●			○		●						
Arbeitsplatten		●		+				●	●								○		●						
Wasserbau	●				●	+		●			●		−	●			+		●						
Schindeln****								●					+												

- ● Geeignet
- + Geeignet und aufgrund verschiedener Faktoren von uns empfohlen (u.a. Eignung, vorhandene Menge, Ausnutzung d. Eigenschaften)
- ○ Geeignet, jedoch an anderer Stelle sinvoller eingesetzt.
- − Häufig eingesetzt, jedoch immer imprägniert und daher nicht empfohlen.
- ◆ Sollte nur im Außenbereich verbaut werden.

* Robinie ist ein hervorragendes, sehr dauerhaftes Holz für alle Außenanwendungen. Der Anbau dieser Holzart ist leider in der BRD sehr vernachlässigt worden, so daß der Markt zur Hauptsache aus ungarischen und rumänischen Anpflanzungen gedeckt wird.

** Durch einen bei uns eingeschleppten Pilz (Ceratocystis ulmi) ist der Ulmenbestand in unseren Wäldern langfristig gefährdet.

*** Eibe steht bei uns unter Naturschutz und sollte nicht als Importholz gekauft werden.

**** Holzschindeln sollten nur dann verbaut werden, wenn sie aus handgespaltetem, ganzjährigem und wintergefälltem Holz hergestellt sind.

Quelle: Robin Wood, 1991

Taten statt Warten

Kinder und Grassroots-Bewegungen als treibende Elemente zur positiven Veränderung

«Tick-Tack, Tick-Tack, die Uhr läuft ab für Sarawak. Tropenholzimportstop Jetzt!» Umweltschützer der Regenwälderkampagne kippten eine Lastwagenladung voll Sägemehl in die Einfahrt zum deutschen Regierungsgebäude in Bonn (Juli 1991).

Es gibt Menschen, die davon reden, was nötig wäre, was man tun könnte und sollte, und die Trägen, die das Gefühl haben, wenige Tropfen auf den heißen Stein würden sowieso nichts nützen. Und es gibt jene, die erwachen und etwas tun. Nach dem Motto «Wir müssen beim Kleinsten anfangen, um das Größte zu erreichen», schrieben Schüler von Engistein und Wattenwil Briefe an Medien, Behörden und Möbelhändler, fertigten Flugblätter und Plakate und übergaben eine selbst lancierte Petition mit 2000 Unterschriften zum Schutz der Regenwälder je an die malaysische, japanische und brasilianische Botschaft.

Als Brad Pritchard in Australien einen Dokumentar-
film über den Kampf der Penan gesehen hatte,
schlug er vor der malaysischen Botschaft in Canberra sein Zelt auf und begann einen Fastenstreik.
Während 50 Tagen verweigerte er Nahrung! Als
einsamer Kämpfer hatte er begonnen, mit einigen
Mitstreitern wurde die Aktion beendet.
Australiens Umweltschützer sind eine Inspira-
tion – sie wissen, daß Standhaftigkeit und
Mut zum Erfolg führen können:
AktivistInnen ketteten sich an Bulldozer, ließen sich verhaften, besetzten Bäume, ließen sich bis an den
Hals in der Straße begraben und
retteten damit Wälder für die
Nachwelt (Terania Creek, NSW.,
Franklin River, Tasmanien). Fried-
fertige Kämpfe, mit vollem Herz
und Opferbereitschaft geführt –

Brad Pritchard,
50tägiger Fastenstreik vor der malaysischen Botschaft in Canberra, Australien, 1990

254

hier liegt die Hoffnung. Tropenholz als Exportgut steht auf derselben Liste wie Babyrobbenfelle, Elfenbein und Walfische – mit vereinten Kräften ist sein Bann nicht mehr fern.

In Sydney, Melbourne, Brisbane, Adelaide und Perth formten sich Gruppen, die in spektakulären Aktionen mit malaysischem Holz beladene Schiffe an der Einfahrt in die Häfen hinderten; im eiskalten Wasser ritten die Demonstranten auf Surfbrettern die Bugwelle, ließen sich in Kajaks zwischen anlegendem Schiff und Docks beinahe erdrücken, bemalten Schiffswände mit Wasserfarben und besetzten Tropenholzlagerplätze. Dabei wurde, wenn immer möglich, mit der Polizei zusammengearbeitet. Die Gewerkschaften der Hafenarbeiter respektierten die Aktionen, die bei einer um drei Tage verzögerten Entladung einen Mehrpreis für das Holz 90'000 $ verursachten. Dank gezielter Informationskampagnen und Aktionen bannte die Bauarbeitergewerkschaft den Gebrauch von Tropenholz, und Politiker arbeiten eine Gesetzesvorlage für Importrestriktionen aus (Senator Coulter).

In Frankreich gründete die Umweltschutzorganisation «Robin des Bois», der auch das Schicksal der Bäume in Paris am Herzen liegt, eine Botschaft für die Penan. Als der größte französische Möbelkonzern ‹Lapeyre› nicht freiwillig auf Meranti verzichtete, wurde eine Boykottaktion gestartet. Im Jahr des Tourismus für Malaysia 1990 kletterten Demonstranten auf ein Flugzeug, vor seinem Start für ein Rennen Paris-Malaysia, mit Bannern wie «Le Bois avance, les Penan reculent», und versandten Postkarten mit der Aufschrift: «Ich werde Malaysia nicht besuchen, solange …». In Kopenhagen organisierte die Umweltschutzgruppe «Nepentes» Informationskampagnen und Ausstellungen. In verschiedenen europäischen Städten ketteten sich Demonstranten an Botschaftstore und boykottierten japanische Firmen, die in die Zerstörung von Tropenwald verwikkelt sind. In London unterbrach ein Aktivist freundlich den englischen Ministerpräsidenten mitten in seiner Rede am Gipfeltreffen der sieben Großmächte (G7) und entrollte ein Banner, um auf Sarawak aufmerksam zu machen.

In der Schweiz spannten die Gesellschaft für bedrohte Völker und Greenpeace vor der malaysischen und japanischen Botschaft ein 80 m² großes weißes Tuch: So groß war damals (1988) die pro Sekunde zerstörte Fläche Regenwald in Sarawak. In der Zwischenzeit müßte das Tuch 139 m² groß sein! Am 22. Mai 1991 spielen Schüler Theater, und Kinder verkleiden sich als Bäume, während ein Teil der 60'000 international gesammelten Unterschriften für eine Petition an die malaysische Botschaft übergeben wird. Im Juni 1991 wurden in Nantes und Bremen Ladekräne in den Häfen blockiert.

Blockade im Bremer Hafen durch Robin Wood, Juni 91   Foto: M. Schroeder, Argus

5. Juli 1991: Kuala Baram, Sarawak

Acht Umweltschützer aus Australien, Deutschland (Robin Wood), England und
USA (Earth First) besetzen in einer friedlichen Kundgebung Holzindustrie-
gelände an der Mündung des Baram-Flusses. Mit Spruchbändern wie «Stop
Timber Exports» erklettern einige einen Ladekran, hängen sich an Seile, während sich andere an Baumstämme ketten. Sie unterstützen damit die Forderungen der Penan und anderer Dayak-Völker nach Achtung ihrer traditionellen
Landrechte und einem Holzabbaustop (Moratorium) in ihren Heimatgebieten.
Die friedfertigen Demonstranten, vier Frauen und vier Männer, werden in der
lokalen Presse als Mitglieder gewalttätiger Terrororganisationen bezeichnet
und werden zu 50–80 Tagen Gefängnis verurteilt. Diese hohe Strafe soll andere Menschenrechtler davon abhalten, sich in die «internen Angelegenheiten Sarawaks» einzumischen. «Zivilisierte Menschen gehen nicht in andere Länder,
um da Probleme zu verursachen», kommentiert ein Minister (Borneo-Post,
10.7.1991).

Das effizienteste Mittel, sämtliche Umweltschutzgruppen zum Schweigen zu
bringen, ist, den Tropenholzhandel baldmöglichst für immer einzustellen. Wer
begreift und nicht handelt, hat nicht begriffen!

Bann von Tropenhölzern aus Primärwäldern – eine Strategie

Information >>> Aufklärung >>> Bewusstsein >>> Suchen nach Lösung, Alternativen >>> Handeln, Opfer >>> Änderung und Heilung.

Konsument: Einschränkung des Konsums, Verzicht auf Tropenholz, Boykott aller Produkte und Gesellschaften, die solche vertreiben oder in die Tropenwaldzerstörung und Menschenrechtsverletzung verwickelt sind (z.b. Mitsubishi, Stihl). Aktionen, Briefeschreiben, Proteste. Unterstützung von Politikern und Organisationen, die sich für den Wald und seine Völker einsetzen.

Produzent: Schreiner, Architekt, Sägerei, Bau- und Möbelfirmen, Verbände, Gewerkschaften, Holzhandel: freiwilliger Verzicht, Verzichtserklärung, Verwendung von Alternativen (einheimische Hölzer).

Lokalpolitiker: Beschluß, in öffentlichen Bauten kein Tropenholz zu verwenden.

Parlament/Senat: Gesetzliche Regelung. Einfuhrbeschränkung. Zölle. Bann.

Minister: Vorbilder zum Schutz der Kinder, Natur und der gesamten Menschheit: Direktiven im eigenen Land, Unterstützung der Politiker Malaysias, Sarawaks und Japans, die den Wald schützen.

Internationale Gemeinschaft: EG, UNESCO, UNO, Weltbank: Internationale Ehrung, moralische und finanzielle Unterstützung zum Waldschutz, ökonomischer Druck.

Umweltschutz-/Menschenrechtsorganisationen: WWF, Greenpeace usw.: Information, Aktionen

Verzicht, Boykott

im persönlichen Bereich	v v v	Konsument als Einzelperson
lokal, in Gemeinde, Stadtverwaltung	v v v v	als kleine Gruppe, gemeinsames Handeln
regional, kantonal	v v v	als große Gruppe, via Medien
national, landesweit	v v v v	in der breiten Bevölkerung, Petition
international	v v	Staaten, internationale Konvention

Aktiver Tropenwaldschutz

Bevor wir anderen Mißstände vorwerfen, sollten wir vor der eigenen Tür kehren. Persönliches Beispiel ist der sicherste Weg zur Lösung der Probleme.

Gemeinsame Aktionen
- Behandeln des Themas in der Schule
- Mit FreundInnen eigene kleine Regenwaldaktionsgruppe in der Schule/ Region gründen, um Tropenholzverzicht in der eigenen Gemeinde zu verwirklichen, oder bei Kampagnen bestehender Organisationen mitmachen.
- Info-Tisch bei Anlässen, Märkten
- Vortragsabende mit Dia, Video, Film, Diskussion (immer Vertreter aus Wirtschaft, Handel und Politik zu fruchtbarem Dialog einladen)
- Benefizveranstaltungen wie Konzerte, Regenwaldlauf
- Mit Straßentheater, Hungerstreik, spektakulären Aktionen eigener Phantasie die Herzen berühren – damit der Tropenholzverzicht baldmöglichst Realität wird.

Straßentheater vor der malaysischen Botschaft in Bern, 22. Mai 91   Foto: Fritz Berger

- Tropenwaldlehrpfad: Eruieren von Tropenholz in öffentlichen Bauten und in Einrichtungen und Angeboten von Geschäften, Einladung zu öffentlicher Führung, zur Aufklärung der Konsumenten und Ladenbesitzer.
- Propagieren von Firmen, die klar auf Tropenholz verzichten und umweltfreundliche Produkte vertreiben.
- Boykott-Kampagnen gegen Firmen, die sich weiterhin an der Regenwaldzerstörung beteiligen, durch Proteste und Briefaktionen. («... meine Freunde und ich schätzen Ihre guten Produkte, doch fühlen wir uns gezwungen, bei Ihrer Konkurrenz zu kaufen, solange ...»)
- FAX-in/Phone-in: An vereinbarten Tagen Geschäftsverbindungen lahmlegen, durch massenhafte und freundliche Übermittlung von Tropenholzverzichtsanträgen.
- Friedliche Blockaden von Tropenholzimporten und -lagern, wenn möglich immer nach Abklärungen mit Gewerkschaften und Polizei.
- Im Netzwerk mit anderen Organisationen planen und gemeinsam Aktionen durchführen.
- Tropenholzverzicht auf politischer Ebene regional und über Initiativen landesweit verwirklichen.
- Immer Dialog suchen.

Protest an der ITTO-Konferenz in Yokohama, Nov. 91. Japans Umweltschützer haben einen schweren Stand und verdienen unsere Unterstützung.

Adressaten für Briefaktionen

Briefe an die japanische Vertretung im eigenen Land oder an involvierte Konzerne sollten immer von mindestens zwei Personen unterschrieben sein.

Politische Führer:

Herrn René Felber
Bundespräsident
Bundeshaus West
CH-3003 Bern

Herrn Dr. Helmut Kohl
Bundeskanzler
D-5300 Bonn

Herrn Dr. Franz Vranitzky
Bundeskanzler
Ballhausplatz 2
A-1014 Wien

Mr. Kiichi Miyazawa
Prime Minister
6 -1 Nagatacho, 1-Chome
Chiyoda-ku, Tokyo 100 Japan
(oder via Japanische Botschaft)

YAB Datuk Seri Dr. Mahathir Mohamad
Prime Minister
Jalan Dato Onn
50'502 Kuala Lumpur
Malaysia (oder via Malaysische Botschaft)

YAB Tan Sri Datuk Patinggi Abdul Taib Mahmud
Chief Minister
Bangunan Tunku Abdul Rahman
Petra Jaya
93503 Kuching
Sarawak, East-Malaysia

Handelskartelle und Industrie, die in Regenwaldzerstörung involviert sind:

Herrn Hermann Scheffele
Präsident Deutscher Holzeinfuhrhäuser
Heimhuderstrasse 22
D-2000 Hamburg 13

Herrn S. Colombo
Präsident der Europäischen
Vereinigung der Furnierindustrie
Am Waldrand
D-3057 Neustadt 2

Hiroyuki Oyaizu
Marubeni
4-2, Ohtemachi 1-Chome
Chiyoda-ku, Tokyo 100 Japan

Mr. Yohei Mimura
Mitsubishi Corporation
Mitsubishi Building
2-5-2 Marunouchi, Tokyo 100, Japan

Mr. Hideo Nakajima
Nichimen Corporation
13-1, Kyobashi 1-Chome
Chuo-Ku, Tokyo 104, Japan

Mr. Kuniliro Shirai
Nissho Iwai
4-5, Akasaka 2-Chome
Minato-Ku, Tokyo 107, Japan

Ausklang

Das Negative entsteht in den seltensten Fällen aus böser Absicht, häufiger aus Unwissenheit, persönlicher Bequemlichkeit und Mangel an Feingefühl.

Nach einer Sage folgte einst dem nomadischen Penan seine Hütte auf eigenen Füßen von einem Aufenthaltsort zum nächsten. Einmal stellte sie aber aus Unachtsamkeit die Eidechse «Kelliap» in den Schatten, die sich in ihrem Revier sonnte. Da wurde diese wütend und schlug die Hütte mit einem Stück Holz: Seither kann die Hütte nicht mehr selbst von Ort zu Ort gehen.

Das Böse können wir nur verhindern, indem wir das Gute fördern.

Die Vollkommenheit ist dies, daß du in dir kein Stäubchen von Feindschaft findest.

Hassan Basri (642–728), Islamischer Meister

Anhang

Abfolge der Geschehnisse in Sarawak und international

1958   Landcode. Die Regierung erklärt alle traditionellen Ureinwohnergebiete, die nicht durch Rodung kultiviert worden sind, zum Staatsbesitz (sämtliche Primärwälder).

1982–84   20–30 Polizeieinsätze pro Jahr gegen Urvölker, die ihr Land vor der Zerstörung durch industrielle Holzfällerei schützen wollen.

1985   Die letzten Penannomaden bitten in einer Erklärung um Schutz ihrer Wälder (3200 km²).

1986   Petition an malaysische Botschaft in Bern (7000 Unterschriften).

1987   *März–November:* Große Blockadenwelle, 4700 Menschen aus 26 Penandörfern und 6 Langhäusern stoppen im Ulu Limbang/Baram 1600 Holzfäller und 210 Maschinen für acht Monate, bis der Protest durch die Polizei vereitelt wird.

             Juni: Vertreter verschiedener Dayak-Stämme treffen die Bundesregierung in Kuala Lumpur (organisiert von SAM).

             August: Sieben Penan verhaftet wegen Brandanschlägen auf Brücken.

             September: Petition in Japan. Protest bei der japanischen Regierung als Hauptschuldigem der Tropenwaldzerstörung (19'600 Unterschriften).

             Oktober: 42 Kayan verhaftet.

             November: Über 100 Malaysier unter ISA verhaftet, darunter Harrison Ngau, Vertreter von SAM, ohne Recht auf Untersuchung und Urteil.

             Neuer Zusatz zum Forstgesetz, mit dem jegliche Behinderung von Logging mit bis zu zwei Jahren Gefängnis und 6000 Ringgit Buße bestraft werden kann.

             Umweltschutz- und Menschenrechtsorganisationen rufen in Europa und Australien mit Protesten zum Boykott malaysischer Hölzer auf. IUCN/SURVIVAL-international und «Freunde der Erde» UK senden Untersuchungskommissionen nach Sarawak.

1988   *April:* Schweiz, SBB. Verzichtet auf Tropenholz für Eisenbahnschwellen.

             8. Juli: Das Europäische Parlament stimmt Resolution über Einfuhrbeschränkungen für malaysische Hölzer zu.

             Oktober: USA, Resolution im US-Kongreß im Sinn der Urvölker Sarawaks (Concurrent Resolution 396, 1988).

1989   *Januar:* 2. Blockadenwelle; 105 Penan verhaftet.

             April: US-Delegation besucht Sarawak.

             Juni: Kayan prozessieren gegen Regierung.

Juli: Deklaration. 40 Penansiedlungen verlangen vom Chiefminister, Logging-Lizenzen für ihre Gebiete zurückzuziehen und fordern von Japan u.a. einen Importstop für Tropenholz.

August: Iban-Blockaden im Gebiet von Belaga.

September: 3. Blockadenwelle. 113 Eingeborene verhaftet.

3. September: New York; 3 Millionen Unterschriften aus 60 Ländern an UNO, mit der Forderung nach aktiven Maßnahmen zum Schutz der Tropenwälder (ECOROPA).

1990   Blockaden von Iban, Kenyáh und Lun Bawang.

Mai: Internationale Tropenholz-Handelsorganisation (ITTO) veröffentlicht Bericht über Sarawak, mit Empfehlung zur reduktion von Logging.

Weltweite Proteste von Umweltschutz- und Menschenrechtsorganisationen, vor allem in Australien. Politische Vorstöße in nordeuropäischen Ländern. Parlamentarier der EG-Staaten, aus Japan und den USA verfolgen als Vereinigung «Globe» eine Politik zum Schutz der Tropenwälder und rufen zu einem Moratorium von Holzimporten aus Sarawak auf.

Juli: Mißhandlung von verhafteten Eingeborenen durch Polizei von Belaga.

Juli/August: Interventionen bei der UNO Genf (Unterkommission für Menschenrechte).

20. September: EG-Resolution zum Schutz der Tropenwälder.

Oktober/November: Eingeborene von Sarawak sprechen in Australien, USA, Europa und Japan.

26. Oktober: US-Resolution durch Senator Albert A. Gore.

ITTO-Report wird in Yokohama (Japan) diskutiert, Proteste verschiedener Organisationen, Hungerstreiks.

1991   Holzfällerei in Sarawak weiter intensiviert, internationale Proteste häufen sich, Blockaden nun auch in West-Sarawak.

15. Februar bis 3. März: Europabesuch von zwei Eingeborenen aus Sarawak. Treffen mit Vertretern des Europarates, des Europäischen Parlaments, der Europäischen Kommission, mit belgischen und deutschen Ministern, in der Schweiz mit Bundesrat René Felber; Vorstoß bei der UNO-Menschenrechtskommission in Genf.

22. Mai: Übergabe einer internationalen Petition (insgesamt 60'000 Unterschriften) an malaysische Botschaften in Kanada, Japan und der Schweiz, umrahmt von Straßentheater.

Juni: Europäische Umweltschutzgruppen formen «European Rainforest-Movement», um gemeinsam Aktionen für den Regenwald zu koordinieren.

Sarawak: 23 blockierende Eingeborene in Limbang verhaftet. Im Ulu Baram bringen 500 Penan aus 18 Dorfschaften Holzfällerei zum Stillstand.

Juli: Kranblockaden in Frankreich, Deutschland, Australien; internationale Aktion in Sarawak: Friedliche Demonstranten werden zu 50–80 Tagen Gefängnis verurteilt.

4. August: acht Iban aus dem Tataugebiet, alle Familienväter, werden wegen friedlicher Blockade zu 6–9 Monaten Gefängnis verurteilt.

September: UNO Genf, Vorstöße in der Arbeitsgruppe für indigene Völker und UNCED (PREPCOM), Dokument für Menschenrechtskommission wird vorbereitet.

Oktober: Eingeborene Sarawaks treffen kanadische und US-Politiker und erhalten Audienz bei der UNO in New York.

1992   *Januar:* 36 Kenyáh bei Long Geng, insgesamt 59 Eingeborene verhaftet. (Ulu Machan, Belaga, Kapit)

5. Februar: Mutang Urud, Leiter der Organisation SIPA, ohne Begründung verhaftet. Polizei droht, Blockade im Ulu Baram (Long Ajeng), wo über 500 Eingeborene seit Juni 91 Logging zum Stillstand gebracht haben, mit Waffengewalt zu beseitigen.

14. Juni: Treffen mit malaysischem Premierminister Dr. Mahathir am Umweltgipfel in Rio de Janeiro, Fallschirmsprungaktion.

Juli: G7-Treffen in München. Abseilaktionen.

1993   *Januar bis September, Sarawak:* Blockaden und Verhaftungen verschiedener Volksstämme (Bidayúh, Berawan). Seit März größte Blockade Sarawaks (ca. 1000 Penan aus 20 Dörfern).

11. Juni: 26 Penan zu einem Monat Gefängnis verurteilt wegen Blockade 1989.

März bis September, Schweiz: 60tägiger Hungerstreik von B.M., bis heute von Freunden im stillen abwechslungsweise weitergeführt (mit Forderung von Deklarationspflicht / Importstop für Hölzer aus Sarawak).

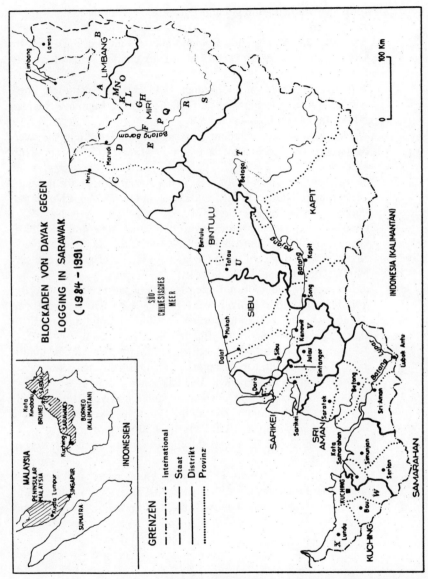

Angaben unvollständig; Quelle für Westsarawak: IPK, 1991

Blockaden von Dayak gegen Logging in Sarawak
(1984–1991)

A Long Napir (Kelabit/Penan)
B Long Semado (Murut)
C Niah (Iban)
D Lubok Mulong (Iban)
E Tinjar (Sibub)
F Uma Bawang (Kayan)
G Long Bedian (Kayan)
H Long Belok (Penan)
I Long Bangan/Long Latei (Penan)
K Long Iman/Batu Bungan (Penan)
L Layun (Penan)
M Long Kidáh (Penan)
N Long Ballau (Penan)
O Ulu Magóh (Penan)
P Pellutan (Penan)
Q Long Ajeng (Penan)
R Long San (Kenyáh)
S Long Anap (Kenyáh)
T Long Geng (Kenyáh)
U Sangan (Iban)
V Ulu Machan (Iban)
W Anna Rais (Bidayuh)
X Lundu (Iban, Malayen, Chinesen)

H-Q: Gebiet der drei großen Blockadenwellen der Penan 1987/89/91. Bei einzelnen Blockaden waren oft mehrere Dorfschaften beteiligt, so in Long Ajeng (Q) allein 18.
Der in ganz Sarawak aufflackernde Widerstand beweist den Unmut vieler verschiedener Dayak-Stämme gegen diskriminierende Ausbeutung ihrer Wälder.

Verhaftungen von Eingeborenen in Sarawak, die gegen Logging opponiert haben. (1987–1991, Liste unvollständig)

Jahr/ Datum	Anzahl Verhaftete	Volksstamm	Ort	Tage in Haft/ Gefängnis
1987				
28.8.	7	Penan	Layun	14
1.11.	42	Kayan	Uma Bawang	14
	1	Kayan	Marudi	60
		(Harrison Ngau: plus 1¹/₂ Jahre Hausarrest unter ISA)		
1988				
29.11.	11	Kelabit/Penan	Long Napir	2
10.12.	21	Penan	Long Latei	2
1989				
12.–21.1.	105	Penan	Tutoh	14–20
15.7.	7	Kenyáh	Long San	—
15.–20.9.	87	Penan	Baram	83 von ihnen: 60 Tage u.m.
21.9.	6	Penan/Murut	Magóh	7
25.9.	24	Kelabit/Penan	Long Napir	19
1990				
26.7.	10	Kenyáh	Long Geng	4 (brutal mißhandelt)
28.8.	14	Kenyáh	Long Geng	36
1991				
4.2.	10	Iban	Tinjar	10
26.3.	1	Iban	Bintulu	14
13.4.	16	Iban	Long Anap	14
24.6.	23	Kelabit/Penan	Long Napir	
4.8.	8	Iban	Tatau	6–9 Monate!

1987–1991: total 393 Personen der Dayak-Völker in Haft/Gefängnis zwischen 1 Tag und 9 Monaten.
Kaution pro Person: 500–3000 Ringgit.
Gerichtstermine und Urteil nach 5–22 Monaten.

Aus der Hierarchie Malaysias

Private Ehrentitel (in steigender Reihenfolge):
Encik, En
Yang Berhormat, Y.B.
Datuk
Datuk Amar
Datuk Sri
Tan Sri
Tun

‹Haji› ist ein religiöser Titel, der allen nach Mekka gepilgerten Moslems verliehen wird.

Politische Titel
Ketua Kaum oder Tua Kampung, T.K. = Gemeindepräsident
Penghulu = Vorsteher einiger Dorfschaften
Pemancha
Councelor
Temenggong
Sarawak Administration Officer, S.A.O.
Second Officer, S.O.
District Officer, D.O.
Resident; je einer regiert einen der sieben Landesteile Sarawaks
Menteri = Minister
Chiefminister; je einer verwaltet die Staaten Sarawak und Sabah
Yang di Pertua Negeri = Gouverneur; nur in den vier malaysischen Staaten
Malakka, Penang, Sabah und Sarawak
Premierminister = Vorsteher der Zentralregierung in Westmalaysia
Agong = konstitutioneller Monarch, der aus dem Kreis der neun Sultane west-
malaysischer Staaten gewählt wird.
(Die Amtszeit für alle höheren Titel beträgt fünf Jahre.)

DECLARATION
===========

PEOPLE OF THE SPRINGS

DAYAK-TRIBES IN SARAWAK, EAST-MALAYSIA

* * * * * *

We - the undersigned - declare here in the name of our people,
Penans, Kellabits and other Dayak-tribes in the Ulu Limbang,
Ulu Tutoh, Ulu Baram (Sarawak), that we don't agree to logging
in our homelands, as it destroyes our natural ressources which
we use in our daily life, such as wildgame, fish, clear water,
rattan, sago-palms, wild fruit-trees, timber for our boats and
houses. Even our cultivated lands and the cimeteries of our
anchestors are destroyed.

We demand therefore

1. Our Chief-Minister Datuk Taib Al Mahmud and our
   Government to withdraw all logging-licences inside
   our areas, as they have been issued behind the back
   of us - the concerned - without our knowlegde, and
   to stop handing out further licences inside our areas.

2. We like to point at you, the Government of Japan and
   all other countries which import timber from our homelands, as responsible for the destruction of the livelihood of us, the original Dayak-tribes in the inlands
   of Borneo. We demand you to stop that kind of trade,
   which means robber-economy; as it destroyes our self-
   sufficent autark way of life and extinguishes our
   traditional rights to use our lands.

3. Further we like to ask support from international side,
   from every Government and organisation which cares about
   justice, human rights, culture and the preservation of
   mother nature, to take up our case and talk to our
   Chief-Minister and Government - before all our lands have
   gone.

All our peaceful protests have been turned down by police, since
our Government has declared every activ opposition to logging as
criminal.

We are thankfull for every help.

Ulu Tutoh, July 1989

P.S.: This declaration was signed by headmen of 40 communities
      in Ulu Baram / Ulu Limbang.

270

NAME OF HEADMAN, SPOKESMAN	SETTLEMENT	TRIBE	SIGNATURES
1. TEBAGAN SIBAI, TK.	LONG SAILAU	PENAN	
2. UAN LIMUN	"	"	
3. KURAU KUSAH, TK.	LONG LENG	PENAN	
4. RIMAU PAKU	"	"	
5. ASIK NJALAK, TK.	BA UBONG	PENAN	
6. UEE SALAU, TK.	BA LESWAN	PENAN	
7. JIKI UEE	"	"	
8. SELLULUK SENG, TK.	BATU SUNGAN	PENAN	
9. SAWAT LUPUNG	"	"	
10. TINGANG SONG, TK.	LONG ITAH	PENAN	
11. LUANG KALANG	"	"	
12. AJANG RIEN, TK.	LONG SELOK	PENAN	
13. KUAU JELAWING	"	"	
14. RAJA JEMALE, TK.	LONG BALO	PENAN	
15. MUJANG KUBIK	"	"	
16. LOLE MIRAI	LONG LENG	PENAN	
17. APENG MUFAI	"	"	
18. SAN ANGUN, TK.	LONG LATEI	PENAN	
19. AJE JUK	"	"	
20. GASAU LUWIN, TK.	LONG KEVOK	PENAN	
21. KYAT LIRONG	"	"	
22. JUENG LIHAN, T.K.	LONG BANGAN	PENAN	
23. JALANG KEPE	"	"	

European Communities

EUROPEAN PARLIAMENT
SESSION DOCUMENTS

9 June 1988   Series A   Document A 2-0092/88

The European Parliament,

- having regard to the motion for a resolution by Mr Muntingh on the cata-
  strophic environmental impact of large-scale deforestation in Sarawak
  (East Malaysia) (Doc. B 2-1205/87), ...

J. having regard also to the Tropical Forestry Action Plan (TFAP) drawn up
   by the World Bank, the FAO, the United Nations Development Programme and
   World Resources Institute and supported by the Commission which calls
   for strategies for the conservation of tropical rain forests which 'involve millions of people who live within and besides forests and depend
   on them to help their basic needs' and in which 'NGOs working at the
   grass roots level have an important role to play',

1. Calls on the Community and its Member States to suspend imports of timber from Sarawak until it can be established that these imports are from
   concessions which do not cause unacceptable ecological damage and do not
   threaten the way of life of the indigenous people;

2. Calls on the Community and its Member States to conclude forthwith a
   bilateral timber agreement with Malaysia which specifies that timber
   imports into the Community must come from concessions which must be shown
   to be ecologically and socially
   acceptable by the exporting country;

3. Calls on the Community and its Member States to comply with the bilateral timber agreement with Malaysia and to provide in this agreement for
   the setting up of an independent committee including ecologists, anthropologists and representatives of the indigenous people of Sarawak, to
   be established and coordinated under the auspices of the ITTO:...

4. Calls on this committee, on the basis of its findings, to submit proposals to the Malaysian Government for a management programme for its
   tropical forests based on the objectives of the ITTO and the World Conservation Strategy (WCS);

5. Calls on the Community and the Malaysian Government to label such im-
   ported timber in a way which indicates to the consumer that it comes
   from such a concession and to this in consultation with the underta-
   kings concerned;

6. Calls on the Community and its Member States to give the Malaysian Government and the ITTO financial and expert assistance in implementing
   the proposals referred to above;

7. Calls on the Community and its Member States to exert its influence in
   the ITTO to ensure that the above proposals are implemented in Sarawak
   and elsewhere and to set a good example in this field;

8. Instruct its President to forward this resolution to the Commission, the
   Member States, the Government of Malaysia and the State of Sarawak, the
   representatives of the ITTO, TFAP and the people of Sarawak.

NEWS FROM

U.S. Senator Al Gore

IN THE SENATE OF THE UNITED STATES

October 26 (legislative day) 1990
Mr. Gore introduced the following joint resolution; which was read twice
and referred to the Committee on Foreign Relations.

JOINT RESOLUTION

Calling on the Government of Malaysia to the preserve the tropical
rainforests are disappearing at a rate of 40 to 50 million acres per
year;

Whereas the tropical rainforests of the East Malaysian state of Sarawak,
some of the most biologically and culturally diverse rainforests, are
being logged at the fastest rate in the world;

Whereas this rate of logging will lead to the disappearance of virtually
all primary tropical rainforests in Sarawak within a decade;

Whereas many of these populations face severe discrimination, denial of
human rights, loss of cultural and religious freedoms, and the in worst
case, cultural or physical destructions;

Whereas one of the most severely impacted tribal groups in Sarawak are
the Penan, the last intact nomadic hunting and gathering culture in
Southeast Asia:

Whereas commercial logging backed by foreign capital is the driving force
behind deforestation in Sarawak.

Whereas most of the logging concessions in Sarawak are distributed in a
politically motivated and arbitrary manner, without regard to the socio-
ecological consequences;

Whereas most of the timber logged in Sarawak is exported in raw form to
Japan and other Asian countries for secondary processing, concentrating
wealth from the exports in the hands of a few individials, and providing
no additional income or employment for the people of Sarawak; and

Whereas it is incumbent upon the world community to create an environment
favorable to the survival of the rainforests and the cultures dependent
upon them. Now, therefore, be it

Resolved by the Senate and House of Representatives of the United States
of America in Congress assembled,

That it should be the pol icy of the United States to call upon the
government of Malaysia to act immediately in defense of the environment
of Sarawak by ending the uncontrolled exploitation of the rainforests of
Sarawak, and to formally recognize and uphold the customary land rights
and the internationally established human rights of all its indigenous
peoples; and

That it should be the policy of the United States to call upon the
government of Japan to investigate the activities of certain of that
country's private corporations in causing the destruction of the last
remaining primary rainforests, and therefore in bringing to an end the
culture and ultimately threatening the physical survival of the
indigenous peoples of Sarawak.

Ökonomie Malaysias, zwischen Boom und Umweltzerstörung

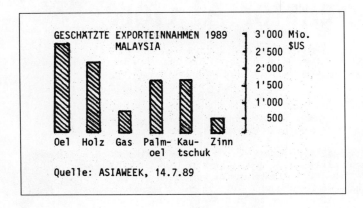

GESCHÄTZTE EXPORTEINNAHMEN 1989 MALAYSIA

Oel Holz Gas Palm- Kau- Zinn
              oel   tschuk

Quelle: ASIAWEEK, 14.7.89

Malaysia ist auf dem Weltmarkt Hauptexporteur von Kautschuk, Zinn, Palmöl, Pfeffer und Tropenholz. Das sogenannte Dritt-Welt-Land erzielt höhere Umsätze als einige europäische Länder* und ist nach Kanada zweitgrößter Importeur von Waffen aus der Schweiz (53 Millionen sFr. im Jahre 1989).

> «Malaysia ist als ein armes Entwicklungsland auf ein wenig Staatseinnahmen aus seinen reichen Waldressourcen angewiesen. Länder, die das Weltklima schützen wollen, sollten uns höhere Preise bezahlen, damit wir bei gleichem Einkommen weniger exportieren müssen.»
> Dr. Mahathir, 5.7.1988 (47)

Malaysia hat in vergangenen Jahren stets wachsende Exportraten verzeichnet, mit einer Rekordzunahme des Bruttosozialprodukts von 10% (1990). Im Galopp vollzieht sich der Wandel vom grünen Entwicklungsland in eine rot-graue Industrienation mit mehrspurigen Autobahnen, Wolkenkratzern und modernstem Computerwesen. Internationale Investoren werden mit Steuerfreiheit ins malaysische Paradies gelockt.

So schnell die ökonomischen Profittürme in die Höhe schießen, wächst auch ihr Spiegelbild im negativen Bereich als Landdegradation und einem rapiden Schrumpfen der Erdölvorkommen, Bodenschätze und Tropenwälder. Werden zur Zeit auch die Staatskassen gefüllt, so wird Malaysia mit dem Ausverkauf

---

* wie Griechenland, Portugal, Jugoslawien, Irland (1990)

seiner Ressourcen langfristig verlieren. Der malaysische Vize-Umweltminister Peter Chin warnt:

> «Die südostasiatischen Staaten stehen am Kreuzweg zwischen einer chaotischen Zukunft der Ausbeutung von Naturschätzen und der Bewahrung genetischer Ressourcen.» K.L., 5.9.1991 (48)

Anstatt das Land in eine Wirtschaftskrise zu treiben, sind die Industriestaaten aufgefordert, Malaysias Selbständigkeit und Unabhängigkeit durch Förderung eines gemäßigten, sinnvollen, umweltfreundlichen Handels zu unterstützen, der bei gerechten Preisen die Interessen lokaler Bevölkerungen achtet.

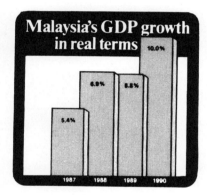

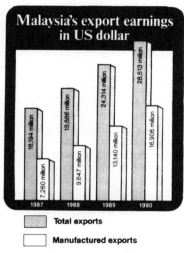

Source: Department of Statistics, Malaysia.

Forstwirtschaft Malaysias

Malaysia, bewaldete Gebiete 1987, km²

Region	Land	davon bewaldet	%
Peninsular	136'000	61'900	47
Sabah	73'700	44'900	60,9
Sarawak	123'300	94'200	76,4
Malaysia	328'600	201'000	61,1

Quelle: Industrieministerium Malaysia

Malaysia, Waldgebiete und Holzeinschlag 1990, km²

Region	Permanenter Wald		Staatswald	
	Total	davon geloggt 1990	Total	davon geloggt 1990
Peninsular	47'500	712	9'400	809
Sabah	33'500	1'860	9'300	2403
Sarawak	46'400	1'810	45'400	?
Malaysia	127'400	4'382	64'500	?

Malaysia, geloggte Gebiete pro Jahr, km²

	Peninsular	Sabah	Sarawak	Total
1970	600	550	600	1'750
1980	2'220	1'570	1'400	5'190
1987	2'650	2'150	3'100	7'900
1990	1'521	4'263	4'500*	10'284*

Quelle: Forstdepartement/Industrieministerium Malaysia

Malaysia, Holzproduktion pro Jahr, Millionen m³

	Peninsular	Sabah	Sarawak	Malaysia
1960	2,2	2,1	1,2	5,5
1970	6,5	6,5	4,7	17,7
1980	10,4	9,1	8,4	27,9
1987	10,3	12,3	12,5	35,1
1990			18,8	49,6**

Quelle: Forstdepartement Malaysia

* eigene Schätzung
** eigene Schätzung bei 8,93 Milliarden M$ Einnahmen, Holzpreis 180 M$/m³

Sarawak besitzt im Gegensatz zu Peninsular und Sabah noch reiche Waldgebiete. Die Einteilung der Wälder in permanenten Wald (PFE), Staatswald (SL) und Schutzgebiete (TPA) ist willkürlich. Zur Zeit stehen 7,7% (14'900 km²) von Malaysias Wäldern (191'900 km²) unter Schutz. Alle übrigen Wälder sollen geloggt werden; im permanenten Wald durch selektives Logging: Theoretisch werden pro Hektar 7–12 Bäume von mehr als 45 cm Stammdurchmesser gefällt (resp. 38 m³ pro ha). Restbestände von kommerziell nicht erwünschten Arten sollen zur Raumschaffung mittels Gift abgetötet werden.

Maximal 2,5% der jährlich geschlagenen Wälder werden aufgeforstet, meist mit landesfremden schnellwüchsigen Arten wie Eukalyptus. Sämtlicher Staatswald soll durch Kahlschlag beseitigt werden, um Land für Monokulturen wie Kautschuk und Ölpalm-Plantagen zu liefern.

Sarawak, jährliche Holzeinschläge, Millionen m³

1,2	Export 1960
18,8	Export 1990, offizielle Angabe
26,0	Produktion 1990, nach Satellitenaufnahmen
6,2	Erlaubter Einschlag bei sogenannt nachhaltiger Nutzung
9,2	Erlaubter Einschlag bei sogenannt nachhaltiger Nutzung und gleichzeitiger Abtötung kommerziell uninteressanter Arten.

Sarawak, die wichtigsten kommerziell genutzten Holzarten
Alan, Alan Bunga, Bankirai (Balau), Belian, Bindang, Jongkong, Kapur, Keruing, Lauan, Meranti, Nyatoh, Ramin, Selangan Batu, Semayur, Sempilor, Sepetir, T. Hantu.
Die Bestrebungen der Forstökonomen, alle 785 im Urwald vorkommenden Qualitätshölzer zu vermarkten, erhöhten den Druck auf die verbleibenden Wälder und ihre Völker.

Waldtypen Sarawaks, km²

Dipterocarp-Bergwälder	77'800	
Sumpfwälder	14'700	
Mangrovenwälder	1'700	
Gesamtes Waldgebiet (1987)	94'200	75,6% der Landfläche
Davon lizenziert (1989)	88'362	
Verbleibendes Waldgebiet (1990)	84'552	67,8% der Landfläche
Davon Primärwald	59'300	47,6% der Landfläche

Waldeinteilung Sarawaks

38'211 km^2	(30,6%)	Staatswald
46'341 km^2	(37,2%)	Permanenter Wald*
39'896 km^2	(32,2%)	Industrie und Landwirtschaft
124'449 km^2	(100%)	Totale Landfläche
36'048 km^2		Produktionswald, der selektiv geloggt werden soll
8'171 km^2		Waldreservat, vage geschützt, steile Bergzonen
333 km^2		Nationalparks**
1'734 km^2		Wildreservate**
53 km^2		Kommunalwald, zum Nutzen der Dayakvölker
12'700 km^2		mit über 60% Steigung

Quelle: Sarawak Forstdepartement

* Der Chiefminister versprach 1990, dessen Fläche auf 60'000 km^2 zu erhöhen.
** total geschützt für Biodiversität und Tourismus: 1,7% der Landfläche.

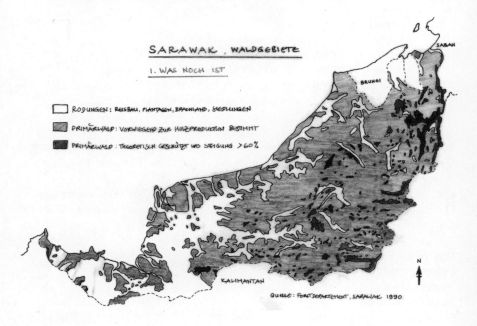

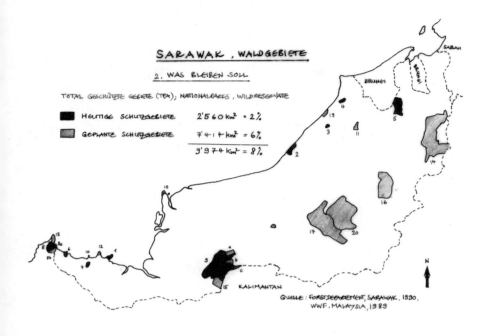

SARAWAK, WALDGEBIETE

2. WAS BLEIBEN SOLL

TOTAL GESCHÜTZTE GEBIETE (TPA); NATIONALPARKS, WILDRESERVATE

HEUTIGE SCHUTZGEBIETE   2'560 km² = 2%

GEPLANTE SCHUTZGEBIETE   7'414 km² = 6%
                         _____
                         9'974 km² = 8%

QUELLE: FORSTDEPARTEMENT, SARAWAK, 1990,
WWF, MALAYSIA, 1989

National Parks (NP)		km²
1	Bako NP	27
2	Similajau NP	71
3	Niah Np	71
4	Lambir Hills NP	70
5	Gunung Mulu NP	529
6	Gunung Gading NP	54
7	Kubah NP	23

Proposed National Parks		km²
11	Loagan Parks	107
12	Santubong	17
13	Tanjong Datu	14
14	Pulong Tau	1645
15	Batang Ai	271
16	Usun Apau	1130
17	Hose Mountain	2847
18	Bruit	18
	Pelagus	21

Wildlife Sanctuaries (WS)		km²
8	Samunsam WS	60
9	Lanjak-Entimau WS	1688
10	Pulau Tukong Ara Banun WS	0
	Semengom WS	7

Proposed Wildlife Sanctuaries		km²
8a, 8b	Samunsam Extensions	148
9a, 9b, 9c	Lanjak-Entimau Extensions	184
19	Sibuti	12
20	Batu Laga	1000

Quelle: WWF Malaysia

Sarawak: Rundholzexporte 1987

Bestimmungsland	Volumen m³	%	Wert M$	%	Preis/m³
Japan	5'940'552	47	984'023'000	52	165 M$
Taiwan	3'403'805	27	408'746'000	21	120 M$
Korea	1'953'656	15	296'099'000	15	150 M$
Übrige*	1'347'820	11	217'047'000	12	161 M$
Gesamtexporte	12'645'833	100	1'905'942'000	100	151 M$

Quelle: STIDC, 1988

Sarawak: Holzexporte 1990

Rundholz	15'898'212 m³	Wert:	2'882'893'000 M$;	180 M$ pro m³
Schnittholz**	359'279 m³	Wert:	251'710'000 M$;	700 M$ pro m³
Total	18'837'760 m³	Wert:	3'134'603'000 M$	

Staatseinnahmen 1990 aus Logging, total: 711'362'515 M$ (22,7%)

Quelle: Sarawak, Forstdepartement, 1991

Internationale Laubholzimporte 1989, 1000 m³

Importländer	Rundholz total	davon tropisch	Sperrholz total	davon tropisch	Furnier total	davon tropisch	Sägeholz total	davon tropisch
EG	4'248	1'623	2'993	885	250	41	4'968	2'753
Japan	12'878	11'914	3'310	3'219	340	312	2'065	1'569
Industrienationen	21'471	14'578	9'569	5'368	1'311	484	10'869	5'131
Entwicklungsländer	11'213	9'796	5'645	4'095	191	34	6'297	4'144
Total	32'684	24'374	15'214	9'463	1'502	518	17'166	9'275

Quelle: FAO 1989

* China, Indien, Hongkong, Thailand, Singapur
** Nach FAO sind zur Herstellung von 1 m³ tropischem Schnittholz 1,82 m³ Rundholz nötig (Rundholzäquivalent 1,82)

Tropenholzimporte in die wichtigsten EG-Länder 1987

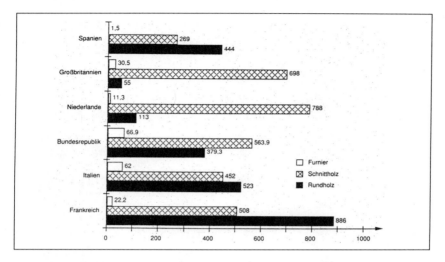

Quelle: UCBT/Union pour le Commerce des Bois Tropicaux dans la C.E.E., 1988/WWF

Tropenholzimporte in die EG-Staaten 1990 (in 1000 m³)

	aus Malaysia	aus Afrika/Asien/Südamerika			Anteil an Gesamtimporten Holz (= 100%)	
	S	R	S	F	S	F
Belgien	166,3	60	237	11,9	64	71
Dänemark	5,5	3,4	29,8	6,6	67	69,5
Deutschland	242,1	350,9	410,5	**88**	63,3	54,5
England	211,8	37	493,2	12,8	70	57
Frankreich	172,5	**911**	462,3	33,4	84	32,5
Griechenland	-	175	29,4	3,2	64,5	43,8
Holland	**453**	102,3	**625**	9,8	**91,5**	**92,5**
Italien	72,1	587,3	392,9	70,5	33,8	51,6
Spanien	22,8	550,4	344	1,3	80	37

S = Schnittholz   R = Rundholz   F = Furnier
Hauptlieferant für Rundholz (99%), Furnier (84,3%) ist Afrika, für Schnittholz (61,5%) Asien.
Hauptabnehmer für Rundholz in der EG ist Frankreich (32,8%), für Schnittholz Holland (20,6%), für Furnier Deutschland (37,1%).
Trend zu Vorjahr: Leicht sinkend (8,72 statt 10,27 Millionen m³, in Rundholzäquivalenten, Sperrholz nicht berücksichtigt).   Quelle: UCBT, 1991

Handelsströme 1986

a) Export von **Rundholz** aus den Tropen [Millionen m³]

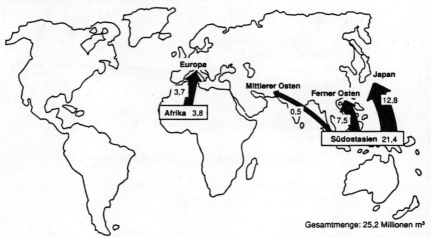

Gesamtmenge: 25,2 Millionen m³

b) Export von **Schnittholz** aus den Tropen [Millionen m³]

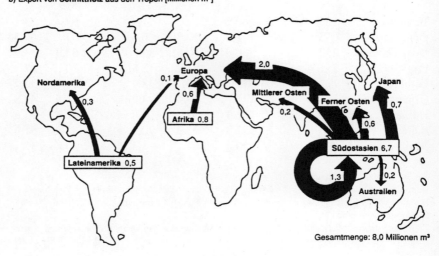

Gesamtmenge: 8,0 Millionen m³

c) Export von **Sperr- und Furnierholz** aus den Tropen [Millionen m³]

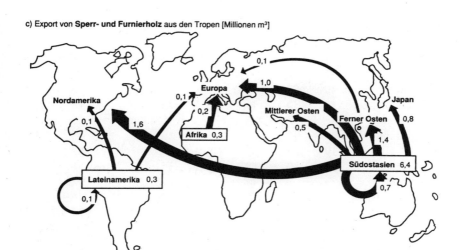

Quelle: FAO, 1988; ECE, 1988, WWF

Gesamtmenge: 7,0 Millionen m³

Bemerkung: *Diese Karten geben ein vereinfachtes Bild der Handelsströme mit tropischen Hölzern wieder, einige davon sind nicht aufgeführt, wie beispielsweise jene zwischen benachbarten Ländern.*

283

Einfuhr von tropischen Hölzern in die Schweiz 1990/Schnittholz *

Herkunft	1) G	1) W	2) G	2) W	3) G	3) W	Total G	Total W
Belgien	46	67	10	45	49	79	105	191
BR Deutschland	517	830	2'549	4'503	752	927	3'818	6'260
Frankreich	915	1'333	3'186	3'970	1'954	2'400	6'055	7'703
Großbritannien	46	91	-	-	-	-	46	91
Italien	19	27	178	310	85	153	282	490
Niederlande	227	330	8	26	151	272	386	628
Österreich	-	-	47	154	5	9	52	163
Elfenbeinküste	-	-	171	213	443	557	614	770
Gabun	-	-	72	134	45	93	117	227
Ghana	-	-	59	60	74	87	133	147
Kongo	-	-	2'077	3'234	-	-	2'077	3'234
Marokko	45	60	-	-	-	-	45	60
Zaire	-	-	-	-	116	117	116	117
Birma	16	37	-	-	-	-	16	37
Indonesien	48	65	-	561	628	609	693	
Malaysia	923	1'189	59	79	533	674	1'515	1'942
Philippinen	-	-	1'109	1'235	75	120	1'184	1'355
Singapur	520	704	-	-	176	268	696	972
Sri Lanka	-	-	-	-	46	75	46	75
Taiwan	-	-	-	-	24	62	24	62
Brasilien	-	-	-	-	660	813	660	813
Kolumbien	-	-	32	59	-	-	32	59
Diverse	-	-	43	74	103	85	146	159
Total	3'322	4'733	9'600	14'096	5'852	7'419	18'774	26'248

Holzarten:
1) Meranti, Keruing, Ramin, Teak, Jongkong, Kapur, Merbau, Jelutong, Kempas;
2) Okoumé, Obeche, Sapelli, Sipo, Tiama, Acajou, Makoré, Iroko, Lauan, Limba, Mansonia, Ilomba, Dibétou, Azobé, Baboen, Mahagony, Palissander, Imbuia, Balsa, Bois de Rose, White Lauan, Red Meranti;
3) Andere

G = Gewicht in Tonnen, W = Wert in 1000 Franken

* inkl. Schwellen und Furniere   Quelle: Schweiz. Außenhandelsstatistik 1990

Einfuhr von tropischen Hölzern in die Schweiz 1990/Rundholz

Herkunft	1) G	1) W	2) G	2) W	3) G	3) W	4) G	4) W	5) G	5) W	Total G	Total W
BRD	125	99	30	69	-	-	-	-	19	69	174	237
Elfenbein-küste	174	153	-	-	-	-	37	29	103	57	314	239
Gabun	-	-	-	-	1'543	936	-	-	-	-	1'543	936
Ghana	-	-	-	-	1'288	624	-	-	837	407	2'125	1'031
Guinea	-	-	-	-	90	38	-	-	-	-	90	38
Kamerun	-	-	-	-	4'014	2'671	179	78	292	188	4'485	2'937
Kongo	-	-	-	-	888	632	-	-	-	-	888	632
Liberia	-	-	-	-	123	57	-	-	264	82	387	139
Zaire	-	-	-	-	1'400	991	-	-	-	-	1'400	991
Südafrika	-	-	-	-	-	-	-	-	55	28	55	28
Birma	-	-	54	159	-	-	-	-	6	34	60	193
Japan	-	-	-	-	-	-	-	-	71	64	71	64
Diverse	27	46	-	-	-	-	-	-	260	140	287	186
Total	326	298	84	228	9'346	5'949	216	107	1'907	1'069	11'879	7'651

Holzarten:
1) Dark/Light Red Meranti, White/Yellow Meranti, Meranti Bakau, Allan, Bois de Rose, White Lauan, White Seraya
2) Keruing, Ramin, Kapur, Teak, Jongkong, Merbau, Jelutong, Kempas
3) Okoumé, Obeche, Sipo, Sapelli, Acajou d'Afrique, Makoré, Iroko
4) Tiama, Mansonia, Ilomba, Dibétou, Limba, Azobé
5) Andere
G = Gewicht in Tonnen, W = Wert in 1000 Franken

Quelle: Schweiz. Außenhandelsstatistik 1990

Organisationen, die sich auf verschiedenen Ebenen für bedrohte Völker wie die Penan, für Menschenrechte, Regenwälder und Umweltschutz einsetzen (NGOs*)

Europa
Schweiz
Bruno-Manser-Fonds, Heuberg 25, 4051 Basel
Direktion für Entw. und humanitäre Hilfe (DEH), Eigerstraße 73, 3003 Bern
Gesellschaft für bedrohte Völker, Sennweg 1, 3012 Bern
Greenpeace, Müllerstraße 37, 8004 Zürich
Helvetas, St. Moritzstraße 15, 8006 Zürich
Incomindios, Schützenmattstraße 37, 4051 Basel
International Indigenous Commission, 52 r. de Paquis, 1201 Genève
Swissaid, Jubiläumstraße 60, 3006 Bern
WWF-Schweiz, Postfach, 8037 Zürich
WWF-International, Case postale, 1196 Gland
Deutschland
ARA, Von-Galenstraße 2, 4414 Sassenberg
INFOE (Institut für Ökologie und angewandte Ethnologie), Lockhütterstraße 141, 4050 Mönchengladbach 1
Gesellschaft für bedrohte Völker, Postfach 2024, 3400 Göttingen
Pro Regenwald, Frohschammerstraße 14, 8000 München 40
Rettet den Regenwald, Pöseldorferweg 17, 2000 Hamburg 13
Robin Wood, Nernstweg 32, 2000 Hamburg 50
Österreich: Global 2000, Hahngasse 15/14, 1090 Wien
Belgien
KHEMAS, Avenue Demolder 92, 1342 Limelette
KWIA, Support Group for Indigenous Peoples, Breughelstraat 31, 2018 Antwerpen
Dänemark
Nepenthes, Copenhagen University, Jagtvej 155 D I, 2200 Kopenhagen N
Rainforest Embassy, Guldbergsgade 8, 2200 Kopenhagen N
England
Earth First / London Rainforest Action Group, 9 Cazenove Road, Stoke Newington, London N16 9PA
Friends of the Earth, 26 Underwoodstreet, London N17JQ
SIMBA, Singaporean and Malaysian British Association, 1-2 Grangeway Kilburn, London NW6 2 GW

* Non Government Organisations

Survival International, 310 Edgware Road, London W2 IDY
Frankreich
Ambassade des Penans, Robin des Bois, 15, rue Ferdinand-Duval, 75004 Paris
ECOROPA, 42 rue Sorbier, 75020 Paris
Fédération Internationale des droits de l'homme, 27 rue Jean-Dolent, 75014 Paris
Holland
ERM; European Rainforest Movement, Damrak 26, 1012 Amsterdam
EYFA; European Youth Forest Action, PO Box 566, 6130 AN Sittard
Greenpeace International, 176 Keizersgracht, 1016 Amsterdam
Italien
Greenpeace, Viale Manlio Gelsomini 28, 00153 Roma
Mani Tese, via L. Cavenaghi 4, 20149 Milano

Übersee

Australien
Austr. Conserv. Foundation, 340 Georgestreet, Fitzroy, Victoria 3065
Community Aid Abroad, 156 Georgestreet, Fitzroy, Victoria 3065
Earth First, GPO Box 1738Q, Melbourne, VIC 3001
Hak-Hak Manusia, P.O. Box 118, Ormond, Victoria 3204
RIC; Rainforest Information Centre, P.O. Box 386, Lismore, NSW 2480
Rainforest-Action-Groups in Adelaide, Brisbane, Melbourne, Perth, Sydney
Japan
GLOBE (Zusammenschluß internationaler Politiker)
JATAN; Japan Tropical Forest Action Network, 7-1 Uguisudani-cho Shibuya-ku, Tokyo 150
Novoid Across Cultures, 401 Shibuya Heights Horinouchi 2-32-28 Suginami-ku, Tokyo 166
Sarawak Campaign Committee, 302 United Building, 4-3 Sakuragaoka Shibuya-ku, Tokyo 150
JVC Japanese Volunteer Center
Kanada
Endangered Peoples Project, 343 Sylviastr., Victoria B.C.
EYA; Environmental Youth Alliance, P.O. Box 29031, 1996 West Broadway-Street, Vancouver, BC V6J 5C2
WILD; 20 Water Street, Vancouver, BC V6B 1A4
Malaysia (West)
Consumers Association Penang (CAP), 87 Cantonment Road, Penang
Environmental Protection Society (EPS), 5 Jalan 20/1, Petaling Jaya
Institute for Social Analysis (INSAN) II Lorong II/4E, 46200 Petaling Jaya

Institute for Social Analysis (INSAN) II Lorong II/4E, 46200 Petaling Jaya
Persatuan Orang Asli Malaysia (POASM)
Sahabat Alam Malaysia (SAM), 43 Salween Road, 10050 Penang
Suaram, 41c Kelana Jaya, 47301 Petaling Jaya
World Rainforest Movement, 87 Cantonment Road, Penang
Sabah: SCM-Palos, W.D.T. 136, 88999 Kota Kinabalu
Sarawak
Institute for Community Education (IPK), P.O. Box 8, 96007 Sibu
Sahabat Alam Malaysia (SAM), Marudi, Baram
Sarawak Indigenous Peoples Alliance (SIPA)*
Neuseeland: Operation Peace Through Unity, 4 Allison Street, Wanganui 5001
USA
Earth First, P.O. Box 5141, Tucson, Arizona 85703
Four Directions Council, 17th Ave Ne 37, Seattle, Washington 098105
Greenpeace, 1436 U Street NW, Washington, DC 20009
Human Rights Advocates, P.O. Box 5675, Berkeley, LA 94705
Rainforest Alliance, 270 Lafayette-Street, Suite 512, New York, 10012 N.Y.
RAN, 301 Broadway/Suite A, San Francisco, CA 94133
SIERRA Club, 408 C-Street, NE, Washington D.C. 2002
SIERRA Club legal defense fund, 2044 Fillmore Street, San Francisco, CA 94115
IPHAE Institute of Prehistory, Anthropology and Ecology

Wer aktiv werden will, nehme Kontakt mit bestehenden Organisationen oder gründe eine eigene lokale Regenwaldaktionsgruppe.

* SIPA (Sarawak Indigenous Peoples Alliance), Limbang, Sarawak/Malaysia Anderson Mutang, der verantwortliche Leiter, wurde am 5. Februar 1992 verhaftet und die Organisation geschlossen. Anderson Mutang lebt zur Zeit im kanadischen Exil. SIPA war eine nicht-profitorientierte Organisation, die von Eingeborenen geführt wurde. Es waren drei Vollzeitangestellte nebst Volontären beschäftigt. Finanzielle Mittel stammten aus internationalen Spenden. Zielsetzung der SIPA war:

1. Möglichst schnell den Stop von Holzfällerei in Konfliktzonen zu verwirklichen und die Gründung eines Schutzgebietes (Biosphären-Reservat) einzuleiten.
2. Darauf hinzuarbeiten, daß die traditionellen Landrechte der Penan und Dayak und ihr Recht auf Selbstbestimmung anerkannt und respektiert werden.
3. Hilfe zur Selbsthilfe von entwurzelten Stämmen zu fördern.

BMF (Bruno-Manser-Fonds)

BMF, Heuberg 25, CH-4051 Basel,
Tel.: 061 261 94 74 / Fax: 061 261 94 73

Der Bruno-Manser-Fonds (BMF) unterstützt die Landrechts- und Regenwald-schutzbestrebungen der Ureinwohner Malaysias, insbesondere der Penan im Teilstaat Sarawak. Eine weitere wichtige Aufgabe des BMF ist die Bewußt-seinsbildung in den Tropenholz-Verbraucherländern durch Information, Medienarbeit, ansprechen von Behörden und internationalen Gremien sowie mit Hilfe friedfertiger Aktionen.

Eine weitere Zielsetzung des BMF ist ein sofortiger Verzicht auf Tropenholz durch die Industrieländer (Europa, Japan, Nordamerika). Im Besonderen setzt sich der BMF für einen Bann von Tropenholzimporten aus Sarawak/Malaysia und aus Primärwaldgebieten (Urwaldgebieten) allgemein ein.

Der BMF arbeitet mit anderen Schweizer Umweltorganisationen zum Thema «Indigene Völker und Schutz der Wälder» zusammen und ist Mitglied im «European Rainforest Movement», der europäischen Umweltschutz-Dachorga-nisation zum Schutz der Wälder.

Der BMF ist ein nicht-profitorientierter Verein. Zur Zeit werden für die Arbeit von Bruno Manser und Sekretariatsaufgaben insgesamt hundert Stellenprozent aufgewendet. Alle übrigen Tätigkeiten werden ehrenamtlich ausgeführt.

Die finanziellen Mittel werden aus Spenden gedeckt.

Spenden: Genossenschaftliche Zentralbank (GZB), CH-4002 Basel, Schweiz
Kto.-Nr. 421 329 30 00 00-8, lautend auf: Bruno-Manser-Fonds

Bibliographie

Brookfield/Byron, «Deforestation and timber extraction in Borneo and the Malay Peninsula», Global Env. Change. Vol. 1, 1990

Caldecott, «Hunting and Wildlife management in Sarawak», WWF Malaysia, 1986

De Beer/McDermott, «The economic value of non-timber forest products in Southeastasia», Amsterdam, 1989

Graf, «Bulldozer gegen Blasrohre», Menschenrechtsreport Nr. 4, Gesellschaft für bedrohte Völker, Schweiz, 1990

Hildebrand, «Die Wildbeutergruppen Borneos», München 1982

Hong, «The Natives of Sarawak», Malaysia, 1987

Hurst, «Rainforest Politics», London, 1989

Institute for Social Analysis, «Logging in Sarawak», Malaysia, 1985

International Timber Trade Organisation, «The promotion of sustainable forest management», A case study in Sarawak, 1990

Jabatan Pembangunan Negeri, «Report on the effects of logging activities on the Penans», Kuching, 1987

Kavanagh/Rahim/Hails, «Rainforest Conservation in Sarawak», WWF Malaysia/international, Switzerland 1989

Lee Young Leng, «Population and Settlement in Sarawak», Singapore, 1968

Ministry of Primary Industries, «Forestry in Malaysia», 1988

Nectoux/Kuroda, «Timber from the South Seas», WWF 1989

Sahabat Alam Malaysia, «Solving Sarawak's Forest and Native Problem», Malaysia 1990

Sherman, Carol; «The World Bank, a look inside», Sydney, 1990

Survival international/Insan, «Pirates, Squatters and Poachers», London 1989

World Bank, «Malaysia, Forestry subsector study», report no. 9775-MA Washington 1991

Das vorliegende Buch «Stimmen aus dem Regenwald» ist im Buchhandel, beim Zytglogge Verlag sowie über den Bruno-Manser-Fonds erhältlich.

Film

über die Penan, Logging und Bruno Manser): «Tong Tana», 1990, eine Reise ins Innere Borneos. 75 Minuten; 35mm (deutsch/französ. Untertitel); 16mm (deutsche Untertitel). RK-Films, Verleih: Filmcoopi, Zürich,
 Tel.: 01- 271 88 00

Videos

über die Penan, Holzfällerei und Bruno Manser:

«Blasrohre gegen Bulldozer», 1989, VHS, 58 Minuten, Gaia Films/DRS, Version des Schweizer Fernsehens

«Blowpipes and Bulldozers», 1988, VHS, 70 Minuten, Australische Originalfassung, Gaia Films

«Tong Tana», 1989. Eine Reise ins Innere Borneos, VHS, 85 Minuten, Schwedisch mit englischer Untertitelung, RK-Films Ltd.

Lieferung der Videos: Bruno-Manser-Fonds, Heuberg 25, CH-4051 Basel, Schweiz

Quellennachweise

1) Govt: Penans have no claim to the forest
«Penans have no legal claim to any section of the forest. The forest belongs to the government. If we create a forest reserve for the Penans, other ethnic groups will also make similar demands.» (State sec. Bujang M. Nor, Borneo-Bulletin 29.5.1987)

2) «The Penans had asked for a forest reserve. But this is not possible, as it would mean they will remain in the jungle and their lifestyle will not improve.»
(State sec. Bujang M. Nor, Sarawak-Tribune 18.6.1987)

3) «The Gov't is opening up areas to resettle the Penans into proper permanent homes. We also give them other facilities to improve their lifestyle. We know, it is tough for them to change, but we are confident that they will meet the changes in time to come.» (Dr. George Chan, Minister, The Star, 29.4.1987)

4) «Penans want timber licences for themselves. The Sarawak Government cares for it's people. It has not touched any of the native customary land. Logging has not affected their livelihood at all. The rattan and fruittrees are not felled and their food crops have not been destroyed. The animals are only frightened away temporarily but they will return. The Penans can always move away and go elsewhere when the logging companies move in. We either allow them to remain primitive and roam in the jungle, or give them an opportunity to share the fruits of civilisation and independence. However, if they want to have medical and education facilities, then they must agree to be resettled.» (Stephen Yong, Science-Technology-Environment-Minister, 2.8.1987, Sunday Star)

5) «Nomadic Penans need to be settled to prevent their tribe from becoming extinct. They may be placed in felda-schemes.» (Datuk Suleiman Daud, Land-develop.-Minister, Sarawak-Tribune, 15.7.1987)

6) Taib says: «Penan nomads must settle» (Borneo-Bulletin 19.9.1987) «I only want to help the Penans. Outsiders want the Penans to remain nomadic and I will not allow this, because I want to give a fair distribution of development to all communities in the state. We don't mind preserving the Sumatra Rhinoceros in the jungle, but not the Penans.» Taib Mahmud, Chief-Minister Sarawak, The Star, 16.9.1987)

7) «The Penans? What can we do? They are free. We don't force people. This is a free society. The decision is theirs. We can only say we provide this. We provide health-clinics for you. We teach you how to farm agriculture. But in way to be free to go from tree to tree, what can we do? We don't force them. They are quite happy. They have not our problems! I think they don't suffer from high-blood-pressure like us.» (Datuk James Wong, 1988, in the film: Tong Tana)

8) «There is no conflict of interest. Logging is my bread and butter. I am doing a good job for the Penan. I am building roads for them.» (Datuk James Wong, The Star, 5.9.1987)

9) To create new concepts and strategies in the timber industry so as to ensure that the benefits from the harvesting of the State's forest ressources will be fairly and equitably shared among the peoples of the State and the Nation (STIDC, Objectives, 3)

10) Compensating villagers affected by the extracting of timber is a private matter for the timber companies, and the Government cannot involve in the matter of paying compensation. (Datuk Adenam Satem, Devl. Minister, Borneo-Post, 18.5.1989)

11) «Once again Orang Asli is a scapegoat. $ 22,2 million worth timber ressources in Perak was lost because of destruction by Orang Asli. The losses cannot be curbed, unless the Orang Asli change their lifestyle and do away with shifting cultivation. The best way to curb this threat was to cluster and rehabilitate the Orang Asli in settlements.» (The Star, 1.8.1989)

12) Forest Ordinance: Sect. 3/4/25/26. The Minister for Ressource Planning has the power to declare any State Land to be a Forest Reserve or Protected Forest by notification of the Proposal in the Gazette. He can also withdraw the Proposal at any time. Sect. 5 (1). c) Objections or claims against the reservation of the forest must be made to the D.O. within that period of not less than 3 months. Sect. B, 29. Appeal against the District Officer's decision can be made to the Resident whose decision is final.

13) «There is a need for all widely scattered villages to be regrouped to form new settlements and growth centres in the near future. Such settlements could provide abundant supplies of workforce to meet the state's industrial requirement.» (Encik Gramong Juna, Ass. Min. of Land Development, Sarawak-Tribune, 12.7.1991)

14) A plea to recognize their landrights. Timber-Tycoon: «How can we allow the people to continue their way of life in the forest, when we need the timber for the country's economic progress!» (Sunday Star, 21.6.1987)

15) «Native applications for communal forest are a play to get forest themselves and later give out their own timber-concessions. If every long-house wants a communal forest, we might as well stop logging. Logging is important. Without it, Sarawak cannot have the revenue to improve the standard of living of the people.» (Datuk James Wong, The Star, 5.9.1987)

16) Forest Ordinance Sect. 48. The Minister can revoke any communal forest or part of the forest by notification in the Gazette. (No mention for appeal!)

17) Penan-chiefs say o.k. to logging (Borneo Post 9.7.1987)

18) $ 1 Mil. yearly pledge to Penans (People's Mirror, 11.7.1987)

19) Experts say: Sarawak govt. plan won't work 1 million-pledge commendable, did not address the logging-issue. patemalistic attitude ... leads them to lose their autonomy and self-determination (Sarawak-Tribune, 15.7.1987)

20) Taib disagrees with Penan proposal:
«They should not be allowed to remain backward just because foreigners want the Penans lifestyle to remain unchanged and study them as museum-pieces.» (Sarawak-Tribune, 7.5.1987)

21) «The natives believe the forest around them belongs to them. But noone can claim rights over any area, whether virgin-forest or logged area, unless he is issued by the Govt. with a licence.» (St.secr. Bujang Nor, 24.10.1987)

22) «Instigators more dangerous than communists» (Sarawak-Tribune, August 1987)

23) «Any gatherings to discuss blockades or incite the people to go against the government were illegal.» (St.secr. Bujang Nor, Borneo Post, 3.11.1987)

24) Manser now sought as a subversive element. He has supplied distorted information to foreign magazines ... approppriate action will be taken against him including specific organisations, if there is evidence that they are also involved with him in instigating the people against the government. Action will be taken against local residents if they are found harbouring Manser. (Abang Johari, Minister for Indust. Developement, New Straits Times, 24.11.1987)

25) Forest Amendment 1987, Sect. 90 B (1): «Any person who commits the following offences will be jailed for 2 years and fined M$ 6000.- for a first offence, and fined M$ 50.- each day that the offence continues:
a) lays, erects or sets up or causes to be laid, erected or set up any structure, stone, log, tree or any other article on any road constructed or maintained by the holder of a licence or permit issued under this Ordinance so as to cause a barrier or obstruction to the passage of that road; or

b) willfully prevents, obstructs or molests any forest officer or police officer in the execution of his duties or the holder of a licence or permit or his employee or agent from removing the barrier or obstruction.»

(4)/(5)/(6): «Any forest officer can arrest without a warrant any person involved in a blokkade. Such person will be taken to the nearest police station. Any police officer has to comply if requested to help a forest officer in removing a blockade or arresting anyone involved in a blockade.»

26) «The state plans to appoint village-heads for the Penan community for a more effective link with the government.» (New Straits Times, 15.12.1987)

27) «Being nomadic and behind time, these Penan do not know about landcodes and the rightful ownership of land by law that govern the state. The outcry of riverpollution and of habitat being ruined are created by certain organisations and media.» (People's mirror, 23.7.1987)

28) «The police and ministry are always monitoring developments within environmentalgroups and certain individuals. The police do not make announcement before taking action against anything.» (Dep. Home-Minister Datuk Megat Junid, NST, 4.8.89)

29) «It is our hope that outsiders should not interfere in our internal affairs, especially people like B. Manser. The state government of Sarawak has nothing to hide. Ours is an open liberal society.» (Chief-Minister Datuk Taib Mahmud, Borneo-Bulletin, 19.7.1987)

30) «I have the little sneaky feeling that the european softwood-industry, who fear to loose market, are all behind it. Some blind idealists and so-called environmentalists have been spreading vicious rumours and sensationalising the plight of the Penan in Sarawak to influence the local contractors to boycott malaysian timber.» (Datuk Lim Keng Yaik in the film: Tong Tana, 1989)

31) «They were given a three days notice to disperse, but they were still stubborn, hence the police and forestdepartment had to act, because their actions were obstructing the transport of the timber. We had no alternatives, as the arrest would be a lesson to the others.» (State Forest Dep. Director Leo Chai Chia Liang, Berita Harian, 14.1.1989)

32) «There is nothing human about the human blockades as they are plain nui-sance.» (10.12.1990, Sarawak-Tribune)

33) «If logging is stopped, thousands of people will end without jobs … many families will go hungry.» (NST. 5.9.1991)

34) «… The Sarawak government spends between $ 1 billion and $ 2 billion each year to help raise the Penan's standard of living.» (NST. 5.9.1991)

35) «The timber industry has helped to pull out more than half of those trapped in the poverty level. We develop big timber operations which would yield thousands of miles of roads and hundreds of bridges and at the same time provide jobs for the local people on a more secure and continued basis …» (Sarawak-Tribune, 12.7.1991)

36) «Abundant natural vegetation is the living proof of the Forestry Department's vigilant and careful husbanding of ressources.» (Forestry in Malaysia, 1991)

37) «1. Reserve permanently forestland sufficient for the benefit of the present and future inhabitants of the country.
2. Manage the production forests for highest possible revenue by sustained yield.» (Sarawak Forest Department 1983)

38) «Fifteen years ago, some warned as a result of excessive logging, there would be no forests left in Sarawak by now. But anyone can go to Sarawak now and see jungle greenery everywhere.» (7.8.89)
«Logging is harvesting the forest and nothing more. The forest can regenerate itself as mo-

ther trees and seedlings will never run out. Five years after an area is logged, one would not be able to tell the difference between it and a primary forest.» (The Star, 5.9.87)

«More jungle fruits after logging» (People's mirror, 12.3.88)

«We must do something to preserve our flora and fauna. Total forested area in Sarawak is 76,6%, in Holland 8%. Hill logging does no permanent damage to either the flora and fauna of the forest. The damage, if any, is done by the hunters to the fauna and by the shifting cultivators to the flora.» (Datuk James Wong, Env. Minister, owner of LTL-Company and Chairman of selected committee on flora and fauna)

39) «The state earned an average income of $ 600 million in logging revenue each year. We cannot stop logging now because we are a developing country.» (CM Datuk Taib Mahmud, NST, 5.4.1990)

40) «Even now, as the Penan in Sarawak are harassed, even imprisoned for defending their own tribal lands ... that dreadful pattern of collective genocide continues.» (6.2.1990)

41) «Efforts to nurture Penan children into changing their ways so that in the next generation they can become part of society.» (11.10.1988, People's Mirror)

42) «We do not intend to turn the Penan into «human zoological specimens» to be gawked at by tourists and studied by anthropologists while the rest of the world passes them by. The Penan in question number about 900 out of a total Penan population of about 9000 in Sarawak. Whilst the majority of them have successfully settled, the remainder are still leading nomadic lives in the jungle. It is our policy to eventually bring all jungle dwellers into the mainstream of the nation's life. There is nothing romantic about these helpless, halfstarved and disease-ridden people and we will make no apologies for endeavouring to uplift their living conditions.» (Dr. Mahathir, Chiefminister of Malaysia, during the EEC-Asean-Ministers Conference in Kuching, 16.2.1990)

43) «Exploitation of the forests is carried out very properly on a sustainable yield basis. Therefore, there is no need to put any curb or stoppage as a result of over-logging or over-exploitation. The phenomenal increase in timber production which amounted to 18 million m^3 last year, is due to the state's intention to diversify its economy. This is through the setting up of estate plantations ...» (Primary-Industries-Minister Dr. Keng Yaik, Sarawak-Tribune 17.3.91)

44) «... While it is true that the Brooke and the British colonial governments, along with many existing governments today, have been at fault in failing to identify and safeguard the basic rights of indigenous people, is it not high time that this intolerable situation was redeemed by those presently in power? Essential human rights, social injustice and environmental degradation are all increasingly vital issues concerning every nation and society in the world today, rapidly reaching a point of crisis which clearly indicates the urgent and immediate need for the entire human family, irrespective of cultural or national identity and political allegiance, to unite in a corporate resolve to restore health and harmony to the planetary home we share in common. As one member of the human family to another, I therefore appeal to your Excellency to impose an immediate moratorium on logging while solutions are urgently sought to avoid the otherwise inevitable genocide of this beautiful and inherently peaceful tribe.» (Anthony Brooke, 24.5.91)

45) Sarawak-Forest-Ordinance, «Cancellation or suspension of licence or permit», Section 51a: «(1) Notwithstanding the provisions of section 93, the Minister may, subject to subsection (2), by notice in writing to the holder of the licence or permit, cancel or suspend for such period as he may think fit, a licence or permit issued under this Ordinance where he is satisfied that ... (g) it is advisable in the public interest, for a special reason, to do so. (3) Any person aggrieved by the decision of the Minister made under subsection (1) may, within

thirty days after being notified of such decision, give notice of appeal in writing to the Yang di-Pertua Negeri in Council whose decision shall be final and conclusive, and shall not be challenged, appealed against, reviewed, quashed or called in question in any court or before any other authority, judical or otherwise, whatsoever.

(5) A person whose licence or permit has been cancelled or suspended under this section shall, within seven days of being informed of the cancellation or suspension, surrender his licence or permit to the Director.

(6) The holder of a licence or permit shall not have any claim whatsoever or be entitled to compensation for any loss caused to him by the cancellation or suspension of his licence or permit, or by the refusal to renew such licence or permit, except compensation of such amount as may be determined by the Minister ...

(7) Subject to subsection (8), the holder of the licence or permit shall, on the date of revocation or cancellation of his licence or permit, as the case may be, cease to have any claim to, or ownership of, all properties (movable or immovable) and all forest produce cut or collected under such licence or permit remaining within the area covered by the licence or permit.

(8) The holder of the licence or permit shall, within three months of the revocation or cancellation of his licence or permit, remove all his movable properties and all timber felled which has been clearly hammer marked and remaining in the area covered by the licence or permit.»

46) «Penan strategy of forest use and management is based on the principle of sustained-yield which inflicts the least damage to the forest environment.» (Jabatan Pembangunan Negeri, 2.7.)

47) «Malaysia is a poor country and just developing, and it is important for it to earn a little revenue from its rich forest resources. Countries that are eager to protect the world climate should offer good prices for our timber, so that we need to export less to get sufficient foreign exchange earning.» (Dr. Mahathir, 5.7.88)

48) «ASEAN at the crossroad between a chaotic future of resources exploitation and conservation of genetic resources.» (Peter Chin, Deputy Env. Minister, Sabah-Times 5.9.91)

Erklärung Gesellschaft für bedrohte Völker Schweiz, Greenpeace Schweiz, Helvetas, WWF Schweiz:

Verantwortung Tropenwald

Bisher wurde den Tropenwäldern auf nationaler wie auf internationaler Ebene viel zu wenig Bedeutung und Wert zugemessen. Die Tropenwälder gehören zu den bedeutungsvollsten Ökosystemen der Welt. Obwohl sie nur 7% der Erdoberfläche bedecken, leben hier 50–90% aller Tier- und Pflanzenarten.

Viele ursprüngliche, waldbewohnende Völker leben fast ausschließlich von Tropenwaldprodukten. Sie haben ein riesiges Wissen über die Verwendbarkeit der Pflanzen und Tiere für sämtliche Lebensbereiche.

Das genetische Potential der Tropenwälder ist für die Land- und Forstwirtschaft und die Pharmazie von unermeßlicher Bedeutung. Aber auch für das Welt-Klima spielen sie eine wichtige Rolle, da sie große Mengen von CO^2 binden. Die Zerstörung dieser Wälder u.a. durch Brandrodung trägt wesentlich zur erhöhten CO^2-Belastung der Atmosphäre bei.

Laut FAO-Angaben von 1990 werden jährlich Tropenwaldflächen in der Größe von von 180'000 km² völlig zerstört, und weitere große Waldflächen werden durch Erschließungen und Holzeinschlag degradiert.
Der internationale Handel, Überbevölkerung, Arbeitslosigkeit und eine ungleiche Verteilung von Land und Wohlstand haben zur Übernutzung und Zerstörung der Wälder geführt. Zur Verminderung ihrer riesigen Ausland-Verschuldung sehen sich viele Drittweltländer gezwungen, Tropenholz zu exportieren, was meist auf planlos-zerstörische, und nicht auf dauerhafte Nutzung ausgerichtete Art geschieht.

Mit der Zerstörung der Tropenwälder werden Tausende von Tier- und Pflanzenarten unwiederbringlich vernichtet. Millionen von waldbewohnenden Menschen verlieren ihren überlieferten Lebensstil und damit ein Jahrtausende altes Wißen um das Leben mit der Natur. Und wir alle werden uns mit einem immer schlechter werdenden Klima und der Verarmung unserer Mitwelt abzufinden haben.

Deshalb ist es wichtig, daß auch die industrialisierten Länder zum Schutz des Tropenwaldes beitragen:

- Die Bürde der Auslandverschuldungen muß erleichtert werden.
- Für Tropenwaldprodukte wie Holz, Rattan, Gummi, Kakao, Nüsse, etc. müßen höhere, realistische Preise bezahlt werden.
- Land- und Waldnutzungspläne müßen gefördert werden, die einerseits Schutzgebiete ausscheiden und andererseits eine naturverträgliche, dauerhafte Nutzung entwickeln.
- Von den nationalen Regierungen ist eine Politik zu fordern, welche den Bewohnern der Regenwälder ein menschenwürdiges und selbstbestimmtes Überleben sichert.
- Der umweltbewußte Konsument sollte ab sofort anstelle von Tropenholz einheimische Hölzer als Alternative benutzen und auf Produkte verzichten, die Umwelt und Menschen schädigen.
- Es sollten keine Projekte mehr unterstützt werden, die sich direkt oder indirekt schädigend auf die Tropenwälder und deren Völker auswirken könnten.

Gesellschaft für bedrohte Völker – Schweiz
Société pour les peuples menacés – Suisse
Sociedad por los pueblos amenazados – Suiza
Società per i popoli minacciati – Svizzera
Societad per ils pievels periclitads – Svizra
Society for threatened peoples – Switzerland

Ratschläge für Tropenreisende

Vorbereitung und Ausrüstung

Impfungen: nach Empfehlungen des Tropeninstituts
Malariaprophylaxe: Antimalariamittel verändern das Blutbild und können starke Nebenwirkungen haben, ohne sicheren Schutz zu bieten (ich selbst bekam eine schlimme Malariaattacke bei gleichzeitiger Anämie, nachdem ich 8 Monate lang Fansidar eingenommen hatte). Darum würde ich bei einem längeren Tropenaufenthalt darauf verzichten, irgendwelche Antimalariamittel vorsorglich einzunehmen, sie jedoch bereithalten, um einen eventuellen Anfall sofort behandeln zu können.
Barfußgehen: Es besteht die Gefahr, sich mit Parasiten wie Hakenwürmern und Strongoloiden zu infizieren.
1. Hilfe-Apotheke: Neben Binden und Pflastern sollten verfügbar sein: Kaliumpermanganat-Kristalle zum Anfertigen von Desinfektionslösung, ein Breitspektrum-Antibiotikum für schlimme Infektionen, Tigerbalsam und Schwedentropfen zur Linderung kleiner Leiden.
Überlebensausrüstung: Zu ihr gehört vor allem eine wasserdichte Blache, 3x3m, mit Ösen und Bändern in den vier Ecken und auf der Mittelachse. Sie wird als Dach zwischen zwei Bäume gespannt. Leichte Hängematte, Feuerzeug, Messer, Buschmesser, Schleifstein, Leinenschlafsack, Moskitonetz.
Trinkwasser: Der Saft von Lianen sowie Palmherz sind geeignete Durstlöscher (Achtung: Es gibt giftige Arten!). Frisches Wasser aus Quellen und Bächen fernab von menschlichen Siedlungen kann in der Regel ohne Bedenken getrunken werden. Krankheiten werden vor allem durch unsauberes Geschirr und Kontakt mit Kranken übertragen.

Verhaltensregeln

In Südostasien herschen einige Sitten, die von unseren verschieden sind. Als Gäste im fremden Land tun wir gut daran, uns anzupassen und diese Sitten zu respektieren. Beobachte selbst, wie sich die Einheimischen verhalten, und tue es ihnen gleich.

- In vielen Gegenden gilt es als ausgesprochen unhöflich, mit dem Zeigefinger auf jemanden zu zeigen oder jemanden mit dem Zeigefinger herzuwinken. Stattdessen wird mit dem Daumen auf etwas gezeigt, und mit geschlossen nach unten abgewinkelten Fingern wird jemand hergewinkt.
- Berühre nicht den Kopf von anderen und klopfe niemandem auf die Schulter.
- Gehe nie direkt auf eine Person zu. Mußt Du irgendwann dicht an jemandem vorbei, schlage mit leichter Verbeugung einen Bogen oder deute mit einer Verbeugung Deine Absicht an, und man wird Dir Platz machen.
- Sprich in Malaysia ältere Menschen mit «Pak-Cik» an.
- Schuhe werden beim Betreten eines Hauses stets ausgezogen (Schuhe mit vielen Schnürsenkeln ungeeignet). Oft steht am Eingang ein Krug Wasser, mit dem der Staub von den Füßen abgespült wird.
- Traditionell dient der Hüttenboden sowohl als Fläche zum Sitzen als auch zum Essen. Steige nie über bereitgestellte Speisen, sondern schlage einen Bogen um sie.
- Vermeide in islamischen Gebieten das Trinken von Alkohol, das Essen von Schweinefleisch, das Austauschen von Zärtlichkeiten in der Öffentlichkeit, das Tragen von kurzen Hosen oder Mini-Kleidern.
- in Malaysia steht auf Drogenbesitz die Todesstrafe.
- Respektiere Kultstätten.
- Frage Menschen, die Du fotografieren willst, um Erlaubnis und sende ihnen Abzüge von den Bildern.
- Als Tourist aus dem Westen, der vieles hat, wirst Du immer der Reiche sein, der von ärmeren Menschen bewirtet wird – dies ist beschämend. Trachte danach, Deine Gastgeber gebührend zu beschenken und mehr zu bringen, als Du nimmst.

DIESER ALLZWECK-KNOTEN IST SO EINFACH WIE RAFFINIERT UND RECHT ZUM BEFESTIGEN DÜNNER WIE DICKER STRICKE, DIE UNTER SPANNUNG STEHEN. IN 3 SEKUNDEN IST DER STRICK, MIT ETWAS ÜBUNG SELBST IM DUNKELN, BEFESTIGT. DURCH ZUG AM LÄNGEREN ENDE (2) ZIEHT ER SICH AN, DURCH ZUG AM KÜRZEREN (3) LÖST ER SICH MIT EINEM RUCK SOFORT.

Über den Autor und dieses Buch

Bruno Manser, geboren 1954 in Basel; 1973 Matura; 1973–1983 Senn und Schafhirt in Graubünden; Betätigung, Kurse, Studien in Alp- und Landwirtschaft, Heilkunde, traditionellem Handwerk. Fasziniert von Naturbetrachtungen, altem Brauchtum, Höhlenforschung.

Auf der Suche nach unseren eigenen, verschütteten Wurzeln wuchs in mir der Wunsch, von einem Volk zu lernen, das noch nahe seinem Ursprung lebt. In der Vermutung, dies am ehesten in noch unberührten Regenwäldern der Tropen zu finden, durchstöbere ich die Universitätsbibliothek und stoße auf die Penan, ein kaum bekanntes Volk von Jägern und Sammlerinnen in Borneo. Ich entschließe mich, sie aufzusuchen und für ein paar Jahre ihr Leben zu teilen und Flora, Fauna, Sprache, Kultur und Lebensweise der Nomaden aufzuzeichnen.
Als ich 1984 nach Borneo reise, wird mein Kindertraum von der Begegnung mit Riesenschlangen wahr. Ebenso finde ich das scheue Volk, von dem die einen sagen, diese Menschen seien schmutzig wie die Schweine, und andere, sie hätten eine schöne Haut wie Seide – und lerne, ihr einfaches, hartes Leben in der Wildnis und sie selbst zu lieben.
Doch bald stören brummende Bulldozer und heulende Motorsägen der Holzexport-Industrie den Frieden. Als die Bitten der Penan um Schutz ihres Waldes auf taube Ohren stoßen, suchen Sippenmitglieder wiederholt bei mir Rat und Hilfe, und ich werde vor eine schwierige Entscheidung gestellt: Jegliche Aktivität meinerseits, als Gast in fremdem Land, könnte mir Ärger bringen und meine Ausweisung zur Folge haben, und dies will ich mir ersparen. Doch darf ich einem Volk in der Bedrängnis einfach untätig zusehen und seine Kultur dokumentieren, die ohne handfeste Hilfe dem Untergang geweiht ist? Ich entscheide mich, die Stimme der Penan bis zu den Verantwortlichen weiterzuleiten. Als ich deren Einladung, per Helikopter aus dem Dschungel ‹gerettet› zu werden, ablehne, wird Polizei und Militär auf meine Fersen gesetzt. Bei zwei Begegnungen fallen Schüsse. Als Eingeborene mit friedfertigen Blockaden Bulldozer aufhalten, liefert meine Person Futter für die Medien. Malaria und ein Giftschlangenbiß bringen mich in Todesgefahr.
Nach sechs Jahren im Verborgenen verlasse ich im Frühjahr 1990 Borneo auf heimlichen Wegen, um die dringend benötigte Hilfe von außen für das bedrohte Volk zu mobilisieren.
Nach meiner Flucht aus Borneo und hektischen Monaten öffentlicher Tätigkeit für den Schutz eines Stückchens Paradies, wurde meine Zunge langsam müde. Der Gedanke wuchs, Bewohner des Regenwaldes selbst zu einem größeren in-

teressierten Publikum sprechen zu lassen. Innert drei Wochen wollte ich dem Zytglogge Verlag ein Manuskript vorlegen, war dieses doch, meiner Meinung nach, schon längst geschrieben: in Form hunderter bekritzelter Seiten, Tonbandkassetten und Videoaufnahmen aus dem Dschungel. Doch selbst nach einem verstrichenen Jahr hatte ich mein Versprechen noch nicht eingelöst. Wo jeden Tag ein neues Waldstück im Wert von 5,7 Millionen Schweizer Franken fällt, drängt die Zeit nach Lösungen, bevor es zu spät sein könnte. Zwischen dem Manuskript und den Strudeln internationaler Aktionen hin- und hergerissen, stahl ich Meister Schlaf die Stunden und vernachlässigte nicht nur mich selbst, sondern alle zwischenmenschlichen Beziehungen. Dieses Buch mußte langsam wachsen, sich formen und wandeln bis zur Geburtsstunde. Es ist ein Lesebuch geworden, das von vorn bis hinten oder wie ein Puzzle in einzelnen Teilen gelesen werden kann.

Ich bedanke mich sehr herzlich bei Monique für ihre Ausdauer; sie entzifferte meine unleserliche Spinnenhandschrift und tippte das Manuskript wohl dreimal. Mein Dank geht auch an Roger Graf, der mit der «Gesellschaft für bedrohte Völker» die Sache der Penan in der Schweiz und Europa während vielen Jahren nebst seinem Beruf tatkräftig mit Aktionen und Informationskampagnen unterstützt hat. Aus seiner Schrift und seinem Archiv stammen wesentliche Beiträge zu diesem Buch. Dank auch den Kindern und Erwachsenen, die sich für Aktionen als Bäume verkleidet haben, Georges, meiner Mitarbeiterin Aila und all den ungenannten Unterstützern und Mitstreiterinnen in der Schweiz und international, wie auch Barbara Nathan-Neher, der Volkhart-Vision, dem WWF und dem Migros Genossenschaftsbund für ihre finanziellen Beiträge. Und zuletzt Dank dem Baum, der für dieses Buch geopfert wurde.

Nur Taten zählen – auch deine.

Januar 1992
Herzlich,
Bruno Manser

Ein Wort zur 2. Auflage

Beinahe drei Jahre sind verstrichen seit der Erstveröffentlichung dieses Buches. Was haben all die Gespräche mit den verantwortlichen Ministern und Handelsvertretern, was haben spektakuläre Aktionen vom Fallschirmsprung bis zu Klettereskapaden und einem zweimonatigen Hungerstreik für das bedrohte Volk der Penan gebracht?

Die letzten Nomaden haben inzwischen bis auf eine Sippe den größten Teil ihres Urwaldes im Namen des «Fortschritts» an die Holzindustrie verloren – und damit auch ihre wirtschafliche Lebensgrundlage. Proteste und Verhaftungen gehen weiter, auch bei anderen Volksgruppen Sarawaks. Vor allem seßhafte Stämme, die in noch unberührten Gebieten leben, leisten friedfertigen Widerstand: Seit März 1993 besteht die größte menschliche Blockade in der Geschichte Sarawaks, an der gegen tausend Penanmänner, -frauen und -kinder teilnehmen. Sie suchen letztendlich ihre Territorien vor *uns* zu schützen, die ihren Wald als Vorhangstangen, Bilderrahmen und dergleichen vermarkten und konsumieren. Während man auf internationalen Konferenzen von Nachhaltigkeit redet und Festbankette gibt, verliert ein Land mehr seine Ressourcen. Bereits erwerben malaysische Firmen Holzschlagkonzessionen für Urwälder in Kambodscha, Neu-Guinea und Südamerika.

Die Tat jedes einzelnen von uns zählt. Irène (15) hat gesagt: «Dies ist zwar nur ein Tropfen auf den heißen Stein, doch viele Tropfen machen einen Regen.» Der Rückgang des Tropenholzkonsums ist eine Wirkung von unten, die sich mehr und mehr auf behördlicher Ebene durchsetzt.

Besteht noch Hoffnung für die Penan? – Ja! Doch nur, wenn die Graukittel in Tokyo, Brüssel und anderen Palästen in diesem UNO-Jahr der indigenen Völker (1993) durch Verzicht auf Handel mit Holz aus Konfliktgebieten Sarawaks ein Zeichen setzen, sowie in Zusammenarbeit mit dem Chiefminister Kompensationen zum Schutz der Penanterritorien anbieten.

Dafür können wir unseren landeseigenen Ministern und Händlern nur Dampf und Mut machen.

September 1993
Herzlich,
Bruno Manser

302

Inhalt

ÖkoTatOrte bei Zytglogge

Karl Johannes Rechsteiner (Hrsg.) **"ÖkoTatOrte"**
Menschen, Ideen, Modelle. Eine Region unter der Öko-Lupe.
Hoffnungsgeschichten. Zur Nachahmung empfohlen.

Esther Bisset / Martin Palmer **"Die Regenbogenschlange"**
Geschichten vom Anfang der Welt und von der Kostbarkeit der Erde.

Michael Chudacoff (Hrsg.) **"Die unsauberen Saubermacher"**
Anschauungsmaterial für Betroffene. Sechs Fallstudien von und für
initiative(n) BürgerInnen und Umweltbehörden.

Beat Seiler **"Sonne, Wasser, Wind"**
Erneuerbare Energiequellen, Information und Experimente.

Franziska Zydek / Giosanna Crivelli **"Menschen in Tschernobyl"**
Vom Leben mit der Katastrophe. Bild- und Textreportagen.

Ralph Graeub **"Der Petkau-Effekt"**
Die Folgen der niedrigen Radioaktivität. Tatsachen und Befürchtungen.
(4., mit einem Nachwort aktualisierte Auflage)

Daniel Lukas Bäschlin **"Der aufhaltsame Zwang"**
Sinn und Wege des Widerstands gegen Kernenergie.

Daniel Lukas Bäschlin **"Wehrwille und grüne Kraft"**
Die Verteidigung der heimatlichen Substanz.

Lucien Criblez / Philipp Gonon (Hrsg.) **"Ist Ökologie lehrbar?"**
Verantwortung für unsere Umwelt, erläutert von Niklas Luhmann, Leni
Robert, Hartmut von Hentig, Jürgen Oelkers u.a.

Laurent Rebeaud **"Die Grünen in der Schweiz"**
Geschichte der Bewegten und der Bewegung. "Ein ehrliches, selbst-
ironisches, manchmal sogar witziges Buch." (Die Weltwoche)

Robert Schloeth **"Die Einmaligkeit eines Ameisenhaufens"**
Tagebuch aus dem Schweizerischen Nationalpark.